高职高专"十三五"规划教材

纳税实务项目化教程

主 编 曹 前

武汉理工大学出版社

·武 汉·

图书在版编目(CIP)数据

纳税实务项目化教程/曹前主编. —武汉:武汉理工大学出版社,2019.7
ISBN 978-7-5629-6081-2

I.①纳… Ⅱ.①曹… Ⅲ.①纳税-税收管理-中国-高等职业教育-教材 Ⅳ.①F812.423

中国版本图书馆 CIP 数据核字(2019)第 159315 号

项目负责人:崔庆喜(027-87523138)	**责 任 编 辑**:雷 蕾
责 任 校 对:向玉露	**封 面 设 计**:芳华时代

出 版 发 行:武汉理工大学出版社
社　　　址:武汉市洪山区珞狮路 122 号
邮　　　编:430070
网　　　址:http://www.wutp.com.cn
经　　　销:各地新华书店
印　　　刷:武汉兴和彩色印务有限公司
开　　　本:787×1092　1/16
印　　　张:14.5
字　　　数:353 千字
版　　　次:2019 年 7 月第 1 版
印　　　次:2019 年 7 月第 1 次印刷
定　　　价:48.00 元

本社购书热线电话:027-87384729　87664138　87165708(传真)
凡购本书,如有缺页、倒页、脱页等印装质量问题,请向出版社发行部调换。

前　言

"纳税实务"是高等教育财经管理类专业核心课程之一,它是在整合"税法"和"纳税申报技术"两门课程的基础上形成的一门理论知识与实践技能相结合、课程与工作相结合的工作过程系统化课程。编写本书是为了培养学生适应企业财会部门办税员业务岗位或代理此项业务的事务所税务代理岗位办税业务的需要,全书内容直接对应企业财会部门的办税员业务岗位。

2016年5月1日起,在全国范围内全面推行营业税改征增值税试点,由缴纳营业税改为缴纳增值税,至此,营业税退出了历史舞台。2018年5月1日起,全面降低增值税税率;2019年1月1日起,执行新的个人所得税法。由于税法的变化,编者编写了本书,以体现最新的法规变化。

编写过程中,我们在内容体系、难易程度、案例等方面进行了特殊处理,使本书具有明显的针对性和易读性,适合高职高专院校会计、税务、财政、投资理财等财经类专业税收课程的教学和学习,也可作为在职人员、经济理论工作者以及纳税单位和有关人员的学习用书或参考书。

在编写过程中,我们参考和引用了网上样题和许多专家、学者的著作及资料,在此深表感谢!

由于编者水平和经验有限,书中难免存在疏漏之处,敬请各位专家、同行和广大读者批评指正。

编　者

2019年5月

目 录

项目一 纳税工作认知

1. 理解税收的含义；
2. 了解我国税制构成的基本要素；
3. 熟悉纳税工作流程。

1. 能够正确进行涉税登记；
2. 能够正确进行纳税申报。

本项目在阐述涉税事务登记前先介绍了税收的基础知识，主要讲述了税收的概念、税制的构成要素、税收的分类等内容，是学习纳税实务的基础和前提。

纳税工作流程主要讲述了涉税事务登记、账证管理、纳税申报、税款缴纳等环节的基本知识和基本技能，为后面各税种应纳税额的计算、涉税会计核算和纳税申报打下基础。

任务一 税收认知

一、认识税收

（一）税收的概念

税收是国家为满足社会公共需要，凭借公共权力，按照法律所规定的标准和程序，参与国民收入分配，强制地、无偿地取得财政收入的一种方式。

在国家出现以前人类社会处于原始社会阶段。在原始社会进入到母系氏族社会和父系氏族社会之后，剩余产品和私有家庭的出现为国家的形成提供了物质基础。国家作为一种社会统治机器，其运行需要消耗物质财富。最初的税收就是国家机器的经济保障。随着生产力的发展，市场经济的出现，税收就成为满足公共需要的物质基础。我们今天对税收的内涵可以从以下几个方面来理解：国家征税的目的是为了满足社会成员获得公共产品的需要；国家征税凭借的是公共权力（政治权力）。税收征收的主体只能是代表社会全体成员行使公共权力的政府,其他任何社会组织或个人是无权征税的。与公共权力相对应的必然是政府管理社会和为民众提供公共产品的义务;税收是国家筹集财政收入的主要方式;税收必须借助法律形式进行。

(二)税收的特征

税收作为政府筹集财政收入的一种规范形式,具有区别于其他财政收入形式的特点。税收的特征可以概括为强制性、无偿性和固定性。

(1)税收的强制性。税收的强制性是指国家凭借其公共权力以法律、法令形式对税收征纳双方的权利与义务进行制约,既不是由纳税主体按照个人意志自愿缴纳,也不是由征税主体随意征税,而是依据法律进行征税。

(2)税收的无偿性。税收的无偿性是指国家征税后,税款一律纳入国家财政预算,由财政统一分配,而不直接向具体纳税人返还或支付报酬。税收的无偿性是对具体的纳税人而言的,纳税人缴纳税款,国家收取税款,是单方面的价值转移。但就纳税人的整体而言,政府使用税款的目的是向社会全体成员包括具体纳税人提供社会需要的公共产品和公共服务,从这方面来看,则是有偿的。

(3)税收的固定性。税收的固定性是指国家征税预先规定了统一的征税标准,包括纳税人、课税对象、税率、纳税期限、纳税地点等。当然,税收的固定性是相对于某一个时期而言的。国家可以根据经济和社会发展需要适时地修订税法,从这方面来看,税收也是随着社会经济的发展变化的。

(三)税收的分类

1.按征税对象性质分类

按征税对象性质,税收可分为流转税、所得税、资源税、财产税、行为税五种。

(1)流转税。流转税又称商品和劳务税,是指以商品、劳务或服务买卖的流转额为征税对象征收的各种税,包括增值税、消费税、关税等。这些税种是在生产、流通或服务领域,按照纳税人取得的销售收入或营业收入等流转额征收,其特点是与商品生产、流通、消费有密切关系。流转税对保证国家及时、稳定、可靠地取得财政收入有着重要的作用。同时,它对调节生产、消费也有一定的作用。因此,流转税一直是我国的主体税种。

(2)所得税。所得税是指以所得额为征税对象征收的各种税,主要包括企业所得税、个人所得税等,其中所得额一般情况下是指全部收入减去为取得收入耗费的各项成本费用后的余额。所得税按照纳税人负担能力(即所得额)的大小和有无来确定税收负担,实行"所得多的多征,所得少的少征,无所得的不征"的原则。因此,它对调节国民收入分配,缩小纳税人之间的收入差距有着特殊的作用。在我国,随着经济的发展,企业和个人收入的增加,所得税已成为近年来收入增长较快的一类税种。

(3)资源税。资源税是指以各种应税自然资源为征税对象征收的各种税,包括资源税、土地增值税和城镇土地使用税等。资源税不仅可以取得资源消耗的补偿基金,保护国有资源的合理开发利用,而且可以调节资源级差收入,以利于企业在平等的基础上开展竞争。

(4)财产税。财产税是指以纳税人拥有或支配的财产为征税对象征收的各种税,如房产税、车船税等。财产税除了为国家取得财政收入以外,对提高财产的利用效果、限制财产不必要的占有量有一定作用。

（5）行为税。行为税是指以纳税人发生的某种行为为征税对象征收的各种税,如印花税、契税等。行为税或是为了对某些特定行为进行限制、调节,使微观活动符合宏观经济的要求;或只是为了开辟地方财源,达到特定目的。

2.按计税依据分类

按计税依据,税收可分为从价税、从量税和复合税三种。

（1）从价税。从价税是以征税对象的价值量（收入、价格、金额等）为标准,按一定比例税率计征的税种,如增值税、个人所得税、房产税等。一般而言,由于从价税的税额直接或间接与商品销售收入挂钩,因此可以随商品价格的变化而变化,适用范围很广。

（2）从量税。从量税是以征税对象的一定数量单位（重量、件数、容积、面积、长度等）为标准,采用固定单位税额征收的税种,如车船税、城镇土地使用税等。从量税的税额不随商品价格增减而变动,单位商品税负固定。由于通货膨胀等因素的影响,税负实际上处于下降的趋势,因此从量税不能大范围使用。

（3）复合税。复合税是从价税和从量税的结合,既按照征税对象的价格又按照其数量为标准计征的税种,如卷烟、白酒的消费税。

3.按税收与价格的关系分类

按税收与价格的关系,税收可分为价内税和价外税两种。

（1）价内税。价内税就是税金包含在商品价格中,作为价格构成部分的税种,如消费税。消费税的计税依据为含消费税的价格。价内税有利于国家通过对税负的调整,直接调节生产和消费,但容易造成对价格的扭曲。

（2）价外税。价外税是指税金不包含在商品价格之中,价税分列的税种,如增值税。增值税的计税价格为不含增值税的价格,买方在购买商品或服务时,除需要支付约定的价款（不含增值税价款）外,还须支付按规定的税率计算出来的税款,这二者是分开记载的。价外税与企业的成本核算和利润、价格没有直接联系,能更好地反映企业的经营成果,不致因征税而影响公平竞争。同时,不干扰价格对市场供求状况的正确反映,因此,更能适应市场经济的要求。

4.按税收管理权限和税收收入的归属分类

按税收管理权限和税收收入的归属,税收可分为中央税、地方税和中央地方共享税三种。

（1）中央税。中央税是指由中央政府负责征收管理,收入归中央政府支配使用的税种,如消费税、关税等。

（2）地方税。地方税是指由地方政府负责征收管理,收入归地方政府支配使用的税种,如城市维护建设税（简称城建税）、城镇土地使用税等。

（3）中央地方共享税。中央地方共享税是指由中央和地方政府共同负责征收管理,收入由中央政府和地方政府按一定比例分享的税种,如增值税,中央分享50%,地方分享50%。

5.按税收负担能否转嫁分类

按税收负担能否转嫁,税收可分为直接税和间接税两种。

(1)直接税。直接税是指纳税义务人就是税收的实际负担人(负税人),纳税人不能或不便于把税收负担转嫁给他人的税种,如企业所得税、个人所得税、车辆购置税等。直接税的纳税人不仅在表面上有纳税义务,实际上也是税收承担者,即纳税人与负税人一致。

(2)间接税。间接税是指纳税义务人不是税收的实际负担人(负税人),纳税义务人能够通过销售产品或提供劳务来把税收负担转嫁给他人的税种,如关税、消费税、增值税等。间接税的纳税人虽然表面上负有纳税义务,但实际上已将自己的税款加于所销售商品的价格上而由消费者负担或用其他方式转嫁给他人,即纳税人与负税人不一致。

(四)税收法律关系

(1)权利主体。法律关系的主体是指法律关系的参与者。税收法律关系的主体即税收法律关系中享有权利和承担义务的当事人。在我国税收法律关系中,权利主体一方是代表国家行使征税职责的国家行政机关,包括国家各级税务机关、海关和财政机关,另一方是履行纳税义务的纳税人,包括法人、自然人和其他组织,在华的外国企业、组织、外籍人、无国籍人,以及在华虽然没有机构、场所但有来源于中国境内所得的外国企业或组织。对于纳税人的确认,在我国采取的是属地兼属人的原则。

(2)权利客体。权利客体是指税收法律关系主体的权利、义务所共同指向的对象,即征税对象。

(3)内容。税收法律关系的内容是权利主体所享有的权利和所应承担的义务,这是税收法律关系中最实质的东西,也是税法的灵魂。

二、税制的构成要素

(一)纳税义务人及其相关概念

(1)纳税义务人。纳税义务人简称纳税人,是税法中规定的直接负有纳税义务的单位和个人,也称纳税主体。

(2)负税人。负税人是与纳税人既有联系又有区别的一个概念。纳税人是直接向税务机关缴纳税款的单位和个人,负税人是实际负担税款的单位和个人。

(3)代扣代缴义务人。代扣代缴义务人是指虽不承担纳税义务,但依照有关规定有义务从持有的纳税人收入中扣除其应纳税款并代为缴纳的企业、单位和个人。

(4)代收代缴义务人。代收代缴义务人是指虽不承担纳税义务,但依照有关规定有义务借助与纳税人的经济交往而向纳税人收取应纳税款并代为缴纳的单位。

(5)代征代缴义务人。代征代缴义务人是指接受税务机关委托,按国家税法规定代征税款的单位和个人。由代征代缴义务人代征税款的征收方法,是税务机关为了加强征收管理,方便群众纳税,对于不便直接征收,有关单位又能控制的税源采取的一种有效征管形式。

(6)纳税单位。纳税单位是指申报缴纳税款的单位,是纳税人的有效集合。如企业所得税可以每个子公司为一个纳税单位,也可以总公司为一个纳税单位。纳税单位的大小通常根据管理的需要和国家政策来确定。

(二)课税对象

1.课税对象的含义

课税对象又称征税对象,是税法中规定的征税的目的物,是征税的依据,解决"对什么征税"的问题。课税对象是区分税种的主要标志;课税对象体现征税的范围;税收实体法其他要素的内容一般都以课税对象为基础确定。

2.与课税对象相关的概念

(1)计税依据。计税依据又称税基,是税法规定的据以计算各种应征税款的依据或标准。

课税对象与计税依据的关系表现在:课税对象是指征税的目的物,计税依据则是在目的物已经确定的前提下,对目的物据以计算税款的依据或标准;课税对象是从质的方面对征税所做的规定,而计税依据则是从量的方面对征税所做的规定,是课税对象量的表现。课税对象和计税依据有时是一致的,有时是不一致的。

(2)税源。税源是指税款的最终来源,是税收负担的最终归宿。税源的大小体现着纳税人的负担能力。

(3)税目。税目是课税对象的具体化,反映具体的征税范围,代表征税的广度。税目的制定方法分为列举法和概括法。列举法是按照每一种商品或经营项目分别设计税目,必要时还可以在税目之下划分若干细目。概括法是对同一征税对象用集中概括的方法将其分类归并。列举法和概括法各有其优缺点,应配合运用。

(三)税率

税率是应纳税额与课税对象之间的数量关系或比例关系,是计算税额的尺度,代表征税的深度,关系着国家税收收入的多少和纳税人的负担程度,因此,税率是体现税收政策的中心环节。税率具体包括以下三种:

1.比例税率

比例税率是指对同一征税对象或同一税目,不论数额大小只规定一个比例,都按同一比例征税,税额与课税对象成正比例关系。比例税率的基本特点是:税率不随课税对象数额的变动而变动,便于按不同的产品设计不同的税率。比例税率主要包括:

(1)单一比例税率(如增值税)。

(2)差别比例税率,可分为产品差别比例税率(如消费税、关税等)、行业差别比例税率(如电信业增值税)和地区差别比例税率(如城市维护建设税)。

2.累进税率

累进税率是指对同一课税对象,随其数量的增大,征收比例也随之增高的税率。课税对象按数额大小划分等级,规定不同税率。该税率多用于收益课税,处理税收负担的纵向公平。

累进税率包括以下四种:

(1)全额累进税率,是以课税对象的全部数额为基础计征税款的累进税率。全额累进税率的特点主要有:一是对具体纳税人来说,在应税所得额确定以后,相当于按照比例税率计税,计算方法简单;二是税收负担不合理,特别是在各级征税对象数额的分界处负担相差悬殊,甚至会出现增加的税额超过增加的课税对象数额的现象,不利于鼓励纳税人增加收入。

(2)超额累进税率,是分别以课税对象数额超过前一级的部分为基础计算应纳税额的累进税率。具体来说,超额累进税率是把计税金额按数额多少分成若干级距,对每个级距分别规定相应的差别税率,应税所得额每超过一个规定的级距,对超过的部分就按高一级的税率计算征税。

(3)超率累进税率,是指以课税对象数额的相对率为累进依据,按超累方式计算应纳税额的税率。

(4)超倍累进税率,是以课税对象数额相当于计税基数的倍数为累进依据,按超累方式计算应纳税额的税率。计税基数可以是绝对数,也可以是相对数。当计税基数是绝对数时,超倍累进税率实际上是超额累进税率,因为可以把递增倍数换算成递增额;当计税基数是相对数时,超倍累进税率实际上是超率累进税率,因为可以把递增倍数换算成递增率。

3.定额税率

定额税率又称固定税额,是根据课税对象计量单位直接规定固定的征税数额。定额税率的基本特点是:税率与课税对象的价值量无关,不受课税对象价值量变化的影响,适用于对价格稳定、质量等级和品种规格单一的大宗产品征税的税种。定额税率主要包括资源税、城镇土地使用税、车船税等。

(四)减免税

减免税是指根据国家一定时期的政治、经济、社会政策要求,对生产经营活动中的某些特殊情况给予减轻或免除税收负担的照顾。对应征税款依法减少征收为减税;对应征税款全部免除纳税义务为免税。

1.税基式减免

税基式减免是通过直接缩小计税依据的方式实现的减免税,具体包括改变起征点、免征额、项目扣除以及跨期结转等。

2.税率式减免

税率式减免是通过直接降低税率的方式实行的减免税,包括低税率、零税率等。例如,企业所得税中,对于符合小型微利条件的企业适用20%的税率,而对于国家重点扶持的高新技术企业,则适用15%的税率,因此,相对于25%的基本税率,20%和15%的企业所得税税率就是税率式减免。

3.税额式减免

税额式减免是通过直接减少应纳税额的方式实行的减免税,包括全部免征、减半征收、核定减免率等。

(五)纳税期限

纳税期限是指税法规定的纳税主体向征税机关缴纳税款的具体时间。纳税期限是衡量征纳双方是否按时行使征税权力和履行纳税义务的尺度,是税收的强制性和固定性特征在时间上的体现。

(六)纳税地点

纳税地点是指缴纳税款的场所,即指纳税人应向何地征税机关申报纳税并缴纳税款。纳税地点一般为纳税人的住所地,也有营业地、财产所在地或特定行为发生地。纳税地点关系到征税管辖权和是否方便纳税等问题,在税法中明确规定纳税地点有利于防止漏征或重复征税。

（七）附加与加成

（1）税收附加，是地方政府按照国家规定的比例随同正税一起征收的列入地方预算外收入的一种款项，如我国的城市维护建设税及教育费附加目前就是附加于增值税、消费税之外的一种附加税。

（2）税收加成，是指按税法规定的税率计算出税额后，再加征一定成数的税额。加征一成即相当于应纳税额的 10%，加征五成相当于应纳税额的 50%，加征成数一般规定在一成至十成之间。这项规定目的是为了调节特定纳税人的收入。

（八）法律责任

法律责任一般是指由于违法而应当承担的法律后果。

任务二 纳税工作流程认知

一、税务登记

（一）涉税事务登记

为改革市场准入制度，简化手续，缩短时限，2015 年 6 月 29 日，国务院办公厅发布了《国务院办公厅关于加快推进"三证合一"登记制度改革的意见》。"三证合一"登记制度是指将企业登记时依次申请，分别由工商行政管理部门核发工商营业执照，质量技术监督部门核发组织机构代码证，税务部门核发税务登记证，改为一次申请，由工商行政管理部门核发一个营业执照的登记制度。为具体落实"三证合一"登记制度改革，同年 9 月 10 日，国家税务总局发布《国家税务总局关于落实"三证合一"登记制度改革的通知》，就税务部门落实"三证合一"登记制度改革作出了具体部署。在全面实施工商营业执照、组织机构代码证、税务登记证"三证合一"登记制度改革的基础上，再整合社会保险登记证和统计登记证，从 2016 年 10 月 1 日起，推进"五证合一、一照一码"登记制度改革。

自 2016 年 10 月 1 日起，新设立企业和农民专业合作社领取由工商行政管理部门核发加载法人和其他组织统一社会信用代码（以下简称"统一代码"）的营业执照后，无须再次进行税务登记，不再领取税务登记证。企业办理涉税事宜时，在完成补充信息采集后，凭加载统一代码的营业执照可代替税务登记证使用。除以上情形外，其他税务登记按照原有法律制度执行，改革前核发的原税务登记证件在 2017 年年底前过渡期内继续有效，2018 年 1 月 1 日起，一律改为使用加载统一代码的营业执照，原发税务登记证件不再有效。

工商登记"一个窗口"统一受理申请后，申请材料和登记信息在部门间共享，各部门数据互换、档案互认。各级税务机关应加强与登记机关的沟通协调，确保登记信息采集准确、完整。省级税务机关在交换平台获取"五证合一"企业登记信息后，依据新设立企业和农民专业合作社住所按户分配至县（区）税务机关；县（区）税务机关确认分配有误的，将其退回至市（地）税务机关，由市（地）税务机关重新进行分配；省级税务机关无法直接分配至县(区)税务机关的,将其分配至市(地)税务机关,由市(地)税务机关向县(区)税务机关进行分配。对于工商登记机关已经采集的信息,税务登记不再重复采集;其他必要涉税的基础信息,可在新设立企业和农民专业合作社办理有关涉税事宜时,及时采集,陆续补齐。发生变化的,由新设立企业和农民专业合作社直接向税务机关申报变更,税务机关及时更新税务系统中的企业信息。

已实行"五证合一、一照一码"登记模式的新设立企业和农民专业合作社办理注销登记,须先向税务机关申报清税。清税完毕后税务机关应及时将清税结果向纳税人统一出具"清税证明",并将信息共享到交换平台。

税务机关应当分类处理纳税人清税申报,扩大即时办结范围。根据企业经营规模、税款征收方式、纳税信用等级指标进行风险分析,对风险低的当场办结清税手续;对于存在疑点的,企业也可以提供税务中介服务机构出具的鉴证报告。税务机关在核查、检查过程中发现涉嫌偷、逃、骗、抗税或虚开发票的,或者需要进行纳税调整等情形的,办理时限自然中止。在清税后,经举报等发现少报、少缴税款的,税务机关将相关信息传至登记机关,纳入"黑名单"管理。

过渡期间未换发"五证合一、一照一码"营业执照的企业申请注销,税务机关按原规定办理。

注意:根据国务院2018年5月2日会议的决定,对已领取加载统一社会信用代码营业执照的企业不再单独进行税务登记、不再单独核发社保登记证,压缩发票申领和参保登记时间。

(二)增值税一般纳税人资格登记

增值税纳税人分为一般纳税人和小规模纳税人两类,其中,一般纳税人资格实行登记制,登记事项由增值税纳税人向其主管税务机关办理,一般应具备以下条件:

(1)会计核算健全,能够准确提供税务资料。

(2)预计年应征增值税销售额达到规定标准:从2018年5月1日起不再按企业类型划分,统一调整为500万元以上。

一般纳税人总、分支机构不在同一县(市)的,应分别向其机构所在地主管税务机关申请办理一般纳税人登记手续。"增值税一般纳税人登记表"如表1-1所示。

二、账证管理

(一)涉税账簿的设置

从事生产、经营的纳税人应当自领取营业执照之日起15日内设置账簿,一般企业要设置的涉税账簿有总分类账、明细账(按具体税种设置)及有关辅助性账簿。"应交税费——应交增值税"明细账使用特殊的多栏式账页,其他明细账使用三栏式明细账页,总分类账使用总分类账页。扣缴义务人应当自税法规定的扣缴义务发生之日起10日内,按照所代扣、代收的税种设置代扣代缴、代收代缴税款账簿。同时从事生产、经营的纳税人应当自领取加载统一代码的营业执照之日起15日内,将企业的财务制度、会计处理办法及会计核算软件报送税务机关备案。

表 1-1　增值税一般纳税人登记表

纳税人名称			纳税人识别号		
法定代表人（负责人、业主）		证件名称及号码		联系电话	
财务负责人		证件名称及号码		联系电话	
办税人员		证件名称及号码		联系电话	
税务登记日期					
生产经营地址					
注册地址					
纳税人类别：企业□　非企业性单位□　个体工商户□　其他□					
主营业务类别：工业□　商业□　服务业□　其他□					
会计核算健全：是□					
一般纳税人资格生效之日：当月1日□　　　次月1日□					
纳税人（代理人）承诺：　上述各项内容真实、可靠、完整，如有虚假，愿意承担相关法律责任。 经办人：　　　　　法定代表人：　　　　　代理人：					
以下由税务机关填写					
主管税务机关受理情况	受理人：　　　　　　　　　　　　主管税务机关（章） 年　月　日				

填表说明：

1.本表由纳税人如实填写。

2.表中"证件名称及号码"相关栏次，根据纳税人的法定代表人、财务负责人、办税人员的居民身份证、护照等有效身份证件及号码填写。

3.表中"一般纳税人资格生效之日"由纳税人自行勾选。

4.主管税务机关（章）指各办税服务厅业务专用章。

5.本表一式二份，主管税务机关和纳税人各留存一份。

生产经营规模小又确无建账能力的纳税人，可以聘请注册会计师或者经税务机关认可的财会人员代为建账和办理账务；聘请上述机构或者人员有实际困难的，报经县以上税务机关批准，可以按照税务机关的规定，建立收支凭证粘贴簿、进货销货登记簿或者使用税控装置。

（二）发票的领购

纳税人领取加载统一代码的营业执照后，应携带有关证件向税务机关提出领购发票的申请，然后凭税务机关发给的发票领购簿中核准的发票种类、数量以及购票方式，向税务机关领购发票。

发票是指在购销商品、提供或者接受劳务和其他经营活动中,开具、收取的收付款凭证。发票是确定经济收支行为发生的证明文件,是财务收支的法定凭证和会计核算的原始凭证,也是税务稽查的重要依据。《中华人民共和国税收征收管理法》(简称《税收征管法》)规定:税务机关是发票主管机关,负责发票印制、领购、开具、取得、保管、缴销的管理和监督。发票一般分为普通发票和增值税专用发票。

1.普通发票的领购

(1)申请、核发发票领购簿

纳税人凭加载统一代码的营业执照副本到主管税务机关领取并填写发票领购申请审批表,同时提交如下材料:经办人身份证明(居民身份证或护照)、财务专用章或发票专用章印模及主管税务机关要求报送的其他材料。

主管税务机关发票管理环节对上述资料审核无误后,将核批的发票名称、种类、购票数量、购票方式(包括批量供应、验旧供新、交旧供新)等填发在发票领购簿上,同时对发票领购簿号码进行登记。

(2)领购普通发票

领购普通发票时,纳税人须报送加载统一代码的营业执照副本、发票领购簿及经办人身份证明,一般纳税人领购增值税普通发票还需提供税控IC卡,供主管税务机关发票管理环节在审批发售普通发票时查验,对验旧供新和交旧供新方式售票的,还需提供前次领购的发票存根联。

审验合格后,纳税人按规定支付工本费,领购发票,并审核领购发票的种类、版别和数量。

2.增值税专用发票的领购

(1)申请、核发增值税专用发票领购簿

增值税一般纳税人凭增值税一般纳税人登记表,到主管税务机关领取并填写增值税专用发票领购簿申请书,然后提交下列资料:①领取增值税专用发票领购簿申请书;②加载统一代码的营业执照副本;③办税员的身份证明;④财务专用章或发票专用章印模;⑤最高开票限额申请表。

主管税务机关发票管理环节对上述资料审核无误后,填发增值税专用发票领购簿,签署准购发票名称、种类、数量、面额、购票方式、保管方式等审核意见。

(2)增值税专用发票的初始发行

一般纳税人领购专用设备后,凭最高开票限额申请表和发票领购簿到主管税务机关办理初始发行,即主管税务机关将一般纳税人的下列信息载入空白金税卡和IC卡:①企业名称;②加载统一代码的营业执照代码;③开票限额;④购票限量;⑤购票人员姓名、密码;⑥开票机数量;⑦国家税务总局规定的其他信息。

一般纳税人发生上列信息变化,应向主管税务机关申请变更发行;发生第②项信息变化,应向主管税务机关申请注销发行。

(3)领购增值税专用发票

增值税专用发票一般由县级主管税务机关发售,发售增值税专用发票实行验旧供新制度。

审批后日常领购增值税专用发票需提供以下资料：发票领购簿；IC卡；经办人身份证明；上一次发票的使用清单；税务部门规定的其他材料。

对资料齐备、手续齐全、符合条件而又无违反增值税专用发票管理规定行为的，主管税务机关发票管理环节予以发售增值税专用发票，并按规定价格收取发票工本费，同时开具收据交纳税人。

（三）发票的开具

纳税义务人在对外销售商品、提供服务以及发生其他经营活动收取款项时，必须向付款方开具发票。在特殊情况下由付款方向收款方开具发票（收款单位和扣缴义务人支付给个人款项时开具的发票），未发生经营业务一律不准开具发票。

1. 普通发票的开具要求

开具普通发票应遵守以下开具要求：①发票开具应该按规定的时限，按顺序、逐栏、全联、全部栏次一次性如实开具，并加盖单位财务印章或发票专用章。②发票限于领购单位在本省、自治区、直辖市内开具；未经批准不得跨越规定的使用区域携带、邮寄或者运输空白发票。③任何单位和个人都不得转借、转让、代开发票；未经税务机关批准，不得拆本使用发票；不得自行扩大专用发票使用范围。④开具发票后，如果发生销货退回需要开红字发票，必须收回原发票并注明"作废"字样，或者取得对方有效证明；发生折让的，在收回原发票并注明"作废"字样后重新开具发票。

2. 专用发票的开具要求

开具增值税专用发票，除应符合开具普通发票的要求外，还要遵守以下规定：①项目齐全，与实际交易相符；②字迹清楚，不得压线、错格；③发票联和抵扣联加盖财务专用章或者发票专用章；④按照增值税纳税义务的发生时间开具。

（四）发票的注（缴）销

发票的注（缴）销主要有两种情况：一种是因粗心大意等原因开出错票，发现后所开发票应全联作废并保存，不得任意撕毁、丢弃；另外一种情况则是用票单位和个人按照规定向税务机关上缴已使用或者未使用的发票，包括以下两种：

1. 变更涉税事务登记时发票的缴销

纳税人因办理了纳税人名称、地址、电话、开户行、账号变更需废止原有发票时，应持相关材料向主管税务机关领取并填写"发票缴销登记表"，并持"发票购领证"、经办人员身份证明及未使用的发票向主管税务机关办理发票缴销手续。

2. 残损发票、改（换）版发票及次版发票的缴销

纳税人的发票发生霉变、鼠咬、水浸、火烧等残损问题，或被通知发票将进行改版、换版，或发现有次版发票等问题时，必须按有关规定到主管税务机关领取并填报"发票缴销登记表"，连同"发票购领证"及应缴销的改版、换版和次版发票一并交主管税务机关。

（五）账证的保管

单位和个人领购使用发票，应建立发票使用登记制度，设置发票登记簿，定期向主管税务机关报告发票的使用情况。增值税专用发票要由专人保管，在启用前要检查有无缺号、串号、缺联以及有无防伪标志等情况，如发现问题应整本退回税务机关，并设立发票分

类登记簿以记录增值税专用发票的购、领、存情况,每月进行检查、统计并向税务机关汇报。

对已开具的发票存根和发票登记簿要妥善保管,保存期为 5 年,保存期满需要经税务机关查验后销毁。

自 2016 年 1 月 1 日起,会计凭证、账簿应保管 30 年,月度、季度财务会计报告和纳税申报表应保管 10 年,年度财务会计报告须永久保管,不得伪造、变造或者擅自销毁。

三、纳税申报

(一)一般纳税申报

纳税申报是指纳税人、扣缴义务人、代征人为正常履行纳税、扣缴税款义务,就纳税事项向税务机关进行书面申报的一种法定手续。进行纳税申报是纳税人、扣缴义务人、代征人必须履行的义务。

1.纳税申报主体

凡是按照国家法律、行政法规的规定负有纳税义务的纳税人或代征人、扣缴义务人(含享受减免税的纳税义务人),无论本期有无应纳、应缴税款,都必须按税法规定的期限如实向主管税务机关办理纳税申报手续。

纳税人应指派专门办税人员办理纳税申报。纳税人必须如实填报纳税申报表,并加盖单位公章,同时按照税务机关的要求提供有关纳税申报资料,纳税人应对其申报的内容承担完全的法律责任。

2.纳税申报方式

一般来说,纳税申报主要有直接申报(上门申报)、邮寄申报、电子申报、简易申报和其他申报等方式。

直接申报是目前最常用的申报方式,是指由纳税人和扣缴义务人在法定税款征收期内自行到税务机关报送纳税申报表和其他有关纳税申报资料。

邮寄申报是指经税务机关批准的纳税人、扣缴义务人使用统一规定的纳税申报特快专递专用信封,通过邮政部门办理交寄手续,并向邮政部门索取收据作为申报凭证的方式。

电子申报是指经税务机关批准的纳税人通过联网的电脑终端按照规定和系统发出的指示输入内容的纳税申报。纳税人采用电子方式办理纳税申报的,应当按照税务机关规定的期限和要求保存有关资料,并定期书面报送主管税务机关。

简易申报是指实行定期定额纳税的纳税人,经税务机关批准,通过以缴纳税款凭证代替申报或简并征期的一种申报方式。

其他方式是指纳税人、扣缴义务人采用直接办理、邮寄办理、电子申报以外的方法向税务机关办理纳税申报或者报送代扣代缴、代收代缴报告表。

3.纳税申报期限

纳税申报期限是指法律、行政法规规定的或者税务机关依照法律、行政法规的规定确定的纳税人、扣缴义务人向税务机关申报应纳或应解缴税款的期限。

纳税申报期限是根据各个税种的特点确定的,各个税种的纳税期限因其征收对象、计税环节的不同而不尽相同,同一税种,可能因为纳税人的经营情况不同、财务会计核算不同、应纳税额大小的不等,申报期限也不一样。纳税人的具体纳税期限由主管税务机关按各税种的有关规定确定;不能按照固定期限纳税的,可以按次纳税。

纳税申报期限内遇有法定休假日的,申报期限可依法向后顺延。纳税人、扣缴义务人办理纳税申报期限的最后一日是法定休假日的,以休假日期满的次日为最后一日;在期限内有连续3日以上法定休假日的,按休假日天数顺延。

4.纳税申报应报送的有关资料

纳税人依法办理纳税申报时,应向税务机关报送纳税申报表及规定报送的各种附表资料、异地完税凭证、财务报表以及税务机关要求报送的其他有关资料。

代扣代缴义务人发生代扣代缴义务,在其第一次向税务机关报送资料时,需领取并填写代扣代缴义务人情况表一式两份(一份税务机关留存,一份扣缴义务人留存),由税务机关确认代扣税种、代扣税种的税目或品目、代扣期限、结缴期限、征收率(单位税额)等有关事宜。如代扣代缴义务人的代扣代缴情况发生变化,需到税务机关重新领取并填写代扣代缴义务人情况表。

5.滞纳金和罚款

税法规定,纳税人未按规定纳税期限缴纳税款的,扣缴义务人未按规定期限解缴税款的,税务机关除责令限期缴纳外,从滞纳税款之日起,按日加收滞纳税款0.5‰的滞纳金。

税法还规定,纳税人发生违章行为的,按规定可以处一定数量的罚款。企业支付的各种滞纳金、罚款等不得列入成本费用,不得在税前列支,应当计入企业的营业外支出。

(二)延期申报与零申报

1.延期申报

延期申报是指纳税人或扣缴义务人不能按照税法规定的期限办理纳税申报或扣缴税款申报,经申请由税务机关批准可适当推延时间进行纳税申报。造成延期申报的原因有主观原因和客观原因。凡纳税人或扣缴义务人完全出于主观原因或有意拖缴税款而不按期办理纳税申报的,税务机关可视违法行为的轻重,给予处罚。纳税人或扣缴义务人延期申报,主要有两方面特殊情况:一是因不可抗力的作用,需要办理延期申报。不可抗力是指不可避免和无法抵御的自然灾害。二是因财务会计处理上的特殊情况,导致不能办理纳税申报而需要延期申报。出现这种情况一般是由于账务未处理完,不能计算应纳税款。纳税人或扣缴义务人按期办理纳税申报或者报送代扣代缴、代收代缴税款报告表确有困难,需要延期申报的,应当在规定的纳税申报期限内提出书面申请,报请税务机关批准,并在核准期内办理纳税申报。主管税务机关视其具体情况批准延长期限。

根据审批意见,将制发"核准延期申报通知书",当场或在规定时间内发给"核准延期申报通知书",并告知纳税人按上期实际缴纳税款或按税务机关核定的税额预缴税款。未核准的,在"延期申报申请审批表"上签署意见后连同有关资料退给纳税人,并告知其按规定要求申报缴纳,纳税人则应按税务机关的要求申报纳税。

2.零申报

纳税人和扣缴义务人在有效期内,没有取得应税收入或所得,没有应缴税款发生,或者已办理加载统一代码的营业执照但未开始经营或者开业期间没有经营收入的纳税人,除已办理停业审批手续的以外,必须按规定的纳税申报期限进行零申报。纳税人进行零申报,应在申报期内向主管税务机关正常报送纳税申报表及有关资料,并在纳税申报表上注明"零"或"无收入"字样。

四、税款缴纳

(一)税款征收方式

税款缴纳是纳税义务人依税法规定的期限,将应纳税款向国库解缴的活动。它是纳税义务人完成纳税义务的体现,是纳税活动的中心环节。税款缴纳按税法规定的征收方式进行,我国实行的税款征收方式有以下四种:

1.查账征收

查账征收是税务机关按照纳税人提供的账表所反映的经营情况,依照适用的税率计算缴纳税款的方法,即先由纳税人在规定的纳税期限内,通过提交纳税申报表的形式向税务机关办理纳税申报,经税务机关审查核实后,填写缴款书,并由纳税人到当地开户银行(国库)缴纳税款。这种征收方式适用于账簿、凭证和财务会计核算比较健全的纳税人。

2.查定征收

查定征收是由税务机关依据纳税人的生产设备、生产能力、从业人员数量和正常情况下的生产销售情况,对其生产的应税产品实行查定产量、销售量或销售额,依率计征的一种征收方法。它适用于生产不固定、账册不健全的纳税人。

3.查验征收

查验征收是税务机关对某些零星、分散的高税率货物,在纳税人申报缴税时,由税务机关派人到现场实地查验,并贴上查验标记或盖上查验戳记,据以计算征收税款的一种征收方法。

4.定期定额

定期定额是税务机关对一些营业额和所得额难以准确计算的纳税,采取由纳税人自行申报,经民主评议后,由税务机关核定一定时期的营业额和所得税附征率,实行多税种合并征收的一种征收方式。纳税人在核定期内营业额达到或超过核定定额20%时,应及时向税务机关申报调整定额。它一般适用于小型的个体工商户。

(二)税款缴纳方式

1.纳税人直接向国库经收处缴纳

纳税人在申报前,先向税务机关领取税票,自行填写,然后到国库经收处缴纳税款,以国库经收处的回执联和纳税申报等资料,向税务机关申报纳税。这种方式适用于纳税人在设有国库经收处的银行和其他金融机构开设账户,并且向税务机关申报的纳税人。

2.税务机关自收税款并办理入库手续

这种方式是由税务机关直接收取税款并办理入库手续的缴纳方式,适用于由税务机关代开发票的纳税人缴纳的税款;临时发生纳税义务,需向税务机关直接缴纳的税款;税务机关采取强制执行措施,以拍卖所得或变卖所得缴纳的税款。

3.代扣代缴

代扣代缴,是指按照税法规定负有扣缴税款义务的单位和个人,对纳税人应纳的税款进行代为扣缴的一种方式,即由支付人在向纳税人支付款项时,从所支付款项中依法直接扣收税款并代为缴纳。其目的是对零星分散、不易控管的税源进行源泉控制,如单位在支付个人工资薪金时,需依法代扣其应纳的个人所得税。

4.代收代缴

代收代缴是指按照税法规定负有收缴税款义务的单位和个人,负责对纳税人应纳的税款代收代缴的一种方式,即由与纳税人有经济业务往来的单位和个人在向纳税人收取款项时依法收取税款并代为缴纳。其目的在于对税收网络覆盖不到或者难以控管的领域进行源泉控制,如受托加工应缴消费税的消费品,由受托方代收代缴消费税。

5.委托代征

委托代征是指受托的有关单位按照税务机关核发的代征证书的要求,以税务机关的名义向纳税人征收一些零散税款的方式。目前,各地对零散、不易控管的税源,大多是委托街道办事处、居委会、乡政府、村委会及交通管理部门等代征税款。

6.其他方式

随着现代技术的发展,新的纳税方式不断出现,如利用网络、用 IC 卡纳税等,适用于采用电子方式办理税款缴纳的纳税人。

(三)税款缴纳程序

1.正常缴纳税款

税款缴纳程序因征收方式不同而有所不同,一般来说是由纳税义务人、扣缴义务人直接向国库或者国库经收处缴纳,也可以由税务机关自收或者委托代征税款。如果自收或者委托代征税款,应由税务机关填制汇总缴款书,随同税款缴入国库经收处。国库经收处收纳的税款,随同缴款书划转入库后,才完成了税款征收手续。无论采取哪种缴纳程序,征缴税款后,税务机关必须给纳税人开具完税凭证——中华人民共和国税收缴款书(盖有国库经收处收款章)或者税收完税证。

2.延期缴纳税款

纳税人或扣缴义务人必须按法律、法规规定的期限缴纳税款,但有特殊困难不能按期缴纳税款的,按照《税收征管法》的规定,可以申请延期缴纳税款。

纳税人申请延期缴纳税款应符合下列条件之一,并提供相应的证明材料:

(1)水、火、风、雹、海潮、地震等自然灾害的灾情报告;

(2)可供纳税的现金、支票以及其他财产遭受查封、冻结、偷盗、抢劫等意外事故,有法院或公安机关出具的执行通告或事故证明;

(3)国家经济政策调整的依据;

(4)货款拖欠情况说明及所有银行账号的银行对账单、资产负债表。

纳税人延期缴纳税款申报的操作程序分为两步:

第一步:向主管税务机关填报"延期缴纳税款申请审批表"进行书面申请;

第二步:主管税务机关审核无误后,必须经省(自治区、直辖市)税务机关批准方可延期缴纳税款。

注意:延期期限最长不能超过 3 个月,且同一笔税款不得滚动审批。

(四)税款的减免、退还与追征

1.税款的减免

按照税法的规定,纳税人可以以书面形式向税务机关申请减税、免税,但减税、免税申请必须经法律、行政法规规定的减免税审批机关审批,程序如下:

(1)企业申请。符合减免条件的企业,应在规定的期限内向所在地主管税务机关提交申请减免税报告,详细说明企业的基本情况、相关指标、减免条件、政策依据,以及要求减免的税种、金额、期限等,并填写纳税单位减免税申请书。

(2)调查核实。主管税务机关在收到企业提交的申请书后15日内派人员深入企业进行调查,核实企业实际情况。对不符合条件者以书面形式通知申请企业;对申请报告数据不实或不完善者,以书面形式告知并退回申请书,要求限期重报;对符合条件者,在纳税单位减免申请书中注明调查核实意见,详细说明减免条件、减免依据等,盖章后上报减免税管理部门审批。

(3)研究审批。减免税管理部门研究决定通过后,由经办人签注意见,并由主管领导审核后加盖公章,然后按减免税审批权限审批。

(4)纳税人领取减免税审批通知。

2.税款的退还

退税的前提是纳税人已经缴纳了超过应纳税额的税款。退税的情形有两种:一种是技术差错和结算性质的退税;另一种是为加强对收入的管理,规定纳税人先按应纳税额如数缴纳入库,经核实后再从中退还应退的部分。

(1)退还的方式,可以是税务机关发现后立即退还,也可以是纳税人发现后申请退还。

(2)退税的时限要求:①税务机关发现的多征税款,无论多长时间都必须退还给纳税人;②纳税人发现的多征税款,可以自结算缴纳税款之日起3年内要求退还;③多征税款必须于发现或接到纳税人退款申请之日起60日内,予以退还,也可以按照纳税人的要求抵缴下期应纳税款。

(3)纳税人申请退税需报送的资料和证件主要有:已办理加载统一代码的营业执照副本、退税申请表一式三份,有关的税款缴纳凭证及纳税申报表。

3.税款的追征

追征税款是指在实际税款征缴过程中,由于征纳双方的疏忽、计算错误等原因造成的纳税人、扣缴义务人未缴或者少缴税款,税务机关依法对未征、少征的税款要求补缴,对未缴、少缴的税款进行追征的制度。

(1)追征税款的范围:①税务机关适用税收法律、行政法规不当或者执法行为违法造成的未缴或少缴税款;②纳税人、扣缴义务人非主观故意的计算错误以及明显笔误造成的未缴、少缴税款;③偷税、骗税和抗税。

(2)追征税款的时限:①因税务机关的责任,致使纳税人、扣缴义务人未缴或者少缴税款的,税务机关在3年内应要求纳税人、扣缴义务人补缴税款。②因纳税人、扣缴义务人计算错误等失误,未缴或者少缴税款的,税务机关在3年内应追征税款、滞纳金;有特殊情况的,追征期可以延长到5年。"特殊情况"是指纳税人或者扣缴义务人因计算错误等失误,未缴或者少缴、未扣或者少扣、未收或者少收税款,累计数额在10万元以上的。③对偷税、抗税、骗税的,税务机关可以无限期追征其未缴或者少缴的税款、滞纳金或者所骗取的税款。

(五)税款征收的措施

1.税收保全措施

税收保全措施是指税务机关对可能由于纳税人的行为或某种客观原因,致使以后税款的征收不能保证或难以保证的案件,采用限制纳税人处理或转移商品、货物或其他财产的措施。《税收征管法》规定,税务机关有根据认为从事生产、经营的纳税人有逃避纳税义务行为的,可以在规定的纳税期限之前,责令限期缴纳税款;在限期内有明显的转移、隐匿其应纳税商品、货物以及其他财产迹象的,税务机关应责令其提供纳税担保。如果纳税人不能提供纳税担保,经县以上税务局(分局)局长批准,税务机关可以采取下列税收保全措施:一是书面通知纳税人开户银行或其他金融机构冻结纳税人的金额相当于应纳税款的存款;二是扣押、查封纳税人价值相当于应纳税款的商品、货物或者其他财产。纳税人在规定的限期内缴纳税款的,税务机关必须立即解除税收保全措施;限期届满仍未缴纳税款的,经县以上税务局(分局)局长批准,税务机关可以书面通知纳税人开户银行或其他金融机构,从其冻结的存款中扣缴税款,或依法拍卖或变卖所扣押、查封的商品、货物或其他财产,以拍卖或变卖所得抵缴税款。采取税收保全措施不当,或纳税人在限期内已缴纳税款,税务机关未立即解除税收保全措施,使纳税人的合法利益遭受损失的,税务机关应当承担赔偿责任。

2.税收强制执行措施

《税收征管法》规定,从事生产、经营的纳税人、扣缴义务人未按照规定期限缴纳税款或解缴税款,纳税担保人未按照规定期限缴纳所担保的税款,由税务机关责令限期缴纳,逾期仍未缴纳的,经县以上税务局(分局)局长批准,税务机关可以采取下列强制执行措施:一是书面通知其开户银行或其他金融机构从其存款中扣缴税款;二是扣押、查封、依法拍卖或变卖其价值相当于应纳税款的商品、货物或其他财产,以拍卖或变卖所得抵缴税款。

3.税务检查

《税收征管法》规定,税务机关有权进行下列税务检查:检查纳税人的账簿、记账凭证、报表和有关资料,检查扣缴义务人代扣代缴、代收代缴税款账簿、记账凭证和有关资料;到纳税人的生产、经营场所和货物存放地检查纳税人应纳税商品、货物或其他财产,检查扣缴义务人与代扣代缴、代收代缴税款有关的经营情况;责成纳税人、扣缴义务人提供与纳税或代扣代缴、代收代缴税款有关的问题和情况;询问纳税人、扣缴义务人与纳税或代扣代缴、代收代缴税款有关的问题和情况;到车站、码头、机场、邮政企业及其分支机构检查纳税人托运、邮寄应纳税商品、货物或其他财产的有关单据、凭证和有关资料;经县以上税务局(分局)局长批准,凭全国统一格式的检查存款账户许可证明,查询从事生产、经营纳税人、扣缴义务人在银行或其他金融机构的存款账户。

税务机关在调查税收违法案件时,经设区的市、自治州以上的税务局(分局)局长批准,可以查询涉嫌人员的储蓄存款。税务机关查询所获得的资料,不得用于税收以外的用途。

税务机关依法进行税务检查时,有权向有关单位和个人调查纳税人、扣缴义务人和其他当事人与纳税或代扣代缴、代收代缴税款有关的情况,有关单位和个人有义务向税务机关如实提供有关资料及证明材料。税务机关调查税务案件时,对与安全有关的情况和资料,可以记录、录音、录像、照相和复制。

税务机关派出人员进行税务检查时,应当出示税务检查证和税务检查通知书,并有责任为被检查人保守秘密;未出示税务检查证和税务检查通知书的,被检查人有权拒绝检查。纳税人、扣缴义务人必须接受税务机关依法进行的税务检查,如实反映情况,提供有关资料,不得拒绝、隐瞒。

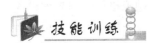 技能训练

一、单项选择题

1.典型的价外税是(　　　)。

A.增值税 　　　　B.房产税 　　　　C.企业所得税 　　　　D.消费税

2.最重要的财政收入形式是(　　　)。

A.税收 　　　　B.国有资产收益 　　　　C.规费收入 　　　　D.罚没收入

3.直接负有纳税义务的单位和个人是(　　　)。

A.纳税人 　　　　B.负税人 　　　　C.代扣代缴义务人 　　　　D.税务代理人

4.(　　　)体现了征税的深度。

A.纳税人 　　　　B.纳税对象 　　　　C.税率 　　　　D.税基

5.税制构成要素中区分不同税种的标志是(　　　)。

A.纳税人 　　　　B.纳税对象 　　　　C.税目 　　　　D.税率

6.下列税种中,属于中央和地方共享税的是(　　　)。

A.消费税 　　　　B.增值税 　　　　C.土地增值税 　　　　D.车辆购置税

7.按纳税对象分类,增值税属于(　　　)。

A.流转税 　　　　B.所得税 　　　　C.财产税 　　　　D.行为税

二、多项选择题

1.税收的特征有(　　　)。

A.强制性 　　　　B.无偿性 　　　　C.有偿性 　　　　D.固定性

2.中国现行税制中采用的累进税率有(　　　)。

A.全额累进税率 　　B.超率累进税率 　　C.超额累进税率 　　　　D.超倍累进税率

3.按税收分类的不同标准,增值税属于(　　　)。

A.中央地方共享税 　　B.流转税 　　C.地方税 　　　　D.中央税

4.主要由地方税务机关征收的税种有(　　　)。

A.增值税 　　　　B.环保税 　　　　C.房产税 　　　　D.契税

5.税收减免政策可以通过(　　　)方面的规定来体现。

A.减税　　　　　　B.免税　　　　　　C.起征点　　　　　　D.免征额

6.税收的职能可概括为（　　）。

A.组织财政收入职能　　　　　　B.调节社会经济职能

C.调节财政收入职能　　　　　　D.监督管理社会经济活动职能

三、简答题

1.一家中国公司到美国投资,取得了100万美元的所得,到底应由中国政府还是应由美国政府对这项跨国所得征税?

2.如果有人问这样的问题,"政府征税不就是为了收钱吗? 用一个税种把所有税款收上来就行了,搞那么复杂的税制干什么?"你如何应答?

项目二　增值税纳税实务

1. 了解增值税的类型、性质和原理；
2. 明确增值税纳税人、一般纳税人和小规模纳税人；
3. 掌握增值税征税范围的一般规定和特殊规定；
4. 掌握增值税税率、计税销售额、销项税额和进项税额的有关知识；
5. 掌握增值税的起征点和免税规定。

1. 能正确核算增值税的计税销售额和销项税额；
2. 能正确核算增值税的进项税额；
3. 会计算一般纳税人和小规模纳税人的应纳税额；
4. 会进行进口货物应纳增值税的计算；
5. 会进行出口货物应退增值税的计算；
6. 会填开增值税专用发票；
7. 会填写增值税申报表并申报。

　　增值税业务操作是全书的重点内容之一，本项目主要介绍了我国现行增值税的纳税人、征税范围和税率；一般纳税人和小规模纳税人应纳税额的计算；一般纳税人增值税销项税额、进项税额、进项税额转出的计算；增值税出口退税的基本政策、出口退税额的计算方法；一般纳税人和小规模纳税人增值税的纳税申报。本项目涉及的内容多，应纳税款的计算比较复杂，应该在理解的基础上，边学边做，重点掌握。

任务一　增值税认知

一、增值税概述

(一)增值税的概念

　　增值税是以销售货物，提供加工、修理修配劳务，销售服务、无形资产或者不动产过程中产生的增值额作为计税依据而征收的一种流转税。具体而言,增值税是对在我国境内销售货物,加工、修理修配劳务,销售服务、无形资产或者不动产,以及进口货物的企业单位和个人,就其销售货物,加工、修理修配劳务,销售服务、无形资产或者不动产的增值额和进口货物金额为计税依据而课征的一种流转税。

(二)增值税的特点

(1)保持税收中性。根据增值税的计税原理,由于流转额中的非增值因素在计税时被扣除,因此,对同一商品而言,无论其流转环节多与少,只要增值额相同,则税负就相等,不会影响商品的生产结构、组织结构和产品结构。

(2)普遍征收。从增值税的征税范围看,对从事商品生产经营和劳务提供的所有单位和个人,在商品增值的各个生产流通环节向纳税人普遍征收。

(3)税负由商品的最终消费者承担。虽然增值税是向纳税人征收,但纳税人在销售商品时又通过价格将税负转嫁给下一生产流通环节,最后由最终消费者承担。

(4)实行税款抵扣制度。在计算纳税人应纳税款时,要扣除商品在以前生产环节已负担的税款,以避免重复征税。从世界各国来看,一般都实行凭购货发票进行抵扣的制度。

(5)实行比例税率。从实行增值税制度的国家看,普遍实行比例税制,以贯彻征收简便易行的原则。由于增值额对不同行业、不同企业、不同产品来说性质是一样的,原则上对增值额应采用单一比例税率。但为了贯彻一些经济社会政策,也会对某些行业或产品实行不同的政策,因此引入增值税的国家一般都规定了基本税率和优惠税率(或称低税率)。

(6)实行价外税制度。在计税时,作为计税依据的销售额中不包含增值税税额,这样有利于形成均衡的生产价格,并有利于税负转嫁的实现。这是增值税与传统以全部流转额为计税依据的流转税或商品课税的一个重要区别。

(三)增值税的类型

在实践中,各国实行的增值税都是以法定增值额为课税对象的。法定增值额和理论增值额往往不相一致,其主要区别在于对购入固定资产的处理上。根据实行增值税的各个国家是否允许抵扣购入固定资产已纳税款以及可以抵扣多少已纳税款,可将增值税分为生产型增值税、收入型增值税、消费型增值税 3 种类型。

二、增值税的纳税人

(一)纳税义务人和扣缴义务人

1.纳税义务人

凡在我国境内销售货物或者加工、修理修配劳务(以下简称劳务),销售服务、无形资产、不动产以及进口货物的单位和个人,为增值税的纳税人。

单位包括企业、行政单位、事业单位、军事单位、社会团体及其他单位。个人包括个体工商户和其他个人。

单位以承包、承租、挂靠方式经营的,承包人、承租人、挂靠人(以下统称承包人)以发包人、出租人、被挂靠人(以下统称发包人)名义对外经营并由发包人承担相关法律责任的,以该发包人为纳税人。否则,以承包人为纳税人。

资管产品运营过程中发生的增值税应税行为,以资管产品管理人为增值税纳税人。

2.扣缴义务人

境外的单位或个人在境内发生应税行为,在境内未设有经营机构的,其应纳税款以境内代理人为扣缴义务人;在境内没有代理人的,以购买者为扣缴义务人。

(二)增值税纳税人的分类

增值税纳税人分为一般纳税人和小规模纳税人,根据规定,划分的基本依据是纳税人的会计核算是否健全,以及企业规模的大小。衡量企业规模的大小是以纳税人年应税销售额的大小为依据;会计核算健全是指能够按照国家统一的会计制度规定设置账簿,根据合法、有效的凭证核算。

1.小规模纳税人

小规模纳税人是指年销售额在规定标准以下,并且会计核算不健全,不能按规定报送有关税务资料的增值税纳税人。

自2018年5月1日起,凡符合下列条件的视为小规模纳税人:

(1)增值税小规模纳税人标准为年应征增值税销售额500万元及以下。

(2)根据《中华人民共和国增值税暂行条例实施细则》的规定,已登记为增值税一般纳税人的单位和个人,在2018年12月31日前,可转登记为小规模纳税人。增值税一般纳税人在转登记日前连续12个月(以1个月为1个纳税期,下同)或者连续4个季度(以1个季度为1个纳税期,下同)累计应征增值税销售额(以下称应税销售额)未超过500万元;转登记日前经营期不满12个月或者4个季度的,按照月(季度)平均应税销售额估算上款规定的累计应税销售额。转登记纳税人尚未申报抵扣的进项税额,以及转登记日当期的期末留抵税额,暂挂账处理,统一记入“应交税费——待抵扣进项税额”科目中核算。尚未申报抵扣的进项税额记入“应交税费——待抵扣进项税额”科目时应注意:

①转登记日当期已经取得的增值税专用发票、机动车销售统一发票、收费公路通行费增值税电子普通发票,应当已经通过增值税发票选择确认平台进行选择确认或认证后稽核比对相符;经稽核比对异常的,应当按照现行规定进行核查处理。已经取得的海关进口增值税专用缴款书,经稽核比对相符的,应当自行下载《海关进口增值税专用缴款书稽核结果通知书》;经稽核比对异常的,应当按照现行规定进行核查处理。

②转登记日当期尚未取得增值税专用发票、机动车销售统一发票、收费公路通行费增值税电子普通发票,转登记纳税人在取得以后,应当持税控设备,由主管税务机关通过增值税发票选择确认平台(税务局端)为其办理选择确认。尚未取得的海关进口增值税专用缴款书,转登记纳税人在取得以后,经稽核比对相符的,应当由主管税务机关通过稽核系统为其下载《海关进口增值税专用缴款书稽核结果通知书》;经稽核比对异常的,应当按照现行规定进行核查处理。

2.一般纳税人

一般纳税人是指年应征增值税销售额(以下简称年应税销售额),超过财政部、国家税务总局规定的小规模纳税人标准的企业和企业性单位(以下简称企业),纳税人应当向其机构所在地主管税务机关办理一般纳税人资格登记。

年应税销售额未超过标准的,会计核算健全,能够提供准确税务资料,可以申请办理一般纳税人登记。

3.无须办理一般纳税人资格登记的纳税人

(1)个体工商户以外的其他个人。其他个人是指自然人。

(2)选择按照小规模纳税人纳税的非企业性单位。

(3)不经常发生应税行为的非企业性单位、企业和个体工商户可选择按照小规模纳税人纳税。

三、增值税的征税范围

(一)征税范围的一般规定

1.销售或进口货物

销售货物是指有偿转让货物的所有权。货物是指有形动产,包括电力、热力、气体在内。有偿是指从购买方取得货币、货物或者其他经济利益。

进口货物是指申报进入中国海关境内的货物。只要是报关进口的应税货物,均属于增值税的征税范围,除享受免税政策外,在进口环节缴纳增值税。

2.提供加工修理修配劳务

加工是指接受来料承做货物,加工后的货物所有权仍属于委托方的业务,即通常所说的委托加工业务。委托加工业务是指由委托方提供原料及主要材料,受托方按照委托方的要求制造货物并收取加工费的业务。修理修配是指受托方对损伤和丧失功能的货物进行修复,使其恢复原状和功能的业务。提供加工修理修配劳务都是指有偿提供加工修理修配劳务。单位或个体经营者聘用的员工为本单位或雇主提供加工修理修配劳务则不包括在内。有偿,是指取得货币、货物或其他经济利益。

3.销售服务、无形资产或者不动产

销售服务、无形资产或者不动产,是指有偿提供服务、有偿转让无形资产或者不动产,但属于下列非经营活动的情形除外:

(1)行政单位收取的同时满足以下条件的政府性基金或者行政事业性收费:①由国务院或者财政部批准设立的政府性基金,由国务院或者省级人民政府及其财政、价格主管部门批准设立的行政事业性收费;②收取时开具省级以上(含省级)财政部门监(印)制的财政票据;③所收款项全额上缴财政。

(2)单位或者个体工商户聘用的员工为本单位或者雇主提供取得工资的服务。

(3)单位或者个体工商户为聘用的员工提供的服务。

(4)财政部和国家税务总局规定的其他情形。

有偿,是指取得货币、货物或者其他经济利益。

(二)征税范围的具体规定

1.销售服务

销售服务,是指提供交通运输服务、邮政服务、电信服务、建筑服务、金融服务、现代服务、生活服务。

(1)交通运输服务。交通运输服务,是指利用运输工具将货物或者旅客送达目的地,使其空间位置得到转移的业务活动,包括陆路运输服务、水路运输服务、航空运输服务和管道运输服务。

①陆路运输服务。陆路运输服务,是指通过陆路(地上或者地下)运送货物或者旅客的运输业务活动,包括铁路运输服务和其他陆路运输服务。出租车公司向使用本公司自有出租车的出租车司机收取的管理费用,按照陆路运输服务缴纳增值税。

②水路运输服务。水路运输服务,是指通过江、河、湖、川等天然、人工水道或者海洋航道运送货物或者旅客的运输业务活动。水路运输的程租、期租业务,属于水路运输服务。程租业务,是指运输企业为租船人完成某一特定航次的运输任务并收取租赁费的业务;期租业务,是指运输企业将配备有操作人员的船舶承租给他人使用一定期限,承租期内听候承租方调遣,不论是否经营,均按天向承租方收取租赁费,发生的固定费用均由船东负担的业务。

③航空运输服务。航空运输服务,是指通过空中航线运送货物或者旅客的运输业务活动。航空运输的湿租业务,属于航空运输服务。湿租业务,是指航空运输企业将配备有机组人员的飞机承租给他人使用一定期限,承租期内听候承租方调遣,不论是否经营,均按一定标准向承租方收取租赁费,发生的固定费用均由承租方承担的业务。

需要注意的是:航天运输服务,按照航空运输服务缴纳增值税。航天运输服务,是指利用火箭等载体将卫星、空间探测器等空间飞行器发射到空间轨道的业务活动。

注意:远洋运输的程租、期租业务属于水路运输服务;航空运输的湿租业务属于航空运输服务。远洋运输的光租业务、航空运输的干租业务属于现代服务——租赁服务。

④管道运输服务。管道运输服务,是指通过管道设施输送气体、液体、固体物质的运输业务活动。

(2)邮政服务。邮政服务,是指中国邮政集团公司及其所属邮政企业提供邮件寄递、邮政汇兑和机要通信等邮政基本服务的业务活动,包括邮政普遍服务、邮政特殊服务和其他邮政服务。

①邮政普遍服务。邮政普遍服务,是指函件、包裹等邮件寄递,以及邮票发行、报刊发行和邮政汇兑等业务活动。

②邮政特殊服务。邮政特殊服务,是指义务兵平常信函、机要通信、盲人读物和革命烈士遗物的寄递等业务活动。

③其他邮政服务。其他邮政服务,是指邮册等邮品销售、邮政代理等业务活动。

(3)电信服务。电信服务,是指利用有线、无线的电磁系统或者光电系统等各种通信网络资源,提供语音通话服务,传送、发射、接收或者应用图像、短信等电子数据和信息的业务活动,包括基础电信服务和增值电信服务。

①基础电信服务。基础电信服务,是指利用固网、移动网、卫星、互联网,提供语音通话服务的业务活动,以及出租或者出售带宽、波长等网络元素的业务活动。

②增值电信服务。增值电信服务,是指利用固网、移动网、卫星、互联网、有线电视网络,提供短信和彩信服务、电子数据和信息的传输及应用服务、互联网接入服务等业务活动。

注意:卫星电视信号落地转接服务,按照增值电信服务缴纳增值税。

(4)建筑服务。建筑服务,是指各类建筑物、构筑物及其附属设施的建造、修缮、装饰,线路、管道、设备、设施等的安装以及其他工程作业的业务活动,包括工程服务、安装服务、修缮服务、装饰服务和其他建筑服务。物业服务企业为业主提供的装修服务,按照建筑服务缴纳增值税。纳税人将建筑施工设备出租给他人使用并配备操作人员的,按照建筑服务缴纳增值税。

①工程服务。工程服务,是指新建、改建各种建筑物、构筑物的工程作业,包括与建筑物相连的各种设备或者支柱、操作平台的安装或装设工程作业,以及各种窑炉和金属结构工程作业。

②安装服务。安装服务,是指生产设备、动力设备、起重设备、运输设备、传动设备、医疗实验设备以及其他各种设备、设施的装配、安置工程作业,包括与被安装设备相连的工作台、梯子、栏杆的装设工程作业,以及被安装设备的绝缘、防腐、保温、油漆等工程作业。

③修缮服务。修缮服务,是指对建筑物、构筑物进行修补、加固、养护、改善,使之恢复原来的使用价值或者延长其使用期限的工程作业。

④装饰服务。装饰服务,是指对建筑物、构筑物进行修饰装修,使之美观或者具有特定用途的工程作业。

⑤其他建筑服务。其他建筑服务,是指上述工程作业之外的各种工程作业服务。

(5)金融服务。金融服务,是指经营金融保险的业务活动,包括贷款服务、直接收费金融服务、保险服务和金融商品转让。

①贷款服务。贷款,是指将资金贷与他人使用而取得利息收入的业务活动。各种占用、拆借资金取得的收入,包括金融商品持有期间(含到期)利息(保本收益、报酬、资金占用费、补偿金等)收入、信用卡透支利息收入、买入返售金融商品利息收入、融资融券收取的利息收入,以及融资性售后回租、押汇、罚息、票据贴现、转贷等业务取得的利息及利息性质的收入,按照贷款服务缴纳增值税。融资性售后回租,是指承租方以融资为目的,将资产出售给从事融资性售后回租业务的企业后,从事融资性售后回租业务的企业将该资产出租给承租方的业务活动。

注意:融资性售后回租属于金融服务——贷款服务;融资租赁属于现代服务——租赁服务。此外,融资租赁仍可进一步分为动产融资租赁和不动产融资租赁,前者适用13%的税率,后者适用9%的税率。

②直接收费金融服务。直接收费金融服务,是指为货币资金融通及其他金融业务提供相关服务并且收取费用的业务活动,包括提供货币兑换、账户管理、电子银行、信用卡、信用证、财务担保、资产管理、信托管理、基金管理、金融交易场所(平台)管理、资金结算、资金清算、金融支付等服务。

③保险服务。保险服务,是指投保人根据合同约定,向保险人支付保险费,保险人对于合同约定的可能发生的事故因其发生所造成的财产损失承担赔偿保险金责任,或者当被保险人死亡、伤残、疾病及达到合同约定的年龄、期限等条件时承担给付保险金责任的商业保险行为,包括人身保险服务和财产保险服务。

④金融商品转让。金融商品转让,是指转让外汇、有价证券、非货物期货和其他金融商品所有权的业务活动。其他金融商品转让包括基金、信托、理财产品等各类资产管理产品和各种金融衍生品的转让。

（6）现代服务。现代服务,是指围绕制造业、文化产业、现代物流产业等提供技术性、知识性服务的业务活动,包括研发和技术服务、信息技术服务、文化创意服务、物流辅助服务、租赁服务、鉴证咨询服务、广播影视服务、商务辅助服务和其他现代服务。

①研发和技术服务。研发和技术服务,包括研发服务、合同能源管理服务、工程勘察勘探服务、专业技术服务。

②信息技术服务。信息技术服务,是指利用计算机、通信网络等技术对信息进行生产、收集、处理、加工、存储、运输、检索和利用,并提供信息服务的业务活动,包括软件服务、电路设计及测试服务、信息系统服务、业务流程管理服务和信息系统增值服务。

③文化创意服务。文化创意服务,包括设计服务、知识产权服务、广告服务和会议展览服务。宾馆、旅馆、旅社、度假村和其他经营性住宿场所提供会议场地及配套服务的活动,按照会议展览服务缴纳增值税。

④物流辅助服务。物流辅助服务,包括航空服务、港口码头服务、货运客运场站服务、打捞救助服务、装卸搬运服务、仓储服务和收派服务。

⑤租赁服务。租赁服务,包括融资租赁服务和经营租赁服务。水路运输的光租业务、航空运输的干租业务,属于经营租赁。光租业务,是指运输企业将船舶在约定的时间内出租给他人使用,不配备操作人员,不承担运输过程中发生的各项费用,只收取固定租赁费的业务活动。干租业务,是指航空运输企业将飞机在约定的时间内出租给他人使用,不配备机组人员,不承担运输过程中发生的各项费用,只收取固定租赁费的业务活动。

⑥鉴证咨询服务。鉴证咨询服务,包括认证服务、鉴证服务和咨询服务。

⑦广播影视服务。广播影视服务,包括广播影视节目(作品)的制作服务、发行服务和播映(含放映)服务。

⑧商务辅助服务。商务辅助服务,包括企业管理服务、经纪代理服务、人力资源服务、安全保护服务。纳税人提供武装守护押运服务,按照安全保护服务缴纳增值税。

⑨其他现代服务。其他现代服务,是指除研发和技术服务、信息技术服务、文化创意服务、物流辅助服务、租赁服务、鉴证咨询服务、广播影视服务和商务辅助服务以外的现代服务。纳税人对安装运行后的电梯提供的维护保养服务,按照其他现代服务缴纳增值税。纳税人提供植物养护服务,按照其他生活服务缴纳增值税。

（7）生活服务。生活服务,是指为满足城乡居民日常生活需求提供的各类服务活动,包括文化体育服务、教育医疗服务、旅游娱乐服务、餐饮住宿服务、居民日常服务和其他生活服务。

①文化体育服务。文化体育服务,包括文化服务和体育服务。纳税人在游览场所经营索道、摆渡车、电瓶车、游船等取得的收入,按照文化体育服务缴纳增值税。

②教育医疗服务。教育医疗服务,包括教育服务和医疗服务。

③旅游娱乐服务。旅游娱乐服务,包括旅游服务和娱乐服务。

④餐饮住宿服务。餐饮住宿服务,包括餐饮服务和住宿服务。提供餐饮服务的纳税人销售的外卖食品,按照餐饮服务缴纳增值税。纳税人以长(短)租形式出租酒店公寓并提供配套服务的,按照住宿服务缴纳增值税。

⑤居民日常服务。居民日常服务,是指主要为满足居民个人及其家庭日常生活需求

提供的服务,包括市容市政管理、家政、婚庆、养老、殡葬、照料和护理、救助救济、美容美发、按摩、桑拿、氧吧、足疗、沐浴、洗染、摄影扩印等服务。

⑥其他生活服务。其他生活服务,是指除文化体育服务、教育医疗服务、旅游娱乐服务、餐饮住宿服务和居民日常服务之外的生活服务。

2.销售无形资产

销售无形资产,是指转让无形资产所有权或者使用权的业务活动。无形资产,是指不具实物形态但能带来经济利益的资产,包括技术、商标、著作权、商誉、自然资源使用权和其他权益性无形资产。

技术,包括专利技术和非专利技术;自然资源使用权,包括土地使用权、海域使用权、探矿权、采矿权、取水权和其他自然资源使用权;其他权益性无形资产,包括基础设施资产经营权、公共事业特许权、配额、经营权(包括特许经营权、连锁经营权、其他经营权)、经销权、分销权、代理权、会员权、席位权、网络游戏虚拟道具、域名、名称权、肖像权、冠名权、转会费等。

3.销售不动产

销售不动产,是指转让不动产所有权的业务活动。不动产,是指不能移动或者移动后会引起性质、形状改变的财产,包括建筑物、构筑物等。

建筑物,包括住宅、商业营业用房、办公楼等可供居住、工作或者进行其他活动的建造物;构筑物,包括道路、桥梁、隧道、水坝等建造物。

(三)属于征税范围的特殊项目

(1)货物期货(包括商品期货和贵金属期货),应当征收增值税,在期货的实物交割环节纳税。

(2)银行销售金银的业务,应当征收增值税。

(3)典当业的死当物品销售业务和寄售业代委托人销售寄售物品的业务,均应征收增值税。

(4)电力公司向发电企业收取的过网费,应当征收增值税。

(四)属于征税范围的特殊行为

1.视同销售货物

单位或个体经营者的下列行为,视同销售货物,征收增值税。

(1)将货物交付其他单位或个人代销。

(2)销售代销货物。

(3)设有两个以上机构并实行统一核算的纳税人,将货物从一个机构移送到其他机构用于销售,但相关机构设在同一县(市)的除外。

(4)将自产或委托加工的货物用于非增值税应税项目。

(5)将自产或委托加工的货物用于集体福利或个人消费。

(6)将自产、委托加工或购买的货物作为投资,提供给其他单位或个体工商户。

(7)将自产、委托加工或购买的货物分配给股东或投资者。

(8)将自产、委托加工或购买的货物无偿赠送给其他单位或个人。

根据《中华人民共和国增值税暂行条例》(以下简称《增值税暂行条例》)的规定,对上述行为视同销售货物或提供应税劳务,按规定计算销售额并征收增值税。企业若发生固定资产视同销售行为,对已使用过的固定资产无法确定销售额的,以固定资产净值为销售额。

2.视同销售服务、无形资产或者不动产

下列情形视同销售服务、无形资产或者不动产:

(1)单位或者个体工商户向其他单位或者个人无偿提供服务,但用于公益事业或者以社会公众为对象的除外。

(2)单位或者个人向其他单位或者个人无偿转让无形资产或者不动产,但用于公益事业或者以社会公众为对象的除外。

(3)财政部和国家税务总局规定的其他情形。

注意:纳税人出租不动产,租赁合同中约定免租期的,不属于视同销售服务。

3.混合销售行为和兼营行为

(1)混合销售行为。一项销售行为如果既涉及服务又涉及货物,为混合销售。从事货物的生产、批发或者零售的单位和个体工商户的混合销售行为,按照销售货物(税率为13%、9%、3%或0)缴纳增值税;其他单位和个体工商户的混合销售行为,按照销售服务(税率为9%、6%、5%或3%)缴纳增值税。

(2)兼营行为。兼营行为有两种情况。

①纳税人兼营销售货物、劳务、服务、无形资产或者不动产,适用不同税率或者征收率的,应当分别核算适用不同税率或者征收率的销售额。

②未分别核算的,从高适用税率。纳税人兼营免税、减税项目的,应当分别核算免税、减税项目的销售额;未分别核算的,不得免税、减税。

四、增值税的税率和征收率

增值税的税目税率和征收率表见表2-1。

五、增值税的优惠政策

(一)增值税法定免税项目

《增值税暂行条例》规定的免税项目:

(1)销售自产农产品,指农业生产者销售的自产初级农产品(包括制种、"公司+农户"经营模式的畜禽饲养)。

(2)避孕药品和用具。

(3)古旧图书,是指向社会收购的古书和旧书。

(4)直接用于科学研究、科学试验和教学的进口仪器。

(5)外国政府、国际组织无偿援助的进口物资和设备。

(6)由残疾人组织直接进口供残疾人专用的物品。

(7)销售的自己使用过的物品,是指其他个人销售的自己使用过的物品。

(二)营业税改增值税过渡期间的免税政策

增值税规定的优惠政策,下列项目免征增值税:

(1)托儿所、幼儿园提供的保育和教育服务。

表 2-1 增值税税目税率和征收率表

纳税人	应税行为			具体范围	增值税税率
小规模纳税人	包含原增值税纳税人和营改增纳税人，从事货物销售，提供增值税加工、修理修配劳务，以及营改增各项应税服务（财政部和国家税务总局另有规定的除外）				征收率3%
增值税一般纳税人	销售货物	销售或者进口货物（另有列举的货物除外）；提供加工、修理修配劳务			13%
		粮食、食用植物油、食用盐			9%
		自来水、暖气、冷气、热水、煤气、石油液化气、天然气、二甲醚、沼气、居民用煤炭制品			
		图书、报纸、杂志、音像制品、电子出版物			
		饲料、化肥、农药、农机（整机）、农膜			
		国务院规定的其他货物			
		出口货物			0
	销售服务	交通运输服务	陆路运输服务	铁路运输服务	9%
				其他陆路运输服务	
			水路运输服务	程租业务	
				期租业务	
			航空运输服务	航空运输的湿租业务	
		邮政服务	邮政普遍服务	函件	9%
				包裹	
			邮政特殊服务	邮政特殊服务	
			其他邮政服务	邮册等邮品销售、邮政代理等业务活动	
		电信服务	基础电信服务	基础电信服务	9%
			增值电信服务	增值电信服务	6%
		建筑服务	工程服务	工程服务	9%
			安装服务	安装服务	
			修缮服务	修缮服务	
			装饰服务	装饰服务	
			其他建筑服务	其他建筑服务	
		金融服务	贷款服务	贷款	6%
				融资性售后回租	
			直接收费金融服务	直接收费金融服务	
			保险服务	人身保险服务	
				财产保险服务	
			金融商品转让	金融商品转让	
				其他金融商品转让	

续表 2-1

纳税人	应税行为		具体范围		增值税税率
增值税一般纳税人	销售服务	现代服务	研发和技术服务	研发服务	6%
				合同能源管理服务	
				工程勘察勘探服务	
				专业技术服务	
			信息技术服务	软件服务	6%
				电脑设计及测试服务	
				信息系统服务	
				业务流程管理服务	
				信息系统增值服务	
			文化创意服务	设计服务	6%
				知识产权服务	
				广告服务	
				会议展览服务	
			物流辅助服务	航空服务	航空地面服务	6%
					通用航空服务	
				港口码头服务	
				货运客运场站服务	
				打捞救助服务	
				装卸搬运服务	
				仓储服务	
				收派服务	收件服务
					分拣服务
					派送服务
			租赁服务	融资租赁服务	有形动产融资租赁服务	13%
					不动产融资租赁服务	9%
				经营租赁服务	有形动产经营租赁服务	13%
					不动产经营租赁服务	9%
			鉴证咨询服务	认证服务	6%
				鉴证服务	
				咨询服务	
			广播影视服务	广播影视节目(作品)制作服务	6%
				广播影视节目(作品)发行服务	
				广播影视节目(作品)播映服务	
			商务辅助服务	企业管理服务	6%
				经纪代理服务	货物运输代理服务
					代理报关服务
				人力资源服务	
				安全保护服务	

纳税人	应税行为		具体范围	增值税税率
增值税一般纳税人	销售服务	现代服务 其他现代服务	其他现代服务	6%
		生活服务 文化体育服务	文化服务	6%
			体育服务	
		教育医疗服务	教育服务	
			医疗服务	
		旅游娱乐服务	旅游服务	
			住宿服务	
		餐饮住宿服务	餐饮服务	
			住宿服务	
		居民日常服务		
		其他生活服务		
	销售无形资产	技术	专利技术	6%
			非专利技术	
		商标		
		著作权		
		商誉		
		其他权益性无形资产		
		自然资源使用权	海域使用权	6%
			探矿权	
			采矿权	
			取水权	
			其他自然资源使用权	
			土地使用权	9%
	销售不动产		建筑物	9%
			构筑物	9%

(2)养老机构提供的养老服务。

(3)残疾人福利机构提供的育养服务。

(4)婚姻介绍服务。

(5)殡葬服务。

(6)残疾人员本人为社会提供的服务。

(7)医疗机构提供的医疗服务。

(8)从事学历教育的学校提供的教育服务。

(9)学生勤工俭学提供的服务。

(10)农业机耕、排灌、病虫害防治、植物保护、农牧保险以及相关技术培训业务,家禽、牲畜、水生动物的配种和疾病防治。

(11)纪念馆、博物馆、文化馆、文物保护单位管理机构、美术馆、展览馆、书画院、图书馆在自己的场所提供文化体育服务取得的第一道门票收入。

(12)寺院、宫观、清真寺和教堂举办文化、宗教活动的门票收入。

(13)行政单位之外的其他单位收取的符合条件的政府性基金和行政事业性收费。

(14)个人转让著作权。

(15)个人销售自建自用住房。

(16)2018年12月31日前,公共租赁住房经营管理单位出租公共租赁住房。

(17)台湾航运公司、航空公司从事海峡两岸海上直航、空中直航业务在大陆取得的运输收入。

(18)纳税人提供的直接或者间接国际货物运输代理服务。

(19)以下利息收入:①2016年12月31日前,金融机构农户小额贷款;②国家助学贷款;③国债、地方政府债;④人民银行对金融机构的贷款;⑤住房公积金管理中心用住房公积金在指定的委托银行发放的个人住房贷款;⑥外汇管理部门在从事国家外汇储备经营过程中,委托金融机构发放的外汇贷款;⑦统借统还业务中,企业集团或企业集团中的核心企业以及集团所属财务公司按不高于支付给金融机构的借款利率水平或者支付的债券票面利率水平,向企业集团或者集团内下属单位收取的利息。

(20)被撤销金融机构以货物、不动产、无形资产、有价证券、票据等财产清偿债务。

(21)保险公司开办的1年期以上人身保险产品取得的保费收入。

(22)下列金融商品转让收入:①合格境外投资者(QFII)委托境内公司在我国从事证券买卖业务;②香港市场投资者(包括单位和个人)通过沪港通买卖上海证券交易所上市A股;③对香港市场投资者(包括单位和个人)通过基金互认买卖内地基金份额;④证券投资基金(封闭式证券投资基金,开放式证券投资基金)管理人运用基金买卖股票、债券;⑤个人从事金融商品转让业务。

(23)金融同业往来利息收入。

(24)符合条件的担保机构从事中小企业信用担保或者再担保业务取得的收入(不含信用评级、咨询、培训等收入)3年内免征增值税。

(25)国家商品储备管理单位及其直属企业承担商品储备任务,从中央或者地方财政取得的利息补贴收入和价差补贴收入。

(26)纳税人提供技术转让、技术开发和与之相关的技术咨询、技术服务。

(27)符合条件的合同能源管理服务。

(28)2017年12月31日前,科普单位的门票收入,以及县级及以上党政部门和科协开展科普活动的门票收入。

(29)政府举办的从事学历教育的高等、中等和初等学校(不含下属单位),举办进修班、培训班取得的全部归该学校所有的收入。

(30)政府举办的职业学校设立的主要为在校学生提供实习场所、并由学校出资自办、由学校负责经营管理、经营收入归学校所有的企业,从事符合条件的业务活动取得的收入。

(31)家政服务企业由员工制家政服务员提供家政服务取得的收入。

(32)福利彩票、体育彩票的发行收入。

(33)军队空余房产租赁收入。

(34)为了配合国家住房制度改革,企业、行政事业单位按房改成本价、标准价出售住房取得的收入。

(35)将土地使用权转让给农业生产者用于农业生产。

(36)涉及家庭财产分割的个人无偿转让不动产、土地使用权。

(37)纳税人采取转包、出租、互换、转让、入股等方式将承包地流转给农业生产者用于农业生产。

(38)土地所有者出让土地使用权和土地使用者将土地使用权归还给土地所有者。

(39)县级以上地方人民政府或自然资源行政主管部门出让、转让或收回自然资源使用权(不含土地使用权)。

(40)随军家属就业。

(41)军队转业干部就业。

(三)营业税改征增值税过渡期间的即征即退政策

(1)一般纳税人提供管道运输服务,对其增值税实际税负超过3%的部分实行增值税即征即退政策。

(2)经中国人民银行、中国银行保险监督管理委员会或者商务部批准(含备案)从事融资租赁业务的试点纳税人中的一般纳税人,提供有形动产融资租赁服务和有形动产融资性售后回租服务,对其增值税实际税负超过3%的部分实行增值税即征即退政策。商务部授权的省级商务主管部门和国家经济技术开发区批准(含备案)的从事融资租赁业务和融资性售后回租业务的试点纳税人中的一般纳税人,2016年5月1日后实收资本达到1.7亿元的,从达到标准的当月起按照上述规定执行;2016年5月1日后实收资本未达到1.7亿元但注册资本达到1.7亿元的,在2016年7月31日前仍可按照上述规定执行,2016年8月1日后开展的有形动产融资租赁业务和有形动产融资性售后回租业务不得按照上述规定执行。

(四)增值税起征点

个人发生应税行为的销售额未达到增值税起征点的,免征增值税;达到起征点的,全额计算缴纳增值税。增值税起征点不适用于登记为一般纳税人的个体工商户。增值税起征点所称的销售额不包括其应纳税额,即不含税销售额。

增值税起征点幅度为:

(1)按期纳税的,为月销售额5 000～20 000元(含本数)。

(2)按次纳税的,为每次(日)销售额300～500元(含本数)。

起征点的调整由财政部和国家税务总局规定。省、自治区、直辖市财政厅(局)和税务局应当在规定的幅度内,根据实际情况确定本地区适用的起征点,并报财政部和国家税务总局备案。

【学习案例 2-1】

某个体工商户在2019年6月取得餐饮服务收入60 000元(含税),该个体工商户本月应缴纳多少增值税?

【解析】

餐饮服务不含税收入＝60 000÷(1＋3％)＝58 252.43(元)

因为提供应税服务的起征点为 20 000 元,餐饮服务取得的收入 58 252.43 元超过起征点,所以该个体工商户不享受暂免征收增值税优惠政策,应全额征税,该个体工商户本月应缴纳增值税＝58 252.43×3％＝1 747.57(元)。

任务二　增值税计算

一、一般纳税人应纳税额的计算

增值税应纳税额的计算方法有直接计算法和间接计算法。直接计算法是指先计算出增值额,再乘以税率,求出应纳增值税税额,在计算时又可分为税基列举法和税基相减法。间接计算法又称为进项抵扣法,并不直接计算增值额,而是采用抵扣税款的方法计算应纳增值税税额。世界各国普遍采用进项抵扣法,我国也同样采用这种方法计算应纳增值税税额。在计算时要计算出销项税额和经认证准予抵扣的进项税额,在计算销项税额时,首先是要确定计税销售额。

根据《增值税暂行条例》的规定,一般纳税人实行进项抵扣法。一般纳税人凭增值税专用发票及合法扣税凭证注明税款进行抵扣,其应纳增值税的计算公式为:

当期应纳增值税＝当期销项税额－当期进项税额

(一)销项税额的计算

销项税额是纳税人发生应税行为,按照销售额和增值税税率计算,并向购买方收取的增值税税额,其计算公式为:

销项税额＝销售额×适用税率

1.一般销售方式下销售额的确定

销售额是指纳税人发生应税行为取得的全部价款和价外费用,但是不包括收取的销项税额,体现增值税为价外税性质。因此,销售额的确定主要是确定价款和价外费用。

价外费用是指价外收取的各种性质的费用,包括价外向购买方收取的手续费、补贴、基金、集资费、返还利润、奖励费、违约金、滞纳金、延期付款利息、赔偿金、代收款项、代垫款项、包装费、包装物租金、储备费、优质费、运输装卸费以及其他各种性质的价外收费。无论其会计制度规定如何核算,均应并入销售额计算应纳税额。但下列项目不包括在内:①向购买方收取的销项税额;②受托加工应征消费税的消费品所代收代缴的消费税;③符合国家税收法律、法规规定条件代为收取的政府性基金或者行政事业性收费;④以委托方名义开具发票代委托方收取的款项。

纳税人按照人民币以外的货币结算销售额的,应当折合成人民币计算,折合率可以选择销售额发生的当天或者当月 1 日的人民币汇率中间价。纳税人应当在事先确定采用何种折合率,确定后 12 个月内不得变更。

税法规定各种性质的价外费用都要并入销售额计算征税的目的是防止企业以各种名

义的收费减少销售额逃避纳税。但是在计算应纳税额时应当注意的是对增值税一般纳税人向购买方收取的价外费用和逾期包装物的押金应视作含税收入,在计算时应换算成不含税收入再并入销售额。

另外,纳税人发生应税行为价格明显偏低或偏高且不具有合理商业目的的,或者有视同销售行为而无销售额的,主管税务机关有权按下列顺序确定销售额:

①按纳税人最近时期同类货物、劳务、服务、无形资产或者不动产的平均价格确定。

②按其他纳税人最近时期同类货物、劳务、服务、无形资产或者不动产的平均价格确定。

③按组成计税价格确定。组成计税价格的公式为:

$$组成计税价格＝成本×(1＋成本利润率)$$

属于应征消费税的货物,其组成计税价格中应加计消费税额。成本利润率由国家税务总局确定。

【学习案例 2-2】

甲糕点厂为增值税一般纳税人,本年 9 月将自产的 50 盒 A 月饼分发给本企业职工,每盒月饼成本价为 80 元,A 月饼不含增值税售价为 120 元/盒;将自产的 50 盒 B 月饼捐赠给希望小学,每盒月饼成本价为 100 元,B 月饼无同类货物的销售价格。计算甲糕点厂上述业务的增值税销项税额。

【解析】

(1)将 A 月饼分发给本企业职工的增值税销项税额＝50×120×13％＝780(元)

(2)将 B 月饼捐赠给希望小学的增值税销项税额＝50×100×(1＋10％)×13％
＝715(元)

2.在特殊销售货物方式下销售额的确定

(1)折扣、折让方式销售货物。纳税人采用的折扣方式一般有折扣销售、销售折扣和销售退回或折让三种形式。不同折扣方式下其计税销售额也有所差别:

①折扣销售(商业折扣),是由于购货方购货数量较大等原因而被给予的价格优惠。按税法规定:如果销售额和折扣额在同一张发票上分别注明,可以按折扣后的销售额征收增值税;如果将折扣额另开发票,不论其在财务上如何处理,均不得从销售额中减除折扣额。另外,折扣销售仅限于价格折扣,不包括实物折扣。实物折扣不得从货物销售额中减除,应按《增值税暂行条例》"视同销售货物"中的"赠送他人"计征增值税。

【学习案例 2-3】

甲企业为增值税一般纳税人,本年 5 月向乙商场销售服装 1 000 件,每件不含税价格为 100 元。由于乙商场购买量大,甲企业按原价 8 折优惠销售,乙商场付款后,甲企业向乙商场开具的增值税专用发票上"金额"栏分别注明了销售额和折扣额。该服装适用的增值税税率为 13％。计算甲企业上述业务的增值税销项税额。

【解析】

纳税人采取折扣方式销售货物,销售额和折扣额在同一张发票上"金额"栏分别注明的,按折扣后的销售额征收增值税。

增值税销项税额＝1 000×100×80％×13％＝10 400(元)

②销售折扣(现金折扣),是为了鼓励及早付款而给予购货方的一种折扣优待。销售折扣不得从销售额中减除,因为销售折扣发生在销货之后,是一种融资性质的理财费用。

③销售退回或折让,是指货物售出后,由于品种、质量等原因购货方要求予以退货或要求销货方给予购货方的一种价格折让。由于是货物的品种和质量问题而引起的销售额减少,对手续完备的销售退回或折让而退还给购买方的增值税,可从发生销售退回或折让的当期的销项税额中扣减。对于销售回扣,其实质是种变相的商业贿赂,不得从销售额中减除。

【学习案例 2-4】

某新华书店 2019 年 6 月批发图书一批,每册标价 30 元(含增值税),共计 10 000 册,由于购买方购买数量多,按八折优惠价格成交,并将折扣部分与销售额同开在一张发票上。15 日内付款可享受 2% 的折扣,购买方在第 10 天付款,请计算计税销售额和销项税额。

【解析】

计税销售额 $=30×80\%×10\,000÷(1+9\%)=220\,183.49$(元)

销项税额 $=220\,183.49×9\%=19\,816.51$(元)

(2)以旧换新方式销售货物。以旧换新方式销售货物是指纳税人在销售过程中,折价收回同类旧货物,并以折价款部分冲减新货物价款的一种销售方式。

采取以旧换新方式销售货物的(金银首饰除外),应按新货物的同期销售价格确定销售额,不得扣减旧货物的收购价格,对有偿收回的旧货物,不得抵扣进项税额。金银首饰以旧换新业务,可按销售方实际收取的不含增值税的全部价款征收增值税。

【学习案例 2-5】

某商场(小规模纳税人)2019 年 5 月采取"以旧换新"方式销售一批空调,开出普通发票,收到货款 50 000 元(含增值税),并注明已扣除旧货折价 20 000 元。计算本商场的计税销售额。

【解析】

计税销售额 $=(50\,000+20\,000)÷(1+3\%)=67\,961.17$(元)

(3)还本销售方式销售货物。还本销售是指将货物销售出去以后,到约定的期限再由销货方一次或分次将购货款部分或全部退还给购货方的一种销售方式,其实质是一种以提供货物换取还本不付息的融资行为。税法规定纳税人采取还本销售方式销售货物,其销售额应是货物的销售全价,不得从销售额中减除还本支出。

(4)以物易物方式销售货物。以物易物是指购销双方不是以货币结算或主要不以货币结算,而是以货物相互结算,实现货物购销,是一种较为特殊的货物购销方式。虽然这种方式没有涉及货币收支,但其本质也是一种购销行为。税法规定,以物易物双方都应作购销处理,以各自发出的货物核算销售额,并以此计算销项税额,以各自收到的货物按规定核算购货额,并以此计算进项税额。以物易物双方,如果未相互开具增值税专用发票,也应计算销项税额,但没有进项税额。如果双方相互开具了增值税专用发票,则双方既要计算销项税额,也可抵扣进项税额。

(5)包装物租金、押金的计价。包装物租金作为价外费用,计入销售额计算销项税额;纳税人为销售货物而出租出借包装物所收取的押金,单独记账核算的,不计入销售额征税。但对逾期未收回包装物而不再退还的押金,应换算成不含税收入后计入销售额,按所包装货物的税率计税。另外,对销售除啤酒、黄酒以外的其他酒类产品,其包装物押金一律计入销售额,一并计税。

【学习案例 2-6】

钟楼酒厂为一般纳税人,2019 年 5 月向一小规模纳税人销售啤酒,并开具增值税普通发票,价税合计 113 000 元;同时收取单独核算的包装物押金 3 000 元(尚未逾期)。请计算钟楼酒厂销售啤酒的销项税额。

【解析】

销项税额＝113 000÷(1＋13％)×13％＝13 000(元)

3.在特殊销售服务方式下销售额的确定

(1)折扣方式销售服务、无形资产或者不动产。将价款和折扣额在同一张发票上的"金额"栏分别注明的,纳税人可以按价款减除折扣额后的金额作为销售额计算缴纳增值税;如果没有在同一张发票上的"金额"栏分别注明的,纳税人不得按价款减除折扣额后的金额作为销售额,应按价款作为销售额计算缴纳增值税。

(2)贷款服务。以提供贷款服务取得的全部利息及利息性质的收入为销售额。

(3)直接收费金融服务。以提供直接收费金融服务收取的手续费、佣金、酬金、管理费、服务费、经手费、开户费、过户费、结算费等各类费用为销售额。

(4)金融商品转让。按照卖出价扣除买入价后的余额为销售额。转让金融商品出现的正负差,按盈亏相抵后的余额为销售额。若相抵后出现负差,可结转下一纳税期与下期转让金融商品销售额相抵,但年末时仍出现负差的,不得转入下一个会计年度。金融商品转让,不得开具增值税专用发票。

(5)经纪代理服务。以取得的全部价款和价外费用,扣除向委托方收取并代为支付的政府性基金或者行政事业性收费后的余额为销售额。向委托方收取的政府性基金或者行政事业性收费,不得开具增值税专用发票。

(6)融资租赁和融资性售后回租业务。经批准提供融资租赁服务,以取得的全部价款和价外费用,扣除支付的借款利息、发行债券利息和车辆购置税后的余额为销售额;提供融资性售后回租服务,以取得的全部价款和价外费用(不含本金),扣除对外支付的借款利息、发行债券利息后的余额作为销售额。

(7)航空运输企业的销售额。其不包括代收的机场建设费和代售其他航空运输企业客票而代收转付的价款。

(8)提供客运场站服务。以取得的全部价款和价外费用,扣除支付给承运方运费后的余额为销售额。

(9)提供旅游服务。可以选择以取得的全部价款和价外费用,扣除向旅游服务购买方收取并支付给其他单位或者个人的住宿费、餐饮费、交通费、签证费、门票费和支付给其他接团旅游企业的旅游费用后的余额为销售额。选择该办法计算销售额的试点纳税人,向旅游服务购买方收取并支付的上述费用,不得开具增值税专用发票,可以开具普通发票。

(10)提供建筑服务适用简易计税方法的,以取得的全部价款和价外费用扣除支付的分包款后的余额为销售额。

(11)房地产开发企业中的一般纳税人销售其开发的房地产项目(选择简易计税方法的房地产老项目除外),以取得的全部价款和价外费用,扣除受让土地时向政府部门支付的土地价款后的余额为销售额。

(12)销售其 2016 年 4 月 30 日前取得(不含自建)的不动产选择简易计税方法的,以取得的全部价款和价外费用减去该项不动产购置原价或者取得不动产时的作价后的余额为销售额;自建的不动产,以取得的全部价款和价外费用为销售额。

上述(5)～(12)项的规定从全部价款和价外费用中扣除的价款,应当取得符合法律、行政法规和国家税务总局规定的有效凭证,否则不得扣除。同时纳税人取得的凭证属于增值税扣税凭证的,其进项税额不得从销项税额中抵扣。

4.价税合计情况下含税销售额的换算

为了符合增值税价外税的特点,增值税纳税人在填写进销货发票及其他纳税凭证时应该分别填列不含税的销售额和相应的税款。在实际工作中,多方面原因使一般纳税人销售货物,提供加工、修理修配劳务,销售服务、无形资产或不动产时,未开具增值税专用发票,或采用销售额和增值税税额一起收取的方法,此情况下销售价格是销售额和销项税额的合并定价,因而销售额是含税的销售额。

对于一般纳税人取得的含税销售额,在计算销项税额时,必须换算为不含税的销售额。含税销售额与不含税销售额的换算方法如下:

$$含税销售额＝不含税销售额×(1＋增值税税率)$$

$$不含税销售额＝含税销售额÷(1＋增值税税率)$$

【学习案例 2-7】

某电子设备生产厂(一般纳税人)本月向某商场批发货物一批,开具的增值税专用发票注明的价款为 200 万元;向消费者零售货物,开具的普通发票注明的金额为 50 万元。请计算该电子设备生产厂本月的计税销售额和销项税额。

【解析】

电子设备生产厂开具增值税专用发票注明价款是不含税销售额,不需换算;普通发票注明的金额是含税销售额,需要换算。

向商场销售的计税销售额＝200(万元)

向消费者零售的计税销售额＝50÷(1＋13％)＝44.25(万元)

合计计税销售额＝200＋44.25＝244.25(万元)

销项税额＝244.25×13％＝31.75(万元)

【提示】

判断销售价款中是否含税可以遵循以下原则:

(1)普通发票中注明的金额是含税价格,如商场向消费者销售货物的"零售价格"。

(2)增值税专用发票中记载的"价格"是不含税价格。

(3)增值税纳税人销售货物同时收取的价外收入或逾期包装物押金收入等一般为含税收入。

(二)进项税额的计算

纳税人购进货物,提供加工、修理修配劳务,销售服务、无形资产或不动产支付或者负担的增值税税额为进项税。在同一项购销业务中,进项税额与销项税额相对应,即销售方收取的销项税额就是购买方支付的进项税额。

一般纳税人应纳增值税的核心是用收取的销项税额扣除其支付的进项税额,余额就是纳税人应实际缴纳的增值税税额。但并不是所有的进项税额都可以抵扣,对此《增值税暂行条例》明确规定了哪些进项税额可以抵扣,哪些不能抵扣。

1. 准予抵扣的进项税额

一般纳税人购进货物,提供加工、修理修配劳务,销售服务、无形资产或者不动产所支付的进项税额,准予从销项税额中抵扣的有两种情形:

(1)以票抵扣。纳税人购进货物,提供加工、修理修配劳务,销售服务、无形资产或不动产取得下列法定扣税凭证,其进项税额允许抵扣:

①从销售方取得的增值税专用发票(含税控机动车销售统一发票,下同)上注明的增值税税额。

②从海关取得的海关进口增值税专用缴款书上注明的增值税税额。

③从境外单位或者个人购进服务、无形资产或不动产,自税务机关或者扣缴义务人取得的解缴税款的完税凭证上注明的增值税税额。

适用一般计税方法的试点纳税人,2016 年 5 月 1 日后取得并在会计制度上按固定资产核算的不动产或者 2016 年 5 月 1 日后取得的不动产在建工程,其进项税额应自取得之日起分 2 年从销项税额中抵扣,第一年抵扣比例为 60%,第二年抵扣比例为 40%。

【学习案例 2-8】

2019 年 4 月 10 日,A 公司从 B 公司购进原材料,取得增值税专用发票,发票注明销售额为 20 000 元,增值税税额为 2 600 元。试分析该公司购进该批原材料是否可作进项税额抵扣。若能抵扣,进项税额是多少?

【解析】

该公司购进材料时取得增值税专用发票,其税额准予作为进项税额抵扣;其抵扣的进项税额即为增值税发票上注明的增值税税额 2 600 元。

(2)计算抵扣。购进农产品,除取得增值税专用发票或者海关进口增值税专用缴款书外,从按照简易计税方法依照 3% 征收率计算缴纳增值税的小规模纳税人取得增值税专用发票的,以增值税专用发票上注明的金额和 9% 的扣除率计算进项税额;取得(开具)农产品销售发票或收购发票的,以农产品销售发票或收购发票上注明的农产品买价和 9% 的扣除率计算进项税额,其计算公式为:

$$进项税额＝买价×扣除率$$

注意:营业税改征增值税试点期间,纳税人购进用于生产销售或委托受托加工 13% 税率货物的农产品扣除率为 10%。

【学习案例 2-9】

某食品加工厂为一般纳税人,购进某农场自产玉米,收购凭证上注明的价款为 65 830 元。计算该食品加工厂购进玉米的进项税额和玉米的采购成本。

【解析】

进项税额＝65 830×9%＝5 924.7(元)

采购成本＝65 830×(1－9%)＝59 905.3(元)

2.不得抵扣的进项税额

下列项目的进项税额不得从销项税额中抵扣:

(1)用于适用简易计税方法计税项目、免征增值税项目、集体福利或者个人消费的购进货物,提供加工、修理修配劳务,销售服务、无形资产或不动产的。其中涉及的固定资产、无形资产、不动产,仅指专用于上述项目的固定资产、无形资产(不包括其他权益性无形资产)、不动产。

(2)非正常损失的购进货物及相关的加工、修理修配劳务和交通运输业服务。非正常损失(下同),是指因管理不善造成被盗、丢失、霉烂变质,以及因违反法律、法规造成货物或者不动产被依法没收、销毁、拆除的情形。

(3)非正常损失的在产品、产成品所耗用的购进货物(不包括固定资产),提供加工、修理修配劳务或者交通运输业服务。

(4)非正常损失的不动产,以及该不动产所耗用的购进货物、设计服务和建筑服务。

(5)非正常损失的不动产在建工程所耗用的购进货物、设计服务和建筑服务。纳税人新建、改建、扩建、修缮、装饰不动产,均属于不动产在建工程。

(6)购进的旅客运输服务、贷款服务、餐饮服务、居民日常服务和娱乐服务。

(7)纳税人接受贷款服务向贷款方支付的与该笔贷款直接相关的投融资顾问费、手续费、咨询费等费用。

(8)财政部和国家税务总局规定的其他情形。

上述讲的固定资产是指使用期限超过 12 个月的机器、机械、运输工具以及其他与生产经营有关的设备、工具、器具等,和会计准则相比,不包括不动产及不动产在建工程。

纳税人取得的增值税扣税凭证不符合法律、行政法规或者国家税务总局有关规定的,其进项税额不得从销项税额中抵扣。

上述(1)种情形规定不得抵扣且未抵扣进项税额的固定资产、无形资产、不动产,发生用途改变,用于允许抵扣进项税额的应税项目,可在用途改变的次月按照下列公式计算可以抵扣的进项税额:

可以抵扣的进项税额＝固定资产、无形资产、不动产净值÷(1＋适用税率)×适用税率

固定资产、无形资产或者不动产净值,是指纳税人根据财务会计制度计提折旧或摊销后的余额。

此外,一般计税方法的纳税人,兼营简易计税方法计税项目、免征增值税项目而无法划分不得抵扣的进项税额的,按照下列公式计算不得抵扣的进项税额:

$$不得抵扣的进项税额 = 当期无法划分的全部进项税额 \times \frac{当期简易计税项目销售额 + 免征增值税项目销售额}{当期全部销售额}$$

【学习案例 2-10】

根据现行增值税法规的规定,请分析哪些进项税额不得从销项税额中抵扣。

(1)被水浸泡损失 6 万元的库存商品所耗用的购进货物。

(2)外购的原材料在运输途中被盗损失 18 万元。

(3)外购的200袋面粉用于中秋节职工福利。

(4)外购的20吨钢材用于生产本企业新产品。

【解析】

(1)被水浸泡损失6万元的库存商品所耗用的购进货物,属于非正常损失的在产品、产成品所耗用的购进货物,其进项税额不得从销项税额中抵扣。

(2)外购的原材料在运输途中被盗损失18万元,属于非正常损失的购进货物,其进项税额不得从销项税额中抵扣。

(3)外购的200袋面粉用于中秋节职工福利,用于职工福利的进项税额不得从销项税额中抵扣。

(4)外购的20吨钢材用于生产本企业新产品,准予从销项税额中抵扣。

【学习案例2-11】

某三轮车生产厂为增值税一般纳税人,2019年5月购入生产本企业产品用的柴油机一批,取得增值税专用发票,购进金额为40万元,注明的增值税税额为5.2万元;购入建造职工食堂用水泥一批,取得增值税专用发票,购进金额为2万元,注明的增值税税额为0.26万元;购入车床一台,取得增值税专用发票,购进金额为19万元,注明的增值税税额为2.47万元;支付生产用电费,取得增值税专用发票,购进金额为1.5万元,注明的增值税税额为0.195万元。请确定本月购进货物不得抵扣的进项税额。

【解析】

购入建造职工食堂用水泥属于非应税项目的购进货物,其进项税额0.26万元不得抵扣,其余购进货物的进项税额均可以抵扣。

3.扣减进项税额

(1)已抵扣进项税额的购进货物(不含固定资产)、劳务、服务,发生不得抵扣进项税额的情形(简易计税方法计税项目、免征增值税项目除外)时,应当将该进项税额从当期进项税额中扣减;无法确定该进项税额的,按照当期实际成本计算应扣减的进项税额。

(2)已抵扣进项税额的固定资产、无形资产或者不动产,发生不得抵扣进项税额的情形时,按照下列公式计算不得抵扣的进项税额:

$$不得抵扣的进项税额＝固定资产、无形资产或者不动产净值×适用税率$$

(3)因销售折让、中止或者退回而退还给购买方的增值税税额,应当从当期的销项税额中扣减;因销售折让、中止或者退回而收回的增值税税额,应当从当期的进项税额中扣减。

【学习案例2-12】

甲企业是增值税一般纳税人,2019年5月有关生产经营业务如下:

(1)从A公司购进生产用原材料,取得A公司开具的增值税专用发票,注明货款200万元、增值税26万元。合同约定运输由A公司自己负责。A公司支付运输公司运费取得增值税专用发票,注明运输费5万元、增值税0.45万元。

(2)从B公司购进维修设备用零部件,由于B公司为小规模纳税人,取得B公司开具的普通发票,注明价款11.3万元。

(3)从农业生产者手中购进免税农产品,收购凭证上注明的收购货款是50万元。委托运输公司运输,取得增值税专用发票,注明运输费2万元、增值税0.18万元。

计算该企业当月可以抵扣的进项税额。

【解析】

(1)分别从A公司和运输公司取得了增值税专用发票,可以凭票抵扣。

进项税额＝26＋0.45＝26.45(万元)

(2)由于从B公司取得的是普通发票,因此不能抵扣进项税额。

(3)购进免税农产品,可以按收购凭证注明的收购价款计算抵扣10％(因为是用于生产销售13％税率的货物);支付运输费取得增值税专用发票,可以凭票抵扣。

进项税额＝50×10％＋0.18＝5.18(万元)

当月可以抵扣的进项税额＝26.45＋5.18＝31.63(万元)

(三)一般纳税人应纳税额的计算

增值税销项税额与进项税额确定后就可以得出实际应纳的增值税税额,增值税一般纳税人应纳税额的计算方法如下:

$$应纳税额＝当期销项税额－当期进项税额$$

上式计算结果得正数,为当期应纳增值税;如果计算结果为负数,则形成留抵税额,待下期抵扣,下期应纳税额的计算公式变为:

$$应纳税额＝当期销项税额－当期进项税额－上期留抵税额$$

【学习案例2-13】

某运输企业为一般纳税人,2019年4月取得交通运输收入109万元(含税),当月外购汽油10万元,购入运输车辆20万元(不含税金额,取得增值税专用发票),发生联运支出50万元(不含税金额,取得增值税专用发票)。计算该纳税人2019年4月份应纳增值税税额。

【解析】

销项税额＝109÷(1＋9％)×9％＝9(万元)

可抵扣的进项税额＝10×13％＋20×13％＋50×9％＝1.3＋2.6＋4.5＝8.4(万元)

2019年4月应纳税额＝9－8.4＝0.6(万元)

(四)建筑服务及不动产预缴税额的计算

(1)一般纳税人跨县(市)提供建筑服务,适用一般计税方法计税的,应以取得的全部价款和价外费用为销售额计算应纳税额。纳税人应以取得的全部价款和价外费用扣除支付的分包款后的余额,按照2％的预征率在建筑服务发生地预缴税款后,向机构所在地主管税务机关进行纳税申报。

(2)一般纳税人销售其2016年5月1日后取得(不含自建)的不动产,应适用一般计税方法,以取得的全部价款和价外费用为销售额计算应纳税额。纳税人应以取得的全部价款和价外费用减去该项不动产购置原价或者取得不动产时的作价后的余额,按照5％的预征率在不动产所在地预缴税款后,向机构所在地主管税务机关进行纳税申报。

(3)一般纳税人销售其2016年5月1日后自建的不动产,应适用一般计税方法,以取得的全部价款和价外费用为销售额计算应纳税额。纳税人应以取得的全部价款和价外费用,按照5％的预征率在不动产所在地预缴税款后,向机构所在地主管税务机关进行纳税申报。

（4）房地产开发企业采取预收款方式销售所开发的房地产项目,在收到预收款时按照3%的预征率预缴增值税。

（5）一般纳税人出租其2016年5月1日后取得的、与机构所在地不在同一县（市）的不动产,应按照3%的预征率在不动产所在地预缴税款后,向机构所在地主管税务机关进行纳税申报。

（6）一般纳税人销售其2016年4月30日前取得的不动产（不含自建）,选择一般计税方法计税的,以取得的全部价款和价外费用为销售额计算应纳税额。纳税人应以取得的全部价款和价外费用减去该项不动产购置原价或者取得不动产时的作价后的余额,按照5%的预征率在不动产所在地预缴税款后,向机构所在地主管税务机关进行纳税申报。

（7）房地产开发企业中的一般纳税人销售房地产老项目,以及一般纳税人出租其2016年4月30日前取得的不动产,选择一般计税方法计税的,应以取得的全部价款和价外费用,按照3%的预征率在不动产所在地预缴税款后,向机构所在地主管税务机关进行纳税申报。

（8）一般纳税人销售其2016年4月30日前自建的不动产,选择一般计税方法计税的,应以取得的全部价款和价外费用为销售额计算应纳税额。纳税人应以取得的全部价款和价外费用,按照5%的预征率在不动产所在地预缴税款后,向机构所在地主管税务机关进行纳税申报。

【学习案例2-14】

某建筑企业（一般纳税人）机构所在地为A省,2019年6月在B省提供建筑服务（非简易计税项目）取得建筑服务收入（含税）1 650万元,支付分包款550万元。购入建筑材料可抵扣的进项税额为70万元。计算该企业在B省的预缴增值税税款和回A省机构所在地纳税申报应缴的增值税税款。

【解析】

在B省建筑服务发生地预缴的增值税税额＝$(1\ 650-550)\div(1+9\%)\times 2\%$

$$=20.18(万元)$$

回A省机构所在地纳税申报时应缴的增值税税额

$=1\ 650\div(1+9\%)\times 9\%-20.18-70-550\div(1+9\%)\times 9\%=0.65(万元)$

二、小规模纳税人应纳税额的计算

（一）应纳税额的计算

小规模纳税人销售货物,提供加工、修理修配劳务,销售服务、无形资产或不动产,实行按照销售额和增值税征收率计算应纳税额的简易计税办法,不得抵扣进项税额。小规模纳税人应纳税额的计算公式为:

$$应纳税额＝销售额\times 征收率$$

式中:销售额为不含税销售额,纳税人采用销售额和应纳税额合并定价方法的,应将含税销售额换算成不含税销售额,其计算公式为:

$$销售额＝含税销售额\div(1+征收率)$$

按照税法规定,小规模纳税人销售货物只能开具普通销货发票,不能使用增值税专用发票,其购进货物不论是否取得增值税专用发票,都不能抵扣进项税额,但购进税控收款机除外。

纳税人适用简易计税方法计税的,因销售折让、中止或者退回而退还给购买方的销售额,直接从当期销售额中扣减。扣减当期销售额后仍有余额造成多缴的税款,可以从以后的应纳税额中扣减。

【学习案例 2-15】

中华公司为增值税小规模纳税人,2019 年 4 月取得零售收入 20 600 元,当月购进原材料取得的增值税专用发票上注明的购进金额为 19 000 元、税额为 2 470 元。请计算该公司 2019 年 4 月应纳增值税税额。

【解析】

小规模纳税人不得抵扣任何进项税额,所以应纳税额计算如下:

应纳增值税税额＝20 600÷(1+3％)×3％＝600(元)

(二)应纳税额计算的相关规定

(1)小规模纳税人销售其取得(不含自建)的不动产(不含个体工商户销售购买的住房和其他个人不动产),应以取得的全部价款和价外费用减去该项不动产购置原价或者取得不动产时的作价后的余额为销售额,按照 5％的征收率计算应纳税额。纳税人按照上述方法在不动产所在地预缴税款后,向机构所在地主管税务机关进行纳税申报。

(2)小规模纳税人销售其自建的不动产,应以取得的全部价款和价外费用为销售额,按照 5％的征收率计算应纳税额。纳税人按照上述方法在不动产所在地预缴税款后,向机构所在地主管税务机关进行纳税申报。

(3)房地产开发企业中的小规模纳税人,销售自行开发的房地产项目,按照 5％的征收率计税。

(4)小规模纳税人出租其取得的不动产(不含个人出租住房),按照 5％的征收率计算应纳税额。如果不动产与机构所在地不在同一县(市、区),纳税人按照上述方法在不动产所在地预缴税款后,向机构所在地主管税务机关进行纳税申报。

(5)小规模纳税人跨县(市、区)提供建筑服务,应以取得的全部价款和价外费用扣除支付的分包款后的余额为销售额,按照 3％的征收率计算应纳税额。纳税人应按照上述计税方法在建筑服务发生地预缴税款后,向机构所在地主管税务机关进行纳税申报。

三、进口货物增值税的计算

(一)自行申报进口的增值税

凡是申报进入我国海关境内的货物,均应缴纳进口环节增值税,由我国海关代征。

纳税人进口货物,按照组成计税价格和规定的 13％或 9％的税率计算应纳税额,其计算公式为:

$$应纳进口增值税＝组成计税价格×增值税税率$$

$$组成计税价格＝关税完税价格＋关税$$

或　　　　$$组成计税价格＝关税完税价格＋关税＋消费税$$

＝关税完税价格×(1＋关税税率)÷(1－消费税税率)

关税＝关税完税价格×关税税率

进口货物的关税完税价格是以该货物运抵我国的到岸价格为依据的,包括买价、货物运抵我国关境内输入地点起卸前的包装费、运费、保险费和其他劳务费等。

【学习案例 2-16】

某外贸公司某月从美国进口一批货物,当地购买价为 10 万美元,运抵我国上海口岸支付包装费 1 500 美元,运费 9 000 美元、保险费 150 美元、有关手续费 500 美元。该进口货物的关税税率为 50%,消费税税率为 5%,增值税税率为 13%(假定外汇牌价为 USD 100＝CNY 700)。计算该批货物的进口增值税。

【解析】

关税完税价格＝(100 000＋1 500＋9 000＋150＋500)×7＝778 050(元)

进口关税＝778 050×50%＝389 025(元)

$$进口消费税＝\frac{778\ 050＋389\ 025}{1－5\%}×5\%＝61\ 425(元)$$

组成计税价格＝778 050＋389 025＋61 425＝1 228 500(元)

进口增值税＝1 228 500×13%＝159 705(元)

(二)在境内未设有经营机构的增值税

境外单位或个人在境内发生应税行为,在境内未设有经营机构的,以购买方为增值税扣缴义务人。

【学习案例 2-17】

设立于中国香港的 B 公司将 K 品牌授权给设立于我国境内的增值税一般纳税人 A 公司使用,按照约定,A 公司按照销售额的 3% 支付特许权使用费给 B 公司,扣除相关税费后按季支付。2017 年第四季度 A 公司的销售额为 1 000 万元,应付税前特许权使用费 30 万元。假设增值税适用税率为 6%,预提所得税税率为 10%,附加税费合计为增值税税额的 12%(城市维护建设税 7%,教育费附加 3%,地方教育费附加 2%)。试计算 A 公司代扣代交的增值税额、附加税费和预提所得税额。

【解析】

(1)代扣代交增值税的计算。

$$代扣代交增值税＝\frac{接受方支付的价款}{1＋增值税税率}×增值税税率$$

$$＝\frac{300\ 000}{1＋6\%}×6\%＝16\ 981.13(元)$$

(2)代扣代交附加税费的计算。

代扣代交附加税费＝16 981.13×12%＝2 037.74(元)

(3)代扣代交预提所得税的计算。计算企业所得税时,应以不含增值税的收入金额作为应纳税所得额。

代扣代交预提所得税额＝300 000÷(1＋6%)×10%＝28 301.89(元)

任务三　增值税出口货物退(免)税处理

出口货物退(免)税是指在国际贸易业务中,对我国报关出口的货物退还或免征其在国内各生产环节和流转环节按税法规定已缴纳的增值税和消费税,即对增值税出口货物实行零税率,对消费税出口货物免税。

一、出口货物退(免)税的适用范围

1. 出口企业出口货物

出口企业,是指依法办理工商登记、税务登记、对外贸易经营者备案登记,自营或委托出口货物的单位或个体工商户,以及依法办理工商登记、税务登记但未办理对外贸易经营者备案登记,委托出口货物的生产企业。

出口货物,是指向海关报关后实际离境并销售给境外单位或个人的货物,分为自营出口货物和委托出口货物两类。

生产企业,是指具有生产能力(包括加工、修理修配能力)的单位或个体工商户。

2. 出口企业或其他单位视同出口货物

(1)出口企业对外援助、对外承包、境外投资的出口货物。

(2)出口企业经海关报关进入国家批准的出口加工区、保税物流园区、保税港区、综合保税区、珠澳跨境工业区(珠海园区)、中哈霍尔果斯国际边境合作中心(中方配套区域)、保税物流中心(B型)(以下统称特殊区域)并销售给特殊区域内单位或境外单位、个人的货物。

(3)免税品经营企业销售的货物(国家规定不允许经营和限制出口的货物、卷烟和超出免税品经营企业"企业法人营业执照"规定经营范围的货物除外),具体是指:

①中国免税品(集团)有限责任公司向海关报关运入海关监管仓库,专供其经国家批准设立的统一经营、统一组织进货、统一制定零售价格、统一管理的免税店销售的货物;

②国家批准的除中国免税品(集团)有限责任公司外的免税品经营企业,向海关报关运入海关监管仓库,专供其所属的首都机场口岸海关隔离区内的免税店销售的货物;

③国家批准的除中国免税品(集团)有限责任公司外的免税品经营企业所属的上海虹桥、浦东机场海关隔离区内的免税店销售的货物。

(4)出口企业或其他单位销售的用于国际金融组织或外国政府贷款国际招标建设项目的中标机电产品(以下简称中标机电产品)。上述中标机电产品,包括外国企业中标再分包给出口企业或其他单位的机电产品。

(5)生产企业向海上石油天然气开采企业销售的自产的海洋工程结构物。

(6)出口企业或其他单位销售给国际运输企业用于国际运输工具上的货物。上述规定暂仅适用于外轮供应公司、远洋运输供应公司销售给外轮、远洋国轮的货物,国内航空供应公司生产销售给国内和国外航空公司国际航班的航空食品。

(7)出口企业或其他单位销售给特殊区域内生产企业生产耗用且不向海关报关而输

入特殊区域的水(包括蒸汽)、电力、燃气。

除财政部和国家税务总局另有规定外,视同出口货物适用出口货物的各项规定。

3.出口企业对外提供加工、修理修配劳务

对外提供加工、修理修配劳务,是指对进境复出口货物或从事国际运输的运输工具进行的加工、修理修配。

二、增值税退(免)税办法

(1)免抵退税办法。生产企业出口自产货物和视同自产货物及对外提供加工、修理修配劳务,以及列名的生产企业出口非自产货物,免征增值税,相应的进项税额抵减应纳增值税税额(不包括适用增值税即征即退、先征后退政策的应纳增值税税额),未抵减完的部分予以退还。

(2)免退税办法。不具有生产能力的出口企业或其他单位出口货物劳务,免征增值税,相应的进项税额予以退还。

三、出口货物退税率的确定

(1)除财政部和国家税务总局根据国务院规定而明确的增值税出口退税率外,出口货物的退税率为其适用税率。国家税务总局根据上述规定将退税率通过出口货物劳务退税率文库予以发布,供征纳双方执行。退税率有调整的,除另有规定外,其执行时间以货物(包括被加工、修理修配的货物)出口货物报关单(出口退税专用)上注明的出口日期为准。

(2)退税率的特殊规定。

①外贸企业购进按简易办法征税的出口货物、从小规模纳税人购进的出口货物,其退税率分别为按简易办法实际执行的征收率、小规模纳税人征收率。上述出口货物取得增值税专用发票的,退税率按照增值税专用发票上的税率和出口货物退税率孰低的原则确定。

②出口企业委托加工、修理修配货物,其加工、修理修配费用的退税率,为出口货物的退税率。

③中标机电产品、出口企业向海关报关进入特殊区域销售给特殊区域内生产企业生产耗用的列名原材料、输入特殊区域的水电气,其退税率为适用税率。如果国家调整列名原材料的退税率,列名原材料应当自调整之日起按调整后的退税率执行。

④海洋工程结构物退税率的适用。具体范围根据财税〔2012〕39号文件附件3确定。

(3)适用不同退税率的货物、劳务,应分开报关、核算并申报退(免)税,未分开报关、核算或划分不清的,从低适用退税率。

四、出口退税的计算

(一)增值税退(免)税的计税依据

出口货物劳务的增值税退(免)税的计税依据,按出口货物劳务的出口发票(外销发票)、其他普通发票或购进出口货物劳务的增值税专用发票、海关进口增值税专用缴款书确定。

(1)生产企业出口货物劳务(进料加工复出口货物除外)增值税退(免)税的计税依据,为出口货物劳务的实际离岸价(FOB)。实际离岸价应以出口发票上的离岸价为准,但如果出口发票不能反映实际离岸价,主管税务机关有权予以核定。

(2)生产企业进料加工复出口货物增值税退(免)税的计税依据,按出口货物的离岸价(FOB)扣除出口货物所含的海关保税进口料件的金额后确定。

(3)生产企业国内购进无进项税额且不计提进项税额的免税原材料加工后出口的货物的计税依据,按出口货物的离岸价(FOB)扣除出口货物所含的国内购进免税原材料的金额后确定。

(4)外贸企业出口货物(委托加工、修理修配货物除外)增值税退(免)税的计税依据,为购进出口货物的增值税专用发票上注明的金额或海关进口增值税专用缴款书上注明的完税价格。

(5)外贸企业出口委托加工、修理修配货物增值税退(免)税的计税依据,为加工、修理修配费用增值税专用发票上注明的金额。外贸企业应将加工、修理修配使用的原材料(进料加工海关保税进口料件除外)作价销售给受托加工、修理修配的生产企业,受托加工、修理修配的生产企业应将原材料成本并入加工、修理修配费用开具发票。

(6)出口进项税额未计算抵扣的已使用过的设备增值税退(免)税的计税依据,按下列公式确定:

$$\begin{matrix}\text{退(免)税} \\ \text{计税依据}\end{matrix} = \begin{matrix}\text{增值税专用发票上注明的金额或海关进口} \\ \text{增值税专用缴款书上注明的完税价格}\end{matrix} \times \begin{matrix}\text{已使用过的设备} \\ \text{固定资产净值}\end{matrix} \div \begin{matrix}\text{已使用过的} \\ \text{设备原值}\end{matrix}$$

$$\begin{matrix}\text{已使用过的设备} \\ \text{固定资产净值}\end{matrix} = \begin{matrix}\text{已使用过的} \\ \text{设备原值}\end{matrix} - \begin{matrix}\text{已使用过的} \\ \text{设备已提累计折旧}\end{matrix}$$

(7)免税品经营企业销售的货物增值税退(免)税的计税依据,为购进货物的增值税专用发票上注明的金额或海关进口增值税专用缴款书上注明的完税价格。

(8)中标机电产品增值税退(免)税的计税依据,生产企业为销售机电产品的普通发票上注明的金额,外贸企业为购进货物的增值税专用发票上注明的金额或海关进口增值税专用缴款书上注明的完税价格。

(9)生产企业向海上石油天然气开采企业销售的会计人员开具收据时物增值税退(免)税的计税依据,为销售海洋工程结构物的普通发票上注明的金额。

(10)输入特殊区域的水电气增值税退(免)税的计税依据,为作为购买方的特殊区域内生产企业购进水(包括蒸汽)、电力、燃气的增值税专用发票上注明的金额。

(二)增值税免抵退税和免退税的计算

(1)生产企业出口货物、劳务增值税免抵退税,依下列公式计算。

①当期应纳税额的计算。

当期应纳税额=当期销项税额-(当期进项税额-当期不得免征和抵扣税额)

$$\begin{matrix}\text{当期不得免征} \\ \text{和抵扣税额}\end{matrix} = \begin{matrix}\text{当期出口} \\ \text{货物离岸价}\end{matrix} \times \begin{matrix}\text{外汇人民币} \\ \text{折合率}\end{matrix} \times \left(\begin{matrix}\text{出口货物} \\ \text{适用税率}\end{matrix} - \begin{matrix}\text{出口货物} \\ \text{退税率}\end{matrix}\right) - \begin{matrix}\text{当期不得免征和} \\ \text{抵扣税额抵减额}\end{matrix}$$

$$\begin{matrix}\text{当期不得免征和} \\ \text{抵扣税额抵减额}\end{matrix} = \begin{matrix}\text{当期免税购进} \\ \text{原材料价格}\end{matrix} \times \left(\begin{matrix}\text{出口货物} \\ \text{适用税率}\end{matrix} - \begin{matrix}\text{出口货物} \\ \text{退税率}\end{matrix}\right)$$

②当期免抵退税额的计算。

$$当期免抵退税额 = 当期出口货物离岸价 \times 外汇人民币折合率 \times 出口货物退税率 - 当期免抵退税额抵减额$$

当期免抵退税额抵减额＝当期免税购进原材料价格×出口货物退税率

③当期应退税额和免抵税额的计算。

a.当期期末留抵税额≤当期免抵退税额,则

当期应退税额＝当期期末留抵税额

当期免抵税额＝当期免抵退税额－当期应退税额

b.当期期末留抵税额＞当期免抵退税额,则

当期应退税额＝当期免抵退税额

当期免抵税额＝0

当期期末留抵税额为当期增值税纳税申报表中的"期末留抵税额"。

④当期免税购进原材料价格包括当期国内购进的无进项税额且不计提进项税额的免税原材料的价格和当期进料加工保税进口料件的价格,其中当期进料加工保税进口料件的价格为组成计税价格。

$$当期进料加工保税进口料件的组成计税价格 = 当期进口料件到岸价格 + 海关实征关税 + 海关实征消费税$$

(2)外贸企业出口货物、劳务增值税免退税,依下列公式计算。

①外贸企业出口委托加工、修理修配货物以外的货物。

增值税应退税额＝增值税退(免)税计税依据×出口货物退税率

②外贸企业出口委托加工、修理修配货物。

$$出口委托加工、修理修配货物的增值税应退税额 = 委托加工、修理修配的增值税退(免)税计税依据 \times 出口货物退税率$$

(三)退税率低于适用税率

退税率低于适用税率的,计算出的差额部分的税款计入出口货物劳务成本。

(四)出口企业的增值税政策

出口企业既有适用增值税免抵退项目,也有适用增值税即征即退、先征后退项目的,增值税即征即退和先征后退项目不参与出口项目免抵退税计算。出口企业应分别核算增值税免抵退项目和增值税即征即退、先征后退项目,并分别申请享受增值税即征即退、先征后退和免抵退税政策。

【学习案例 2-18】

某自营出口的生产企业为增值税一般纳税人,出口货物的征税税率为 13%,退税税率为 10%。2019 年 6 月的有关经营业务为:购进原材料一批,取得的增值税专用发票上注明的价款为 200 万元,外购货物准予抵扣的进项税额 32 万元通过认证。上月月末留抵税款为 3 万元,本月内销货物不含税销售额为 100 万元,收款 113 万元存入银行,本月出口货物的销售额折合人民币 200 万元。计算该企业当期的"免、抵、退"税额。

【解析】

(1)当期不得免征和抵扣的税额＝200×(13%－10%)＝6(万元)

(2)当期应纳税额＝100×13%－(32－6)－3＝13－26－3＝－16(万元)

（3）出口货物"免、抵、退"税额＝200×10％＝20（万元）

（4）当期应退税额＝16（万元）

（5）当期免抵税额＝当期免抵退税额－当期应退税额＝20－16＝4（万元）

【学习案例 2-19】

某进出口公司 2019 年 6 月购进牛仔布委托加工成服装出口，取得牛仔布增值税发票一张，注明计税金额 10 000 元；取得服装加工费计税金额 2 000 元，受托方将原料成本并入加工、修理修配费用并开具了增值税专用发票。假设退税税率为 13％，计算该企业应退税额。

【解析】

应退税额＝10 000×13％＋2 000×13％＝1 560（元）

五、出口货物和劳务增值税的免税政策

（一）出口企业或其他单位出口规定的货物

（1）增值税小规模纳税人出口货物。

（2）避孕药品和用具，古旧图书。

（3）软件产品。

（4）含黄金、铂金成分的货物，钻石及其饰品。

（5）国家计划内出口的卷烟。

（6）已使用过的设备。

（7）非出口企业委托出口的货物。

（8）农业生产者自产农产品。

（9）来料加工复出口货物。

（10）以旅游购物贸易方式报关出口的货物。

（二）出口企业或其他单位视同出口的货物、劳务

（1）国家批准设立的免税店销售的免税货物。

（2）特殊区域内的企业为境外的单位或个人提供加工、修理修配劳务。

（3）同一特殊区域、不同特殊区域内的企业之间销售特殊区域内的货物。

任务四　增值税专用发票的使用与管理

一、增值税专用发票的相关规定

增值税专用发票是一般纳税人销售货物、提供应税劳务或者发生应税行为开具的发票，是购买方支付增值税税额并可按照增值税有关规定据以抵扣进项税额的凭证。

1. 增值税专用发票的联次

增值税专用发票由基本联次或者基本联次附加其他联次构成，基本联次为 3 联：发票联、抵扣联和记账联。

(1)发票联,作为购买方核算采购成本和增值税进项税额的记账凭证。

(2)抵扣联,作为购买方报送主管税务机关认证和留存备查的凭证。

(3)记账联,作为销售方核算销售收入和增值税销项税额的记账凭证。

其他联次的用途,由一般纳税人自行确定。

专用发票实行最高开票限额管理。最高开票限额由一般纳税人申请,税务机关依法审批。一般纳税人申请最高开票限额时,需填报《最高开票限额申请表》。

2.增值税专用发票的领购使用范围

一般纳税人有下列情形之一的,不得领购、开具专用发票。

(1)会计核算不健全,不能向税务机关准确提供增值税销项税额、进项税额、应纳税额数据及其他有关增值税税务资料的。上列其他有关增值税税务资料的内容,由省、自治区、直辖市和计划单列市税务机关确定。

(2)有《税收征管法》规定的税收违法行为,拒不接受税务机关处理的。

(3)有下列行为之一,经税务机关责令限期改正而仍未改正的。

①虚开增值税专用发票。

②私自印制增值税专用发票。

③向税务机关以外的单位和个人买取增值税专用发票。

④借用他人增值税专用发票。

⑤未按规定开具增值税专用发票。

⑥未按规定保管增值税专用发票和专用设备。

⑦未按规定申请办理防伪税控系统变更发行。

⑧未按规定接受税务机关检查。

3.增值税专用发票的开具范围

一般纳税人销售货物、提供应税劳务或发生应税行为,应向购买方开具增值税专用发票。属于下列情形之一的,不得开具增值税专用发票。

(1)商业企业一般纳税人零售烟、酒、食品、服装、鞋帽(不包括劳保专用的部分)、化妆品等消费品的。

(2)销售应税行为适用免税项目的。

(3)向消费者个人销售应税行为的。

(4)小规模纳税人销售应税行为的(需要开具增值税专用发票的,可向主管税务机关申请代开)。

4.增值税专用发票的开具要求

(1)项目齐全,与实际交易相符。

(2)字迹清楚,不得压线、错格。

(3)发票联和抵扣联加盖发票专用章。

(4)按照规定的时限开具。

5.增值税专用发票的开具时限

增值税专用发票开具时限即为一般纳税人纳税义务发生时间,一般纳税人必须按规定时限开具增值税专用发票:不得提前或滞后。对已开具增值税专用发票的销售货物,要及时足额计入当期销售额计税。凡开具了增值税专用发票,其销售额未按规定计入销售账户核算的,一律按偷税论处。

6.税款认证抵扣

用于抵扣增值税进项税额的增值税专用发票应经税务机关认证相符(国家税务总局另有规定的除外)。认证相符的增值税专用发票应作为购买方的记账凭证,不得退还销售方。认证是指税务机关通过防伪税控系统对增值税专用发票所列数据的识别、确认。认证相符是指纳税人识别号无误,专用发票所列密文解译后与明文一致。

二、增值税专用发票的管理

1.关于被盗、丢失增值税专用发票的处理

纳税人必须严格按《增值税专用发票使用规定》保管、使用增值税专用发票,对违反规定发生被盗、丢失增值税专用发票的纳税人,处以1万元以下的罚款,并可视具体情况,对丢失增值税专用发票的纳税人,在一定期限内(最长不超过半年)停止领购增值税专用发票、对纳税人申报遗失的增值税专用发票,如发现非法代开、虚开问题的,该纳税人应承担偷税、骗税的连带责任。纳税人丢失增值税专用发票后,必须按规定程序向当地主管税务机关、公安机关报失。

2.关于对代开、虚开增值税专用发票的处理

对代开、虚开增值税专用发票的,一律按票面所列货物的适用税率全额征补税款,并按偷税给予处罚。对纳税人取得的代开、虚开的增值税专用发票,不得作为增值税合法抵扣凭证抵扣进项税额。代开、虚开增值税专用发票构成犯罪的,按全国人民代表大会常务委员会发布的《全国人民代表大会常务委员会关于惩治虚开、伪造和非法出售增值税专用发票犯罪的决定》处以刑罚。

3.纳税人善意取得虚开的增值税专用发票的处理

购货方与销售方存在真实的交易,销售方使用的是其所在省(自治区、直辖市和计划单列市)的增值税专用发票,增值税专用发票上注明的销售方名称、印章、货物数量、金额及税额等全部内容与实际相符,且没有证据表明购货方知道销售方提供的增值税专用发票是以非法手段获得的,对购货方不以偷税或者骗取出口退税论处。但应按有关规定不予抵扣进项税款或者不予出口退税;对购货方已经抵扣的进项税款或者取得的出口退税,应依法追缴。

购货方能够重新从销售方取得由防伪税控系统开出的合法、有效增值税专用发票的,或者取得手工开出的合法、有效增值税专用发票且取得了销售方所在地税务机关已经或者正在依法对销售方虚开增值税专用发票行为进行查处证明的,购货方所在地税务机关应依法准予抵扣进项税款或者出口退税。

任务五　增值税纳税申报

一、纳税义务发生时间

增值税纳税义务发生时间,是指增值税纳税义务人、扣缴义务人发生应税、扣缴税款

行为应承担纳税义务、扣缴义务的时间。具体包括以下两个方面：发生应税销售行为，为收讫销售款项或者取得索取销售款项凭据的当天；先开具发票的，为开具发票的当天。进口货物，为报关进口的当天。

具体规定为：

（1）采取直接收款方式销售货物，不论货物是否发出，均为收到销售款或取得索取销售款凭据的当天。

（2）采取托收承付和委托银行收款方式销售货物，为发出货物并办妥托收手续的当天。

（3）采取赊销和分期收款方式销售货物，为书面合同约定的收款日期的当天，无书面合同的或者书面合同没有约定收款日期的，为货物发出的当天。

（4）采取预收货款方式销售货物，为货物发出的当天，但销售生产工期超过 12 个月的大型机械设备、船舶、飞机等货物，为收到预收款或者书面合同约定的收款日期的当天。

（5）委托其他纳税人代销货物，为收到代销单位的代销清单或者收到全部或者部分货款的当天。未收到代销清单及货款的，为发出代销货物满 180 天的当天。

（6）销售应税劳务，为提供劳务同时收讫销售款或者取得索取销售款的凭据的当天。

（7）纳税人发生视同销售货物行为，为货物移送，服务、无形资产转让完成的当天或者不动产权属变更的当天。

（8）纳税人从事金融商品转让的，为金融商品所有权转移的当天。

（9）纳税人提供建筑服务、租赁服务采取预收款方式的，其纳税义务发生时间为收到预收款的当天。

（10）纳税人进口货物，其纳税义务发生时间为报关进口的当天。

二、纳税期限

增值税的纳税期限分别为 1 日、3 日、5 日、10 日、15 日、1 个月或者 1 个季度。纳税人的具体纳税期限，由主管税务机关根据纳税人应纳税额的大小分别核定；不能按照固定期限纳税的，可以按次纳税。

纳税人以 1 个月或者 1 个季度为 1 个纳税期的，自期满之日起 15 日内申报纳税；以 1 日、3 日、5 日、10 日或者 15 日为 1 个纳税期的，自期满之日起 5 日内预缴税款，于次月 1 日起 15 日内申报纳税并结清上月应纳税款。

纳税人进口货物，应当自海关填发进口增值税专用缴款书之日起 15 日内缴纳税款。进口货物及其物品的增值税连同关税一并由海关代征。

纳税人出口货物，向海关办理出口手续后，凭出口报关单等有关凭证可以按月向税务机关申报办理该项出口货物的退税。

三、纳税地点

1.固定业户的纳税地点

（1）固定业户应当向其机构所在地主管税务机关申报纳税。总机构和分支机构不在同一县（市）的，应当分别向各自所在地主管税务机关申报纳税；经国务院财政、税务主管部门或者其授权的财政、税务机关批准,可以由总机构汇总向总机构所在地主管税务机关申报纳税。

(2)固定业户到外县(市)销售货物或者劳务,应当向其机构所在地的主管税务机关报告外出经营事项,并向其机构所在地的主管税务机关申报纳税;未报告的,应当向销售地或者劳务发生地的主管税务机关申报纳税;未向销售地或者劳务发生地的主管税务机关申报纳税的,由其机构所在地的主管税务机关补征税款。

(3)固定业户(指增值税一般纳税人)临时到外省、市销售货物的,必须向经营地税务机关出示《外出经营活动税收管理证明》并回原地纳税,需要向购货方开具专用发票的,也回原地补开。

2.非固定业户的纳税地点

非固定业户销售货物或者劳务,应当向销售地或者劳务发生地的主管税务机关申报纳税;未向销售地或者劳务发生地的主管税务机关申报纳税的,由其机构所在地或者居住地的主管税务机关补征税款。

3.其他规定

(1)其他个人提供建筑服务,销售或者租赁不动产,转让自然资源使用权,应向建筑服务发生地、不动产所在地、自然资源所在地主管税务机关申报纳税。

(2)纳税人跨县(市)提供建筑服务,在建筑服务发生地预缴税款后,向机构所在地主管税务机关进行纳税申报。

(3)纳税人销售不动产,在不动产所在地预缴税款后,向机构所在地主管税务机关进行纳税申报。

(4)纳税人租赁不动产,在不动产所在地预缴税款后,向机构所在地主管税务机关进行纳税申报。

(5)进口货物,应当向报关地海关申报纳税。

(6)扣缴义务人应当向其机构所在地或者居住地的主管税务机关申报缴纳其扣缴的税款。

四、纳税申报的具体操作

(一)小规模纳税人的纳税申报

增值税小规模纳税人按简易征税管理办法计算纳税,按照规定的纳税期限预缴增值税款,并于次月1日至10日内计算填列增值税纳税申报表主表及附列资料,并结清上月税款。

增值税小规模纳税人进行纳税申报时,应填报的资料包括"增值税纳税申报表"(小规模纳税人适用)(表2-2)及其附列资料、"增值税减免税申报明细表"。

(二)一般纳税人的纳税申报

增值税一般纳税人应按规定及时办理纳税申报,并如实填报"增值税纳税申报表"及其附列资料:"增值税纳税申报表"(一般纳税人适用)(表2-3)、"增值税纳税申报表附列资料(一)"(本期销售情况明细)(表2-4)、"增值税纳税申报表附列资料(二)"(本期进项税额明细)(表2-5)、"增值税纳税申报表附列资料(三)"(服务、不动产和无形资产扣除

表 2-2 增值税纳税申报表

(小规模纳税人适用)

纳税人识别号：□□□□□□□□□□□□□□□□□□□

纳税人名称(公章)： 金额单位:元至角分

税款所属期: 年 月 日至 年 月 日 填表日期: 年 月 日

	项 目	栏 次	本期数		本年累计	
			货物及劳务	服务、不动产和无形资产	货物及劳务	服务、不动产和无形资产
一、计税依据	(一)应征增值税不含税销售额(3%征收率)	1				
	税务机关代开的增值税专用发票不含税销售额	2				
	税控器具开具的普通发票不含税销售额	3				
	(二)应征增值税不含税销售额(5%征收率)	4	—		—	
	税务机关代开的增值税专用发票不含税销售额	5	—		—	
	税控器具开具的普通发票不含税销售额	6	—		—	
	(三)销售使用过的固定资产不含税销售额	7(7≥8)		—		—
	其中:税控器具开具的普通发票不含税销售额	8		—		—
	(四)免税销售额	9=10+11+12				
	其中:小微企业免税销售额	10				
	未达起征点销售额	11				
	其他免税销售额	12				
	(五)出口免税销售额	13(13≥14)				
	其中:税控器具开具的普通发票销售额	14				
二、税款计算	本期应纳税额	15				
	本期应纳税额减征额	16				
	本期免税额	17				
	其中:小微企业免税额	18				
	未达起征点免税额	19				
	应纳税额合计	20=15-16				
	本期预缴税额	21		—		—
	本期应补(退)税额	22=20-21		—		—

纳税人或代理人声明:	如纳税人填报,由纳税人填写以下各栏:
本纳税申报表是根据国家税收法律法规及相关规定填报的,我确定它是真实的、可靠的、完整的。	办税人员: 财务负责人:
	法定代表人: 联系电话:
	如委托代理人填报,由代理人填写以下各栏:
	代理人名称(公章): 经办人:
	联系电话:

主管税务机关: 接收人: 接收日期:

表 2-3 增值税纳税申报表

（一般纳税人适用）

根据国家税收法律法规及增值税相关规定制定本表。纳税人无论有无销售额，均应按税务机关核定的纳税期限填写本表，并向当地税务机关申报。

税款所属时间：自 年 月 日至 年 月 日 填表日期： 年 月 日 金额单位：元至角分

纳税人识别号														所属行业：				
纳税人名称		（公章）	法定代表人姓名			注册地址			生产经营地址	
开户银行及账号			登记注册类型			电话号码				

项 目		栏 次	一般项目		即征即退项目	
			本月数	本年累计	本月数	本年累计
销售额	（一）按适用税率征税货物及劳务销售额	1				
	其中：应税货物销售额	2				
	应税劳务销售额	3				
	纳税检查调整的销售额	4				
	（二）按简易征收办法征税货物销售额	5				
	其中：纳税检查调整的销售额	6				
	（三）免、抵、退办法出口货物销售额	7			—	—
	（四）免税货物及劳务销售额	8			—	—
	其中：免税货物销售额	9			—	—
	免税劳务销售额	10			—	—
税额计算	销项税额	11				
	进项税额	12				
	上期留抵税额	13				
	进项税额转出	14				
	免、抵、退货物应退税额	15			—	—
	按适用税率计算的纳税检查应补缴税额	16				
	应抵扣税额合计	17＝12＋13－14－15＋16		—		—
	实际抵扣税额	18（如 17＜11，则为 17，否则为 11）				
	应纳税额	19＝11－18				
	期末留抵税额	20＝17－18				
	按简易接收办法计算的应纳税额	21				
	按简易接收办法计算的纳税检查应补缴税额	22			—	—
	应纳税额减征额	23				
	应纳税额合计	24＝19＋21－23				

项　目		栏　次	一般货物及劳务		即征即退货物及劳务	
			本月数	本年累计	本月数	本年累计
税款缴纳	期初未缴税额（多缴为负数）	25				
	实收出口开具专用缴款书退税额	26				
	本期已缴税额	27＝28＋29＋30＋31				
	①分次预缴税额	28	—	—	—	—
	②出口开具专用缴款书预缴税额	29	—	—	—	—
	③本期缴纳上期应纳税额	30				
	④本期缴纳欠缴税额	31				
	期末未缴税额（多缴为负数）	32＝24＋25＋26－27				
	其中：欠税税额（≥0）	33＝25＋26－27		—		—
	本期应补（退）税额	34＝24－28－29				
	即征即退实际退税额	35	—	—		
	期初未缴查补税额	36			—	—
	本期入库查补税额	37			—	—
	期末未缴查补税额	38＝16＋22＋36－37			—	—
授权声明	如果你已授权委托代理人申报，请填写下列资料： 为代理一切税务事宜，现授权 （地址） 为本纳税人的代理人，任何与本申报表有关的往来文件，都可寄予此人。 授权人签名：	申报人声明	此纳税申报表是根据《中华人民共和国增值税暂行条例》的规定填报，我相信它是真实的、可靠的、完整的。 声明人签字：			

主管税务机关：　　　　　　　　　　　接收人　　　　　　　　　　接收日期：

项目明细)（表 2-6)、"增值税纳税申报表附列资料(四)"（税额抵减情况表)（表 2-7)、"增值税纳税申报表附列资料(五)"（不动产分期抵扣计算表)（表 2-8)、"增值税减免税申报明细表"（表 2-9)。

上述"增值税纳税申报表"为 A3 竖式,一式三份,一份纳税人留存,一份主管税务机关留存,一份征收部门留存。

表 2-3 的填写说明如下：

一、名词解释

(一)本表及填写说明所称"货物",是指增值税的应税货物。

(二)本表及填写说明所称"劳务",是指增值税的应税加工、修理修配劳务。

(三)本表及填写说明所称"服务、不动产和无形资产",是指销售服务、不动产和无形资产。

(四)本表及填写说明所称"按适用税率计税""按适用税率计算"和"一般计税方法",均指按"应纳税额＝当期销项税额－当期进项税额"公式计算增值税应纳税额的计税方法。

（五）本表及填写说明所称"按简易办法计税""按简易征收办法计算"和"简易计税方法"，均指按"应纳税额＝销售额×征收率"公式计算增值税应纳税额的计税方法。

（六）本表及填写说明所称"扣除项目"，是指纳税人销售服务、不动产和无形资产，在确定销售额时，按照有关规定允许其从取得的全部价款和价外费用中扣除价款的项目。

二、填写说明

（一）"税款所属时间"：指纳税人申报的增值税应纳税额的所属时间，应填写具体的起止年、月、日。

（二）"填表日期"：指纳税人填写本表的具体日期。

（三）"纳税人识别号"：填写纳税人的税务登记证件号码。

（四）"所属行业"：按照国民经济行业分类与代码中的小类行业填写。

（五）"纳税人名称"：填写纳税人单位名称全称。

（六）"法定代表人姓名"：填写纳税人法定代表人的姓名。

（七）"注册地址"：填写纳税人税务登记证件所注明的详细地址。

（八）"生产经营地址"：填写纳税人实际生产经营地的详细地址。

（九）"开户银行及账号"：填写纳税人开户银行的名称和纳税人在该银行的结算账户号码。

（十）"登记注册类型"：按纳税人税务登记证件的栏目内容填写。

（十一）"电话号码"：填写可联系到纳税人的常用电话号码。

（十二）"即征即退项目"列：填写纳税人按规定享受增值税即征即退政策的货物、劳务和服务、不动产、无形资产的征（退）税数据。

（十三）"一般项目"列：填写除享受增值税即征即退政策以外的货物、劳务和服务、不动产、无形资产的征（免）税数据。

（十四）"本年累计"列：一般填写本年度内各月"本月数"之和。其中，第13、20、25、32、36、38栏及第18栏"实际抵扣税额""一般项目"列的"本年累计"分别按本填写说明第（二十七）（三十四）（三十九）（四十六）（五十）（五十二）（三十二）条要求填写。

（十五）第1栏"（一）按适用税率征税货物及劳务销售额"：填写纳税人本期按一般计税方法计算缴纳增值税的销售额，包含在财务上不作销售但按税法规定应缴纳增值税的视同销售和价外费用的销售额；外贸企业作价销售进料加工复出口货物的销售额；税务、财政、审计部门检查后按一般计税方法计算调整的销售额。

营业税改征增值税的纳税人，服务、不动产和无形资产有扣除项目的，本栏应填写扣除之前的不含税销售额。

本栏"一般项目"列"本月数"＝附列资料（一）第9列第1至5行之和－第9列第6、7行之和；本栏"即征即退项目"列"本月数"＝附列资料（一）第9列第6、7行之和。

（十六）第2栏"其中：应税货物销售额"：填写纳税人本期按适用税率计算增值税的应税货物的销售额。包含在财务上不作销售但按税法规定应缴纳增值税的视同销售货物和价外费用销售额，以及外贸企业作价销售进料加工复出口货物的销售额。

（十七）第3栏"应税劳务销售额"：填写纳税人本期按适用税率计算增值税的应税劳

务的销售额。

（十八）第4栏"纳税检查调整的销售额"：填写纳税人因税务、财政、审计部门检查，并按一般计税方法在本期计算调整的销售额。但享受增值税即征即退政策的货物、劳务和服务、不动产、无形资产，经纳税检查属于偷税的，不填入"即征即退项目"列，而应填入"一般项目"列。

营业税改征增值税的纳税人，服务、不动产和无形资产有扣除项目的，本栏应填写扣除之前的不含税销售额。

本栏"一般项目"列"本月数"＝附列资料（一）第7列第1至5行之和。

（十九）第5栏"（二）按简易征收办法征税货物销售额"：填写纳税人本期按简易计税方法计算增值税的销售额。包含纳税检查调整按简易计税方法计算增值税的销售额。

营业税改征增值税的纳税人，服务、不动产和无形资产有扣除项目的，本栏应填写扣除之前的不含税销售额；服务、不动产和无形资产按规定汇总计算缴纳增值税的分支机构，其当期按预征率计算缴纳增值税的销售额也填入本栏。

本栏"一般项目"列"本月数"≥附列资料（一）第9列第8至13b行之和－第9列第14、15行之和；本栏"即征即退项目"列"本月数"≥附列资料（一）第9列第14、15行之和。

（二十）第6栏"其中：纳税检查调整的销售额"：填写纳税人因税务、财政、审计部门检查，并按简易计税方法在本期计算调整的销售额。但享受增值税即征即退政策的货物、劳务和服务、不动产、无形资产，经纳税检查属于偷税的，不填入"即征即退项目"列，而应填入"一般项目"列。

营业税改征增值税的纳税人，服务、不动产和无形资产有扣除项目的，本栏应填写扣除之前的不含税销售额。

（二十一）第7栏"（三）免、抵、退办法出口货物销售额"：填写纳税人本期适用免、抵、退税办法的出口货物、劳务和服务、无形资产的销售额。

营业税改征增值税的纳税人，服务、无形资产有扣除项目的，本栏应填写扣除之前的销售额。

本栏"一般项目"列"本月数"＝附列资料（一）第9列第16、17行之和。

（二十二）第8栏"（四）免税货物及劳务销售额"：填写纳税人本期按照税法规定免征增值税的销售额和适用零税率的销售额，但零税率的销售额中不包括适用免、抵、退税办法的销售额。

营业税改征增值税的纳税人，服务、不动产和无形资产有扣除项目的，本栏应填写扣除之前的免税销售额。

本栏"一般项目"列"本月数"＝附列资料（一）第9列第18、19行之和。

（二十三）第9栏"其中：免税货物销售额"：填写纳税人本期按照税法规定免征增值税的货物销售额及适用零税率的货物销售额，但零税率的销售额中不包括适用免、抵、退税办法出口货物的销售额。

（二十四）第10栏"免税劳务销售额"：填写纳税人本期按照税法规定免征增值税的劳务销售额及适用零税率的劳务销售额，但零税率的销售额中不包括适用免、抵、退税办法的劳务的销售额。

（二十五）第 11 栏"销项税额"：填写纳税人本期按一般计税方法计税的货物、劳务和服务、不动产、无形资产的销项税额。

营业税改征增值税的纳税人，服务、不动产和无形资产有扣除项目的，本栏应填写扣除之后的销项税额。

本栏"一般项目"列"本月数"＝附列资料（一）（第 10 列第 1、3 行之和－第 10 列第 6 行）＋（第 14 列第 2、4、5 行之和－第 14 列第 7 行）；

本栏"即征即退项目"列"本月数"＝附列资料（一）第 10 列第 6 行＋第 14 列第 7 行。

（二十六）第 12 栏"进项税额"：填写纳税人本期申报抵扣的进项税额。

本栏"一般项目"列"本月数"＋"即征即退项目"列"本月数"＝附列资料（二）第 12 栏"税额"。

（二十七）第 13 栏"上期留抵税额"

1. 上期留抵税额按规定须挂账的纳税人，按以下要求填写本栏的"本月数"和"本年累计"。

上期留抵税额按规定须挂账的纳税人是指试点实施之日前一个税款所属期的申报表第 20 栏"期末留抵税额""一般货物、劳务和应税服务"列"本月数"大于零，且兼有营业税改征增值税服务、不动产和无形资产的纳税人（下同）。其试点实施之日前一个税款所属期的申报表第 20 栏"期末留抵税额""一般货物、劳务和应税服务"列"本月数"，以下称为货物和劳务挂账留抵税额。

（1）本栏"一般项目"列"本月数"：试点实施之日的税款所属期填写"0"；以后各期按上期申报表第 20 栏"期末留抵税额""一般项目"列"本月数"填写。

（2）本栏"一般项目"列"本年累计"：反映货物和劳务挂账留抵税额本期期初余额。试点实施之日的税款所属期按试点实施之日前一个税款所属期的申报表第 20 栏"期末留抵税额""一般货物、劳务和应税服务"列"本月数"填写；以后各期按上期申报表第 20 栏"期末留抵税额""一般项目"列"本年累计"填写。

（3）本栏"即征即退项目"列"本月数"：按上期申报表第 20 栏"期末留抵税额""即征即退项目"列"本月数"填写。

2. 其他纳税人，按以下要求填写本栏"本月数"和"本年累计"。

其他纳税人是指除上期留抵税额按规定须挂账的纳税人之外的纳税人（下同）。

（1）本栏"一般项目"列"本月数"：按上期申报表第 20 栏"期末留抵税额""一般项目"列"本月数"填写。

（2）本栏"一般项目"列"本年累计"：填写"0"。

（3）本栏"即征即退项目"列"本月数"：按上期申报表第 20 栏"期末留抵税额""即征即退项目"列"本月数"填写。

（二十八）第 14 栏"进项税额转出"：填写纳税人已经抵扣，但按税法规定本期应转出的进项税额。

本栏"一般项目"列"本月数"＋"即征即退项目"列"本月数"＝附列资料（二）第 13 栏"税额"。

（二十九）第 15 栏"免、抵、退货物应退税额"：反映税务机关退税部门按照出口货物、劳务和服务、无形资产免、抵、退办法审批的增值税应退税额。

（三十）第16栏"按适用税率计算的纳税检查应补缴税额"：填写税务、财政、审计部门检查，按一般计税方法计算的纳税检查应补缴的增值税税额。

本栏"一般项目"列"本月数"≤附列资料（一）第8列第1至5行之和＋附列资料（二）第19栏。

（三十一）第17栏"应抵扣税额合计"：填写纳税人本期应抵扣进项税额的合计数。按表中所列公式计算填写。

（三十二）第18栏"实际抵扣税额"

1.上期留抵税额按规定须挂账的纳税人，按以下要求填写本栏的"本月数"和"本年累计"。

（1）本栏"一般项目"列"本月数"：按表中所列公式计算填写。

（2）本栏"一般项目"列"本年累计"：填写货物和劳务挂账留抵税额本期实际抵减一般货物和劳务应纳税额的数额。将"货物和劳务挂账留抵税额本期期初余额"与"一般计税方法的一般货物及劳务应纳税额"两个数据相比较，取二者中小的数据。

其中：货物和劳务挂账留抵税额本期期初余额＝第13栏"上期留抵税额""一般项目"列"本年累计"；

一般计税方法的一般货物及劳务应纳税额＝（第11栏"销项税额""一般项目"列"本月数"－第18栏"实际抵扣税额""一般项目"列"本月数"）×一般货物及劳务销项税额比例；

一般货物及劳务销项税额比例＝（附列资料（一）第10列第1、3行之和－第10列第6行）÷第11栏"销项税额""一般项目"列"本月数"×100％。

（3）本栏"即征即退项目"列"本月数"：按表中所列公式计算填写。

2.其他纳税人，按以下要求填写本栏的"本月数"和"本年累计"：

（1）本栏"一般项目"列"本月数"：按表中所列公式计算填写。

（2）本栏"一般项目"列"本年累计"：填写"0"。

（3）本栏"即征即退项目"列"本月数"：按表中所列公式计算填写。

（三十三）第19栏"应纳税额"：反映纳税人本期按一般计税方法计算并应缴纳的增值税额。按以下公式计算填写：

1.本栏"一般项目"列"本月数"＝第11栏"销项税额""一般项目"列"本月数"－第18栏"实际抵扣税额""一般项目"列"本月数"－第18栏"实际抵扣税额""一般项目"列"本年累计"。

2.本栏"即征即退项目"列"本月数"＝第11栏"销项税额""即征即退项目"列"本月数"－第18栏"实际抵扣税额""即征即退项目"列"本月数"。

（三十四）第20栏"期末留抵税额"

1.上期留抵税额按规定须挂账的纳税人，按以下要求填写本栏的"本月数"和"本年累计"：

（1）本栏"一般项目"列"本月数"：反映试点实施以后，货物、劳务和服务、不动产、无形资产共同形成的留抵税额。按表中所列公式计算填写。

（2）本栏"一般项目"列"本年累计"：反映货物和劳务挂账留抵税额，在试点实施以后抵减一般货物和劳务应纳税额后的余额。按以下公式计算填写：

本栏"一般项目"列"本年累计"＝第13栏"上期留抵税额""一般项目"列"本年累计"－第18栏"实际抵扣税额""一般项目"列"本年累计"。

（3）本栏"即征即退项目"列"本月数"：按表中所列公式计算填写。

2. 其他纳税人，按以下要求填写本栏"本月数"和"本年累计"：

（1）本栏"一般项目"列"本月数"：按表中所列公式计算填写。

（2）本栏"一般项目"列"本年累计"：填写"0"。

（3）本栏"即征即退项目"列"本月数"：按表中所列公式计算填写。

（三十五）第21栏"按简易征收办法计算的应纳税额"：反映纳税人本期按简易计税方法计算并应缴纳的增值税额，但不包括按简易计税方法计算的纳税检查应补缴税额。按以下公式计算填写：

本栏"一般项目"列"本月数"＝附列资料（一）（第10列第8、9a、10、11行之和－第10列第14行）＋（第14列第9b、12、13a、13b行之和－第14列第15行）

本栏"即征即退项目"列"本月数"＝附列资料（一）第10列第14行＋第14列第15行。

营业税改征增值税的纳税人，服务、不动产和无形资产按规定汇总计算缴纳增值税的分支机构，应将预征增值税额填入本栏。预征增值税额＝应预征增值税的销售额×预征率。

（三十六）第22栏"按简易征收办法计算的纳税检查应补缴税额"：填写纳税人本期因税务、财政、审计部门检查并按简易计税方法计算的纳税检查应补缴税额。

（三十七）第23栏"应纳税额减征额"：填写纳税人本期按照税法规定减征的增值税应纳税额。包含按照规定可在增值税应纳税额中全额抵减的增值税税控系统专用设备费用以及技术维护费。

当本期减征额小于或等于第19栏"应纳税额"与第21栏"按简易计税办法计算的应纳税额"之和时，按本期减征额实际填写；当本期减征额大于第19栏"应纳税额"与第21栏"按简易计税办法计算的应纳税额"之和时，按本期第19栏与第21栏之和填写。本期减征额不足抵减部分结转下期继续抵减。

（三十八）第24栏"应纳税额合计"：反映纳税人本期应缴增值税的合计数。按表中所列公式计算填写。

（三十九）第25栏"期初未缴税额（多缴为负数）"："本月数"按上一税款所属期申报表第32栏"期末未缴税额（多缴为负数）""本月数"填写。"本年累计"按上年度最后一个税款所属期申报表第32栏"期末未缴税额（多缴为负数）""本年累计"填写。

（四十）第26栏"实收出口开具专用缴款书退税额"：本栏不填写。

（四十一）第27栏"本期已缴税额"：反映纳税人本期实际缴纳的增值税额，但不包括本期入库的查补税款。按表中所列公式计算填写。

（四十二）第28栏"①分次预缴税额"：填写纳税人本期已缴纳的准予在本期增值税应纳税额中抵减的税额。

营业税改征增值税的纳税人,分以下几种情况填写:

1.服务、不动产和无形资产按规定汇总计算缴纳增值税的总机构,其可以从本期增值税应纳税额中抵减的分支机构已缴纳的税款,按当期实际可抵减数填入本栏,不足抵减部分结转下期继续抵减。

2.销售建筑服务并按规定预缴增值税的纳税人,其可以从本期增值税应纳税额中抵减的已缴纳的税款,按当期实际可抵减数填入本栏,不足抵减部分结转下期继续抵减。

3.销售不动产并按规定预缴增值税的纳税人,其可以从本期增值税应纳税额中抵减的已缴纳的税款,按当期实际可抵减数填入本栏,不足抵减部分结转下期继续抵减。

4.出租不动产并按规定预缴增值税的纳税人,其可以从本期增值税应纳税额中抵减的已缴纳的税款,按当期实际可抵减数填入本栏,不足抵减部分结转下期继续抵减。

(四十三)第29栏"②出口开具专用缴款书预缴税额":本栏不填写。

(四十四)第30栏"③本期缴纳上期应纳税额":填写纳税人本期缴纳上一税款所属期应缴未缴的增值税额。

(四十五)第31栏"④本期缴纳欠缴税额":反映纳税人本期实际缴纳和留抵税额抵减的增值税欠税额,但不包括缴纳入库的查补增值税额。

(四十六)第32栏"期末未缴税额(多缴为负数)":"本月数"反映纳税人本期期末应缴未缴的增值税额,但不包括纳税检查应缴未缴的税额。按表中所列公式计算填写。"本年累计"与"本月数"相同。

(四十七)第33栏"其中:欠税税额(≥0)":反映纳税人按照税法规定已形成欠税的增值税额。按表中所列公式计算填写。

(四十八)第34栏"本期应补(退)税额":反映纳税人本期应纳税额中应补缴或应退回的数额。按表中所列公式计算填写。

(四十九)第35栏"即征即退实际退税额":反映纳税人本期因符合增值税即征即退政策规定,而实际收到的税务机关退回的增值税额。

(五十)第36栏"期初未缴查补税额":"本月数"按上一税款所属期申报表第38栏"期末未缴查补税额""本月数"填写。"本年累计"按上年度最后一个税款所属期申报表第38栏"期末未缴查补税额""本年累计"填写。

(五十一)第37栏"本期入库查补税额":反映纳税人本期因税务、财政、审计部门检查而实际入库的增值税额,包括按一般计税方法计算并实际缴纳的查补增值税额和按简易计税方法计算并实际缴纳的查补增值税额。

(五十二)第38栏"期末未缴查补税额":"本月数"反映纳税人接受纳税检查后应在本期期末缴纳而未缴纳的查补增值税额。按表中所列公式计算填写,"本年累计"与"本月数"相同。

纳税人名称:(公章)

表2-4 增值税纳税申报表附列资料(一)

(本期销售情况明细)

税款所属时间:自 年 月 日至 年 月 日

金额单位:元至角分

项目及栏次		开具增值税专用发票 销售额	销项(应纳)税额	开具其他发票 销售额	销项(应纳)税额	未开具发票 销售额	销项(应纳)税额	纳税检查调整 销售额	销项(应纳)税额	合计 销售额	销项(应纳)税额	价税合计	服务、不动产和无形资产扣除项目本期实际扣除金额	扣除后 含税(免税)销售额	销项(应纳)税额
		1	2	3	4	5	6	7	8	$9=1+3+5+7$	$10=2+4+6+8$	$11=9+10$	12	$13=11-12$	$14=13\div(100\%+$税率或征收率$)\times$税率或征收率
一般计税方法计税	全部征税项目 17%税率的货物及加工修理修配劳务													——	——
	17%税率的服务、不动产和无形资产													——	——
	13%税率													——	——
	11%税率													——	——
	6%税率													——	——
	其中:即征即退项目 即征即退货物及加工修理修配劳务	——		——		——		——		——		——		——	——
	即征即退服务、不动产和无形资产	——		——		——		——		——		——		——	——

· 64 ·

续表 2-4

项目及栏次		开具增值税专用发票		开具其他发票		未开具发票		纳税检查调整		合计		价税合计	服务、不动产和无形资产扣除项目本期实际扣除金额	扣除后	
		销售额	销项（应纳）税额	销售额	销项（应纳）税额	销售额	销项（应纳）税额	销售额	销项（应纳）税额	销售额	销项（应纳）税额			含税（免税）销售额	销项（应纳）税额
		1	2	3	4	5	6	7	8	$9=1+3+5+7$	$10=2+4+6+8$	$11=9+10$	12	$13=11-12$	$14=13\div$（100%+税率或征收率）×税率或征收率
二、简易计税方法计税　全额征税项目	6%征收率														
	5%征收率的货物及加工修理修配劳务												—	—	—
	5%征收率的服务、不动产和无形资产														
	4%征收率												—	—	—
	3%征收率的货物及加工修理修配劳务												—	—	—
	3%征收率的服务、不动产和无形资产														
	预征率　%												—	—	—
	预征率　%												—	—	—
	预征率　%												—	—	—
其中：即征即退项目	即征即退货物及加工修理修配劳务		—		—	—	—	—	—			—	—	—	—
	即征即退服务、不动产		—		—	—	—	—	—			—	—	—	—
三、免抵退税	货物及加工修理修配劳务	—	—	—	—	—	—	—	—			—	—	—	—
	服务、不动产和无形资产	—	—	—	—	—	—	—	—			—	—	—	—
四、免税	货物及加工修理修配劳务	—	—	—	—	—	—	—	—			—	—	—	—
	服务、不动产和无形资产	—	—	—	—	—	—	—	—			—	—	—	—

表 2-5 增值税纳税申报表附列资料（二）

（本期进项税额明细）

税款所属时间：自　年　月　日　至　年　月　日

纳税人名称：（公章）　　　　　　　　　　　　　　　　　　　　　金额单位：元至角分

一、申报抵扣的进项税额

项　目	栏　次	份　数	金　额	税　额
（一）认证相符的增值税专用发票	1＝2＋3			
其中：本期认证相符且本期申报抵扣	2			
前期认证相符且本期申报抵扣	3			
（二）其他扣税凭证	4＝5＋6＋7＋8			
其中：海关进口增值税专用缴款书	5			
农产品收购发票或者销售发票	6			
代扣代缴税收缴款凭证	7	—		
其他	8			
（三）本期用于购建不动产的扣税凭证	9			
（四）本期不动产允许抵扣进项税额	10	—	—	
（五）外贸企业进项税额抵扣证明	11	—	—	
当期申报抵扣进项税额合计	12＝1＋4－9＋10＋11			

二、进项税额转出额

项　目	栏　次	份　数	金　额	税　额
本期进项税额转出额	13＝14 至 23 之和			
其中：免税项目用	14			
集体福利、个人消费	15			
非正常损失	16			
简易计税方法征税项目用	17			

续表 2-5

二、进项税额转出额

项　目	栏次	份数	金　额	税　额
免抵退税办法不得抵扣的进项税额	18			
纳税检查调减进项税额	19			
红字专用发票信息表注明的进项税额	20			
上期留抵税额抵减欠税	21			
上期留抵税额退税	22			
其他应作进项税额转出的情形	23			

三、待抵扣进项税额

项　目	栏次	份数	金　额	税　额
(一)认证相符的增值税专用发票	24	—	—	—
期初已认证相符但本期未申报抵扣	25			
本期认证相符且本期申报抵扣	26			
期末已认证相符但未申报抵扣	27			
其中:按照税法规定不允许抵扣	28			
	29=30至33之和			
(二)其他扣税凭证	30			
其中:海关进口增值税专用缴款书	31			
农产品收购发票或者销售发票	32		—	
代扣代缴税收缴款凭证	33			
其他	34			

四、其他

项　目	栏次	份数	金　额	税　额
本期认证相符的增值税专用发票	35			
代扣代缴税额	36	—	—	

表 2-6 增值税纳税申报表附列资料（三）

（服务、不动产和无形资产扣除项目明细）

税款所属时间：自 年 月 日至 年 月 日

纳税人名称：（公章）

金额单位：元至角分

项目及栏次		本期服务、不动产和无形资产价税合计额（免税销售额）1	期初余额 2	服务、不动产和无形资产扣除项目			
				本期发生额 3	本期应扣除金额 4=2+3	本期实际扣除金额 5(5≤1且5≤4)	期末余额 6=4-5
17%税率的项目	1						
11%税率的项目	2						
6%税率的项目（不含金融商品转让）	3						
6%税率的金融商品转让项目	4						
5%征收率的项目	5						
3%征收率的项目	6						
免抵退税的项目	7						
免税的项目	8						

表 2-7 增值税纳税申报表附列资料（四）

（税额抵减情况表）

税款所属时间：自 年 月 日至 年 月 日

纳税人名称：（公章）

金额单位：元至角分

序号	抵减项目	期初余额 1	本期发生额 2	本期应抵减税额 3=1+2	本期实际抵减税额 4≤3	期末余额 5=3-4
1	增值税税控系统专用设备费及技术维护费					
2	分支机构预征缴纳税款					
3	建筑服务预征缴纳税款					
4	销售不动产预征缴纳税款					
5	出租不动产预征缴纳税款					

表 2-8 **增值税纳税申报表附列资料（五）**

（不动产分期抵扣计算表）

税款所属时间：自 年 月 日至 年 月 日

纳税人名称：(公章)

金额单位：元至角分

期初待抵扣不动产进项税额	本期不动产进项税额增加额	本期可抵扣不动产进项税额	本期转入的待抵扣不动产进项税额	本期转出的待抵扣不动产进项税额	期末待抵扣不动产进项税额
1	2	3≤1+2+4	4	5≤1+4	6=1+2-3+4-5

表 2-9 增值税减免税申报明细表

税款所属时间:自　年　月　日至　年　月　日

纳税人名称(公章):　　　　　　　　　　　　　　　　　　　　　　　金额单位:元至角分

一、减税项目

减税性质代码及名称	栏次	期初余额 1	本期发生额 2	本期应抵减税额 3=1+2	本期实际抵减税额 4≤3	期末余额 5=3-4
合　计	1					
	2					
	3					
	4					
	5					
	6					

二、免税项目

免税性质代码及名称	栏次	免征增值税项目销售额 1	免税销售额扣除项目本期实际扣除金额 2	扣除后免税销售额 3=1-2	免税销售额对应的进项税额 4	免税额 5
合　计	7					
出口免税	8		—	—	—	—
其中:跨境服务	9		—	—	—	—
	10					
	11					
	12					
	13					
	14					
	15					
	16					

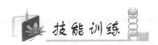

一、单项选择题

1.下列选项中,不属于现代服务的是(   )。

A.租赁服务 　　B.鉴证咨询服务 　C.建筑服务 　　　　D.文化创意服务

2.2018年5月1日起,年销售额满(   )万元的纳税人,应向主管税务机关申请办理增值税一般纳税人资格登记手续。

A.50 　　　　　　B.80 　　　　　　C.100 　　　　　　D.500

3.根据增值税的法律规定,下列产品适用9%低税率的是(   )。

A.酸奶 　　　　　B.鱼罐头 　　　　C.茶饮料 　　　　　D.玉米胚芽

4.根据增值税的现行规定,下列不免征增值税的是(   )。

A.个人转让著作权 　　　　　　　B.古旧图书

C.技术转让 　　　　　　　　　　D.单位销售使用过的物品

5.甲服装厂为增值税一般纳税人,2019年5月销售给乙企业300套服装,不含税价格为700元/套。由于乙企业购买数量较多,甲服装厂给予乙企业7折的优惠,并按原价开具了增值税专用发票,折扣额在同一张发票的"备注"栏注明。甲服装厂当月的销项税额为(   )元。

A.24 159.29 　　B.19 110 　　　　C.35 700 　　　　　D.27 300

6.下列各项中,属于兼营行为的是(   )。

A.建材商店向甲企业销售建材,同时为乙企业提供装饰服务

B.宾馆为顾客提供住宿服务的同时销售高档毛巾

C.塑钢门窗商店销售产品并负责为客户提供安装服务

D.电信局为客户提供电话安装服务的同时又销售所安装的电话机

7.某超市是增值税小规模纳税人,2019年5月,该超市取得货物零售收入120 000元;向困难群体捐赠部分外购商品,该部分商品市场零售价为5 000元;向职工发放部分外购商品作为节日福利,该部分商品市场售价为3 700元;销售已使用1年的冰柜一台取得收入1 400元。该超市当月应纳增值税(   )元。

A.3 640.78 　　B.3 667.96 　　　C.4 815.38 　　　　D.3 522.33

8.关于增值税纳税义务发生时间,下列说法错误的是(   )。

A.采取预收款方式销售货物的,为货物发出的当天

B.先开具发票的,增值税纳税义务发生时间为开具发票的当天

C.进口货物,为报关进口的当天

D.将货物交付给他人代销,为发出代销货物的当天

9.下列选项中,适用增值税"免税并退税"政策的是(   )。

A.进料加工复出口的货物 　　　　B.来料加工复出口的货物

C.非出口企业委托出口的货物 　　D.增值税小规模纳税人出口的货物

二、多项选择题

1. 根据现行政策,下列增值税扣税凭证,必须在凭证开具之日起360天内到税务机关认证,否则不予抵扣进项税额的有( )。

A. 进口增值税专用缴款书　　　　B. 增值税专用发票

C. 机动车销售统一发票　　　　　D. 农产品销售发票

2. 根据增值税的法律规定,下列行为应视同销售货物征收增值税的有( )。

A. 将自产的办公桌用于财务部门办公使用

B. 将外购的服装作为春节福利发给企业员工

C. 将委托加工收回的卷烟用于赠送客户

D. 将新研发的玩具交付某商场代为销售

3. 南京的王先生有三套住房,其中一套购于2010年2月的高档公寓于2019年6月出售,另一套位于学区的住房出租,还有一套自住。下列纳税处理正确的有( )。

A. 出售的公寓购买超过2年,免征增值税

B. 出售的公寓购买超过2年,但非普通住宅按全额缴纳增值税

C. 出售的公寓购买超过2年,但非普通住宅按差额缴纳增值税

D. 出租住宅缴纳的增值税＝租金÷(1+5%)×1.5%

4. 根据"营改增"的相关规定,下列情形不属于在境内销售应税服务或无形资产的有( )。

A. 境外单位或者个人向境内单位或者个人提供完全在境外消费的应税服务

B. 境外单位或者个人向境内单位或者个人提供完全在境内消费的应税服务

C. 境外单位或者个人向境内单位或者个人出租完全在境外使用的有形动产

D. 境外单位或者个人向境内单位或者个人销售完全在境外使用的无形资产

5. 某生产企业发生的下列项目中,不属于不得抵扣进项税额需要做进项税额转出的有( )。

A. 将自产的货物用于个人消费　　B. 将购买的货物用于交际应酬

C. 将购买的货物无偿赠送他人　　D. 将购买的货物用于职工集体福利

6. 下列项目中,应该征收增值税的有( )。

A. 残疾人本人为社会提供的服务

B. 残疾人福利企业销售自产产品

C. 金融机构之间开展的转贴现业务

D. 担保机构为大型民营企业提供的担保业务

三、案例分析题

1. 某纺织品生产企业为增值税一般纳税人,2019年5月向某商场销售纺织品取得价款1 500万元、销项税额195万元,开具增值税专用发票;向个体经销商销售纺织品取得销售收入1 200万元,开具增值税普通发票;当月购进棉花支付不含税价款300万元,购进棉纱支付不含税价款800万元,均取得增值税专用发票并在当月通过认证抵扣。计算

本月该纺织品生产企业的应纳增值税税额。

2.某旅游公司为增值税一般纳税人,2019年5月发生以下业务:

(1)取得旅游费收入共计680万元,其中向境外旅游公司支付境外旅游费63.6万元,向境内其他单位支付旅游交通费60万元,住宿费24万元,门票费21万元,签证费1.8万元。支付本单位导游餐饮、住宿费共计2.2万元,旅游公司选择按照扣除支付给其他单位相关费用后的余额为计税销售额,并开具增值税普通发票(以上金额均含税)。

(2)将2016年5月在公司注册地购入的一套门面房对外出租,购入时进项税额已抵扣,本月一次性收取3个月含税租金12万元。

(3)委托装修公司对自用房屋进行装修,取得该装修公司开具的增值税专用发票,注明装修费50万元;支付物业费,取得物业公司开具的增值税专用发票注明金额3万元。

(4)将公司一台旅游车转为职工通勤班车,该车购进时已抵扣进项税额,入账原值60万元,已提折旧40万元,该车评估价格14万元。

本月取得的相关票据均符合税法规定并在本月认证抵扣。

要求:计算本月该公司的应纳增值税税额。

3.某生产企业为增值税一般纳税人,2019年6月外购项目如下:

(1)外购甲材料10万元,专用发票上注明增值税税额为1.3万元。

(2)从农业生产者手中购进棉花,价款为5万元,并取得收购凭证。

(3)从小规模纳税人企业购进修理用配件为0.58万元,取得普通发票。

(4)购置机器设备一台,价款为20万元,增值税专用发票上注明税额为2.6万元。

该企业当月销售情况如下:

(1)销售A产品,销售收入为60万元(不含税)。

(2)销售B产品,销售收入为5万元(不含税),另外收取包装费0.116万元。

(3)销售给小规模纳税人A产品,价税混合收取5.8万元。

已知:农产品的扣除率为9%,增值税税率为13%。

要求:根据以上资料,计算该企业6月应纳增值税税额。

项目三　消费税实务

 知识目标

1. 掌握消费税的征税范围；
2. 掌握消费税税率；
3. 掌握消费税应纳税额的计算方法；
4. 掌握消费税的纳税申报与税款缴纳。

 能力目标

1. 能正确确定消费税的计税依据；
2. 能准确分析消费税的应税行为；
3. 会计算消费税应纳税额；
4. 能进行消费税的纳税申报。

 项目引言

消费税作为增值税的补充，"两税"实现优势互补。消费税作为价内税与增值税作为价外税，并未改变"两税"作为流转税的性质。消费税是以特定消费行为计税的，它基本上是单一环节税，因此，确认消费税的纳税环节尤为重要。

在纳税实务中，消费税的计算、缴纳、会计处理往往是与增值税同步进行的，因此要综合运用。

任务一　消费税认知

一、消费税概述

(一)消费税的含义

消费税是对在我国境内从事生产、委托加工和进口应税消费品的单位和个人，就其销售额或销售数量，在特定环节征收的一种税。

在我国，消费税是1994年税制改革中在流转环节新设置的一个税种。在普遍征收增值税的基础上，选择少数消费品再征一道特殊的流转税——消费税，目的是引导消费和生

产结构,调节收入分配,增加财政收入。

(二)消费税的特点

与其他流转税相比,消费税具有如下主要特点。

1.消费税以特定消费品为课税对象

经过 2014 年及 2015 年消费税政策调整,目前消费税包括 15 个税目,主要针对某些高档消费品或奢侈品征收,如贵重首饰及珠宝玉石;某些不可再生的资源类消费品,如木制一次性筷子;以及某些危害人类健康和社会生态环境的消费品,如烟、酒等等。

2.消费税实行单循环计税

消费税的最终负担人是消费者,但是,为了加强源泉控制,防止税款流失,消费税的纳税环节主要确定在生产环节、委托加工环节或进口环节。

特殊情况有 3 种:一是金银首饰在零售环节而非生产环节征收消费税;二是卷烟除了在生产环节缴纳一道消费税之外,还在批发环节再缴纳一道消费税;三是超豪华小汽车除了在生产环节缴纳一道消费税外,还在零售环节再缴纳一道消费税。

3.消费税征收方法具有灵活性

根据计税消费品的不同特点,分别采用从价定率征税、从量定额征税和复合计税的办法,从而提高征税效率。

4.消费税体现了税收的宏观调控功能

通过选择某些高档奢侈品课以重税,使高收入者承担更多的税金;对消耗资源类产品征税,引导生产者转变生产方式,努力提高资源利用效率,注重环保,实现经济可持续发展;对消费者有害健康产品适用较高的税率,达到调节消费结构的目的。

5.消费税实行价内征收

在计算应税消费品应纳消费税额时,税基中应当不包括增值税但包括消费税。

二、消费税的纳税人

在中华人民共和国境内生产、委托加工和进口规定的应税消费品的单位和个人,是消费税的纳税人。

单位和个人具体包括:国有企业、集体企业、私营企业、股份制企业、合营企业、合作企业、合伙企业、外商投资企业、外国企业、行政单位、事业单位、社会团体、在中国注册的国际组织的机构和外国机构、港澳台地区的机构等,以及个体经营者和包括中国公民和外国公民在内的其他个人。

"中华人民共和国境内"是指生产、委托加工和进口应税消费税的起运地或所在地在境内。

三、消费税的征税范围

在种类繁多的消费品中,列入消费税征税范围的消费品并不很多,大体上可归为四类:

第一类:一些过度消费会对身心健康、社会秩序、生态环境等方面造成危害的特殊消费品,如烟、酒、鞭炮、焰火等。

第二类:非生活必需品,如高档化妆品、贵重首饰及珠宝玉石等。

第三类:高能耗及高档消费品,如摩托车、小汽车等。

第四类:不可再生和替代的稀缺资源消费品,如汽油、柴油等油品。

消费税的征税范围不是一成不变的,随着我国经济的发展,可以根据国家的政策和经济情况及消费结构的变化适当调整。目前,我国消费税征收范围的确定主要体现了以下两个特点:

一是消费税是选择部分消费品列举品目征收的。消费税的征税范围与增值税的部分征税范围是交叉的。也就是说,对消费税列举的税目,既要征收消费税,同时又要征收增值税。

二是凡在我国境内生产和进口属于消费税税目、税率表中列举的消费品都需要缴纳消费税,但是,为了平衡税收负担,堵塞税收漏洞,对于那些未体现销售而发出、使用和收回的应税消费品,亦视同销售,将其纳入了消费税的征收范围。

四、消费税税目

现行消费税共设置 15 个税目,包括烟,酒,高档化妆品,贵重首饰及珠宝玉石,鞭炮、焰火,成品油,摩托车,小汽车,高尔夫球及球具,高档手表,游艇,木制一次性筷子,实木地板,电池,涂料。各税目的具体适用范围如下。

(一)烟

凡是以烟叶为原料加工生产的产品,不论使用何种辅料,均属于本税目的征收范围。包括卷烟(进口卷烟、白包卷烟、手工卷烟和未经国务院批准纳入计划的企业及个人生产的卷烟)、雪茄烟、烟丝。

(二)酒

酒是酒精度在 1 度以上的各种酒类饮料。酒类包括粮食白酒、薯类白酒、黄酒、啤酒和其他酒。对饮食业、商业、娱乐业举办的啤酒屋(啤酒坊)利用啤酒生产设备生产的啤酒,应当征收消费税。无醇啤酒比照啤酒征税,"果啤"属于啤酒,应征消费税。对以黄酒为酒基生产的配制或泡制酒,按其他酒征收消费税。调味料酒不征消费税。

(三)高档化妆品

2016 年 9 月财政部、国家税务总局发布通知,自 2016 年 10 月 1 日起取消对普通美容、修饰类化妆品征收消费税。将"化妆品"税目名称更名为"高档化妆品",征收范围包括高档美容、修饰类化妆品、高档护肤类化妆品和成套化妆品。

高档美容、修饰类化妆品和高档护肤类化妆品是指生产(进口)环节销售(完税)价格(不含增值税)在 10 元/毫升(克)或 15 元/片(张)及以上的美容、修饰类化妆品和护肤类化妆品。

舞台、戏剧、影视演员化妆用的上妆油、卸妆油、油彩,不属于本税目的征收范围。

(四)贵重首饰及珠宝玉石

本税目的征收范围包括:凡以金、银、白金、宝石、珍珠、钻石、翡翠、珊瑚、玛瑙等高贵稀有物质以及其他金属、人造宝石等制作的各种纯金银首饰及镶嵌首饰和经采掘、打磨、加工的各种珠宝玉石。

对出国人员免税商店销售的金银首饰征收消费税。

（五）鞭炮、焰火

本税目的征收范围包括：各种鞭炮、焰火。体育上用的发令纸、鞭炮药引线，不按本税目征收。

（六）成品油

（1）汽油。汽油是指用原油或其他原料加工生产的辛烷值不小于 66 的可用作汽油发动机燃料的各种轻质油。

（2）柴油。柴油是指用原油或其他原料加工生产的倾点或凝点在－50 号至 30 号的可用作柴油发动机燃料的各种轻质油和以柴油组分为主、经调和精制可用作柴油发动机燃料的非标油。

（3）石脑油。石脑油又叫化工轻油，是以原油或其他原料加工生产的用于化工原料的轻质油。石脑油的征收范围包括除汽油、柴油、航空煤油、溶剂油以外的各种轻质油。非标汽油、重整生成油、拔头油、戊烷原料油、轻裂解料（减压柴油 VGO 和常压柴油 AGO）、重裂解料、加氢裂化尾油、芳烃抽余油均属轻质油，属于石脑油征收范围。

（4）溶剂油。溶剂油是用原油或其他原料加工生产的用于涂料、油漆、食用油、印刷油墨、皮革、农药、橡胶、化妆品生产和机械清洗、胶粘行业的轻质油。

（5）航空煤油。航空煤油也叫喷气燃料，是用原油或其他原料加工生产的用作喷气发动机和喷气推进系统燃料的各种轻质油。航空煤油的消费税暂缓征收。

（6）润滑油。润滑油是用原油或其他原料加工生产的用于内燃机、机械加工过程的润滑产品。润滑油分为矿物性润滑油、植物性润滑油、动物性润滑油和化工原料合成润滑油。本税目的征收范围包括以石油为原料加工的矿物性润滑油、矿物性润滑油基础油、植物性润滑油、动物性润滑油和化工原料合成润滑油。

（7）燃料油。燃料油也称重油、渣油，是用原油或其他原料加工生产的主要用作电厂发电、锅炉用燃料、加热炉燃料、冶金和其他工业炉燃料。腊油、船用重油、常压重油、减压重油、180CTS 燃料油、7 号燃料油、糠醛油、工业燃料、4～6 号燃料油等油品的主要用途是作为燃料燃烧，属于燃料油征收范围。

（七）摩托车

本税目的征收范围包括轻便摩托车和摩托车两种。对最大设计车速不超过 50 千米/小时、发动机气缸总工作容量不超过 50 毫升的三轮摩托车不征收消费税。气缸容量 250 毫升（不含）以下的小排量摩托车免征消费税。

（八）小汽车

汽车是指由动力驱动，具有四个或四个以上车轮的非轨道承载的车辆。

本税目征收范围包括含驾驶员座位在内最多不超过 9 个座位（含）的，在设计和技术特性上用于载运乘客和货物的各类乘用车；含驾驶员座位在内的座位数在 10～23 座（含 23 座）的在设计和技术特性上用于载运乘客和货物的各类中轻型商用客车。

用排气量小于 1.5 升（含）的乘用车底盘（车架）改装、改制的车辆属于乘用车征收范围。用排气量大于 1.5 升的乘用车底盘（车架）或用中轻型商用客车底盘（车架）改装、改制的车辆属于中轻型商用客车征收范围。

含驾驶员人数（额定载客）为区间值（如 8～10 人；17～26 人）的小汽车，按其区间值下限人数确定征收范围。

超豪华小汽车,是每辆零售价格为 130 万元(不含增值税)及以上的乘用车和中轻型商用客车,应在零售环节征收消费税。

电动汽车不属于本税目征收范围。

车身长度大于 7 米(含),并且座位在 10～23 座(含)以下的商用客车,不属于中轻型商用客车征税范围,不征收消费税。

沙滩车、雪地车、卡丁车、高尔夫车不属于消费税征收范围,不征收消费税。

对于企业购进货车或箱式货车改装生产的商务车、卫星通信车等专用汽车不属于消费税征收范围,不征收消费税。

对于购进乘用车和中轻型商用客车整车改装生产的汽车,应按规定征收消费税。

(九)高尔夫球及球具

高尔夫球及球具是指从事高尔夫球运动所需的各种专用装备,包括高尔夫球、高尔夫球杆及高尔夫球包(袋)等。本税目征收范围包括高尔夫球、高尔夫球杆、高尔夫球包(袋)、高尔夫球杆的杆头、杆身和握把。

(十)高档手表

高档手表是指销售价格(不含增值税)每只在 10 000 元(含)以上的各类手表。本税目征收范围包括符合以上标准的各类手表。

(十一)游艇

游艇是指长度大于 8 米、小于 90 米,船体由玻璃钢、钢、铝合金、塑料等多种材料制作,可以在水上移动的水上浮载体。按照动力划分,游艇分为无动力艇、帆艇和机动艇。

本税目征收范围包括艇身长度大于 8 米(含)、小于 90 米(含),内置发动机,可以在水上移动,一般为私人或团体购置,主要用于水上运动和休闲娱乐等非牟利活动的各类机动艇。

(十二)木制一次性筷子

木制一次性筷子,又称卫生筷子,是指以木材为原料经过锯段、浸泡、旋切、刨切、烘干、筛选、打磨、倒角、包装等环节加工而成的各类一次性使用的筷子。

本税目征收范围包括各种规格的木制一次性筷子。未经打磨、倒角的木制一次性筷子属于本税目征收范围。

(十三)实木地板

实木地板是指以木材为原料,经锯割、干燥、刨光、截断、开榫、涂漆等工序加工而成的块状或条状的地面装饰材料。实木地板按生产工艺不同,可分为独板(块)实木地板、实木指接地板、实木复合地板三类;按表面处理状态不同,可分为未涂饰地板(白坯板、素板)和漆饰地板两类。

本税目征收范围包括各类规格的实木地板、实木指接地板、实木复合地板及用于装饰墙壁、天棚的侧端面为榫、槽的实木装饰板。未经涂饰的素板属于本税目征收范围。

(十四)电池

电池是一种将化学能、光能等直接转换为电能的装置,一般由电极、电解质、容器、极端,通常还有隔离层组成的基本功能单元,以及用一个或多个基本功能单元装配成的电池组。

对无汞原电池、金属氢化物镍蓄电池(又称氢镍蓄电池或镍氢蓄电池)、锂原电池、锂离子蓄电池、太阳能电池、燃料电池、全钒液流电池免征消费税。

(十五)涂料

涂料是指涂于物体表面能形成具有保护、装饰或特殊性能的固态涂膜的一类液体或固体材料之总称。

为促进节能环保,经国务院批准,自2015年2月1日起对电池、涂料征收消费税。

五、消费税税率

(一)税率的形式

(1)比例税率:1%～56%。

(2)定额税率:适用于啤酒、黄酒、成品油。

(3)定额税率和比例税率相结合:适用于卷烟、白酒。

(二)最高税率运用

(1)纳税人兼营不同税率的应税消费品(即生产销售两种税率以上的应税消费品时)应当分别核算不同税率应税消费品的销售额或销售数量,未分别核算的,按最高税率征税。

(2)纳税人将应税消费品与非应税消费品以及适用税率不同的应税消费品组成成套消费品销售的,应根据成套消费品的销售金额按应税消费品中适用最高税率的消费品税率征税。

消费税税目、税率(税额)表见表3-1。

表3-1　消费税税目、税率表

税　　目	税　　率
一、烟	
1.卷烟	
(1)甲类卷烟(调拨价70元(不含增值税)/条以上(含70元))	56%加0.003元/支(生产环节)
(2)乙类卷烟(调拨价70元(不含增值税)/条以下)	36%加0.003元/支(生产环节)
(3)商业批发	11%(批发环节)
2.雪茄烟	36%(生产环节)
3.烟丝	30%(生产环节)
二、酒	
1.白酒	20%加0.5元/500克(或者500毫升)
2.黄酒	240元/吨
3.啤酒	
(1)甲类啤酒	250元/吨
(2)乙类啤酒	220元/吨
4.其他酒	10%

续表 3-1

税　　目	税　　率
三、高档化妆品	15％
四、贵重首饰及珠宝玉石 　1.金银首饰、铂金首饰和钻石及钻石饰品 　2.其他贵重首饰和珠宝玉石	 5％ 10％
五、鞭炮、焰火	15％
六、成品油 　1.汽油 　（1）含铅汽油 　（2）无铅汽油 　2.柴油 　3.航空煤油 　4.石脑油 　5.溶剂油 　6.润滑油 　7.燃料油	 1.52元/升 1.52元/升 1.20元/升 1.20元/升 1.52元/升 1.52元/升 1.52元/升 1.20元/升
七、摩托车 　1.气缸容量（排气量，下同）在250毫升（含250毫升）以下的 　2.气缸容量在250毫升以上的	 3％ 10％
八、小汽车 　1.乘用车 　（1）气缸容量（排气量，下同）在1.0升（含1.0升）以下的 　（2）气缸容量在1.0升以上至1.5升（含1.5升）的 　（3）气缸容量在1.5升以上至2.0升（含2.0升）的 　（4）气缸容量在2.0升以上至2.5升（含2.5升）的 　（5）气缸容量在2.5升以上至3.0升（含3.0升）的 　（6）气缸容量在3.0升以上至4.0升（含4.0升）的 　（7）气缸容量在4.0升以上的 　2.中轻型商用客车 　3.超豪华小汽车	 1％ 3％ 5％ 9％ 12％ 25％ 40％ 5％ 10％（零售环节）
九、高尔夫球及球具	10％
十、高档手表	20％
十一、游艇	10％
十二、木制一次性筷子	5％
十三、实木地板	5％

税　目	税　率
十四、电池	4%
无汞原电池、金属氢化物镍蓄电池、锂原电池、锂离子蓄电池、太阳能电池、燃料电池和全钒液流电池	免征
十五、涂料	4%
施工状态下挥发性有机物（Volatile Organic Compounds，VOC）含量低于 420 克/升（含）	免征

任务二　消费税计算

一、消费税的计税依据

（一）销售额的确定

1.消费税的一般规定

销售额为纳税人销售应税消费品向购买方收取的全部价款和价外费用。不包括向购买方收取的增值税税款。

"价外费用"，是指价外向购买方收取的手续费、基金、集资费、返还利润、补贴、奖励费、违约金、滞纳金、延期付款利息、赔偿金、包装费、包装物租金、储备费、优质费、运输装卸费、代收款项、代垫款项以及其他各种性质的价外收费。

但下列项目不包括在内。

（1）同时符合以下条件的代垫运输费用：

①承运部门的运输费用发票开具给购买方的；

②纳税人将该项发票转交给购买方的。

（2）同时符合以下条件代为收取的政府性基金或者行政事业性收费：

①由国务院或者财政部批准设立的政府性基金，由国务院或者省级人民政府及其财政、价格主管部门批准设立的行政事业性收费；

②收取时开具省级以上财政部门印制的财政票据；

③所收款项全额上缴财政。

2.含增值税销售额的换算

应税消费品的销售额，不包括应向购货方收取的增值税税款。如果纳税人应税消费品的销售额中未扣除增值税税款，在计算消费税时，应当换算成不含增值税税款的销售额。换算公式为：

$$应税消费品的销售额 = \frac{含增值税的销售额}{1 + 增值税税率或征收率}$$

【学习案例 3-1】

兴达木筷厂为增值税一般纳税人,2019 年 5 月销售木制一次性筷子 1 130 000 元(含增值税),另外收取违约金 22 600 元。计算该厂的应税销售额。

【解析】

应税销售额＝(1 130 000＋22 600)÷(1＋13％)＝1 020 000(元)

3.包装物的规定

(1)应税消费品连同包装销售的,无论包装是否单独计价,也不论在会计上如何核算,均应并入应税消费品的销售额中征收消费税。

(2)如果包装物不作价随同产品销售,而是收取押金,此项押金则不应并入应税消费品的销售额中征税。但对因逾期未收回的包装物不再退还的和已收取一年以上的押金,应并入应税消费品的销售额,按照应税消费品的适用税率征收消费税。

(3)对既作价随同应税消费品销售,又另外收取的包装物押金,凡纳税人在规定的期限内不予退还的,均应并入应税消费品的销售额,按照应税消费品的适用税率征收消费税。

(4)对酒类产品生产企业销售酒类产品而收取的包装物押金,无论押金是否返还与会计上如何核算,均需并入酒类产品销售额中,征收消费税。啤酒的包装物押金不包括供重复使用的塑料周转箱押金。

【学习案例 3-2】

泰兴酒厂为一般纳税人,本月向一小规模纳税人销售药酒 1 000 千克,开具普通发票上注明价税合计金额 56 500 元;同时收取单独核算的包装物押金 1 130 元。计算该酒厂的应税销售额。

【解析】

应税销售额＝(56 500＋1 130)÷(1＋13％)＝51 000(元)

(二)销售数量的确定

销售数量指应税消费品的数量,具体为:

(1)纳税人销售应税消费品的,为应税消费品的销售数量。

(2)自产自用应税消费品的,为应税消费品的移送使用数量。

(3)委托加工应税消费品的,为纳税人收回的应税消费品数量。

(4)进口的应税消费品,为海关核定的应税消费品进口征税数量。

【学习案例 3-3】

雁来啤酒厂 2019 年 5 月共销售啤酒 1 万吨,出厂价格为 2 500 元/吨。另外,当月无偿分配 10 吨啤酒用于职工福利。计算该啤酒厂当月计税销售数量。

【解析】

计税销售数量＝10 000＋10＝10 010(吨)

(三)计税依据的若干特殊规定

1.核定的计税价格

应税消费品计税价格明显偏低又无正当理由的,税务机关有权核定其计税价格。应税消费品计税价格的核定权限规定如下。

(1)卷烟、白酒和小汽车的计税价格由国家税务总局核定。

（2）其他应税消费品的计税价格由各省、自治区、直辖市税务机关核定。

（3）进口的应税消费品的计税价格由海关核定。

2.销售额中扣除外购已税消费品已纳消费税的规定

（1）同一税目内扣税

①以外购的已税烟丝为原料生产的卷烟。

②以外购的已税高档化妆品为原料生产的高档化妆品。

③以外购的已税珠宝玉石为原料生产的贵重首饰及珠宝玉石。

④以外购的已税鞭炮、焰火为原料生产的鞭炮、焰火。

⑤以外购的已税杆头、杆身和握把为原料生产的高尔夫球杆。

⑥以外购的已税木制一次性筷子为原料生产的木制一次性筷子。

⑦以外购的已税实木地板为原料生产的实木地板。

⑧以外购已税石脑油、燃料油、润滑油为原料生产的成品油。

⑨以外购已税汽油、柴油为原料生产的汽油、柴油。

（2）扣税方法

扣税方法是按当期生产领用部分扣税。

上述当期准予扣除外购应税消费品已纳消费税税款的计算公式为：

当期准予扣除的外购应税消费品已纳税款＝当期准予扣除的外购应税消费品的买价或数量×外购应税消费品的适用税率或税额

当期准予扣除的外购应税消费品的买价或数量＝期初库存的外购应税消费品的买价或数量＋当期购进的应税消费品的买价或数量－期末库存的外购应税消费品的买价或数量。

（3）扣税的环节

允许扣除已纳税款的应税消费品只限于从工业企业购进的应税消费品和进口环节已缴纳消费税的应税消费品，对从境内商业企业购进应税消费品的已纳税款一律不得扣除。

特别需要指出的是：纳税人用外购的已税珠宝玉石生产的改在零售环节征收消费税的金银首饰（含镶嵌首饰）、钻石首饰，在计税时一律不得扣除外购珠宝玉石的已纳税款。

3.应税消费品用于其他方面的规定

纳税人用于换取生产资料和消费资料，投资入股和抵偿债务等方面的应税消费品，应当以纳税人同类应税消费品的最高销售价格作为计税依据计算消费税。

4.纳税人通过自设非独立核算门市部销售的自产应税消费品，应当按照门市部对外销售额或销售数量征收消费税。

5.白酒生产企业向商业销售单位收取的"品牌使用费"是随着应税白酒的销售而向购货方收取的，属于应税白酒销售价款的组成部分，因此，不论企业采取何种方式或以何种名义收取价款，均应并入白酒的销售额中缴纳消费税。

6.纳税人采用以旧换新（含翻新改制）方式销售的金银首饰，应按实际收取的不含增值税的全部价款确定计税依据征收消费税。

对既销售金银首饰，又销售非金银首饰的生产、经营单位，应将两类商品划分清楚，分别核算销售额。凡划分不清楚或不能分别核算的并在生产环节销售的，一律从高适用税率征收消费税；在零售环节销售的一律按金银首饰征收消费税。

金银首饰与其他产品组成成套消费品销售的,应按销售额全额征收消费税。

金银首饰连同包装物销售的,无论包装是否单独计价,也无论会计上如何核算,均应并入金银首饰的销售额计征消费税。

来料加工的金银首饰,应按受托方销售同类金银首饰的销售价格确定计税依据征收消费税。没有同类金银首饰销售价格的,按照组成计税价格计算纳税。

【学习案例 3-4】

家悦汽车制造厂以自产小汽车 10 辆换取宝山钢铁厂生产的 260 吨钢材,每吨钢材的不含税单价为 3 800 元。家悦汽车制造厂生产的同一型号的小汽车不含税销售单价分别为 10 万元/辆、8 万元/辆、7 万元/辆。计算换取钢材的小汽车应纳消费税的销售额。

【解析】

因为家悦汽车制造厂用汽车换取生产资料,应当以同类型号的小汽车的最高销售价格作为计税依据计算消费税,因此:

应税销售额＝10×10＝100(万元)

二、消费税应纳税额的计算

(一)消费税应纳税额的计算公式

1.采用从价定率计算的应税消费品

采用从价定率计算的应税消费品应纳消费税额的计算公式为:

应纳消费税额＝应税消费品的销售额×适用税率

【学习案例 3-5】

某地板制造厂为增值税一般纳税人,2019 年 6 月购进木材一批,取得增值税专用发票,注明价款 300 万元、增值税 39 万元,支付购货运费 10 万元、装卸费 0.5 万元,并取得税务机关认定的运输企业开具的运费发票;6 月 20 日销售实木地板取得不含税销售额 78 万元;用一批不含税售价为 40 万元的实木地板抵偿欠木材供货商的货款(实木地板消费税税率为 5％)。计算该地板制造厂 6 月应纳的消费税。

【解析】

应纳消费税额＝(78＋40)×5％＝5.9(万元)

2.采用从量定额征收办法的应税消费品

采用从量定额征收办法的应税消费品应纳消费税额的计算公式为:

应纳消费税额＝应税消费品的销售数量×单位税额

【学习案例 3-6】

燕山啤酒厂 2019 年 5 月销售甲类啤酒 1 000 吨,取得不含增值税销售额 295 万元,增值税税款 38.35 万元,另收取包装物押金 22.6 万元。计算 5 月该啤酒厂应纳消费税税额。

【解析】

销售甲类啤酒,适用定额税率,每吨 250 元。

应纳消费税额＝1 000×250＝250 000(元)

3.采用从价定率和从量定额复合计算的应税消费品

采用从价定率和从量定额复合计算的应税消费品应纳消费税额的计算公式为:

应纳消费税额＝应税消费品的销售额×适用税率＋应税消费品的销售数量×单位税额

【学习案例 3-7】

某卷烟厂 2019 年 5 月销售自产的甲类卷烟 500 箱,每箱出厂不含税价格为 18 000 元,并开具增值税专用发票,甲类卷烟的消费税比例税率为 56％,定额税率为 150 元/箱。计算该卷烟厂的应纳消费税额。

【解析】

应纳消费税额＝18 000×500×56％＋500×150＝5 115 000(元)

(二)自产自用应税消费品应纳税额的计算

1.用于连续生产应税消费品,不缴纳消费税

用于连续生产应税消费品,是指作为生产最终应税消费品的直接材料并构成最终产品实体的应税消费品。

例如,高尔夫球具生产厂用自己生产的杆头、杆身和握把为原料生产高尔夫球杆,杆头、杆身和握把已是应税消费品,高尔夫球具厂再用生产出的杆头、杆身和握把连续生产高尔夫球杆,这样,用于连续生产高尔夫球杆的杆头、杆身和握把就不缴纳消费税,只对生产的高尔夫球杆计征消费税。

2.用于其他方面,缴纳消费税

纳税人自产自用的应税消费品,除用于连续生产应税消费品外,凡用于其他方面的,应纳消费税于移送使用时缴纳。

用于其他方面,是指纳税人用于生产非应税消费品和在建工程、管理部门、非生产机构,提供劳务,以及用于馈赠、赞助、集资、广告、样品、职工福利、奖励等方面的应税消费品。

3.组成计税价格的确定

纳税人自产自用的应税消费品,凡用于其他方面,应当纳税,其具体的计税依据的确定方法有以下两种。

(1)按照纳税人生产的同类消费品的销售价格计算纳税。

同类消费品的销售价格,是指纳税人当月销售的同类消费品的销售价格,如果当月同类消费品各期销售价格高低不同,应按销售数量加权平均计算。但销售的应税消费品有下列情况之一的,不得列入加权平均计算:第一,销售价格明显偏低又无正当理由的;第二,无销售价格的,如果当月无销售或者当月未完结,应按照同类消费品上月或最近月份的销售价格计算纳税。

【学习案例 3-8】

某酒厂用外购的粮食自行加工成粮食白酒,2019 年 7 月用于职工福利及馈赠使用了 20 吨。市场上同类消费品的销售价格为 1.5 万元/吨,该消费品适用的消费税税率为 20％,定额税率为 0.5 元/500 克。计算该酒厂的应纳消费税额。

【解析】

应纳消费税额＝20×15 000×20％＋0.5×20 000×2＝80 000(元)

(2)没有同类消费品销售价格的,按照组成计税价格计算纳税。

实行从价定率办法计算纳税的组成计税价格计算公式:

$$组成计税价格＝(成本＋利润)÷(1-消费税税率)$$

实行复合计税办法计算纳税的组成计税价格计算公式：

组成计税价格＝(成本＋利润＋自产自用数量×定额税率)÷(1－比例税率)

公式中所说的"成本"，是指应税消费品的产品生产成本。"利润"，是指根据应税消费品的全国平均成本利润率(见表3-2)计算的利润。

表 3-2　全国平均利润率表　　　　　　　　单位：%

项　　目	成本利润率	项　　目	成本利润率
(1)甲类卷烟	10	(11)摩托车	6
(2)乙类卷烟	5	(12)高尔夫球及球具	10
(3)雪茄烟	5	(13)高档手表	20
(4)烟丝	5	(14)游艇	10
(5)粮食白酒	10	(15)木制一次性筷子	5
(6)薯类白酒	5	(16)实木地板	5
(7)其他酒	5	(17)乘用车	8
(8)高档化妆品	5	(18)中轻型商用客车	5
(9)鞭炮、焰火	5	(19)电池	4
(10)贵重首饰及珠宝玉石	6	(20)涂料	7

【学习案例 3-9】

新枝源地板厂将自产的一批新型实木地板用于办公楼的装修，该批地板成本为 12 万元，市场上没有同类产品。试计算其组成计税价格。

【解析】

组成计税价格＝(成本＋利润)÷(1－消费税税率)

＝(120 000＋120 000×5%)÷(1－5%)

＝132 631.58(元)

(三)委托加工应税消费品应纳税额的计算

1.委托加工应税消费品的界定

委托加工的应税消费品是指由委托方提供原料和主要材料，受托方只收取加工费和代垫部分辅助材料加工的应税消费品。对于由受托方提供原材料生产的应税消费品，或者受托方先将原材料卖给委托方，然后再接受加工的应税消费品，以及由受托方以委托方名义购进原材料生产的应税消费品，不论纳税人在财务上是否作销售处理，都不得作为委托加工应税消费品，而应当按照销售自制应税消费品缴纳消费税。

2.代收代缴税款

对于确实属于委托方提供原料和主要材料，受托方只收取加工费和代垫部分辅助材料加工的应税消费品，税法规定，由受托方在向委托方交货时代收代缴消费税。但是，纳税人委托个体经营者加工应税消费品，一律由委托方收回后在委托方所在地缴纳消费税。

委托加工的应税消费品，受托方在交货时已代收代缴消费税，委托方收回后直接出售的，不再征收消费税。

3.计税依据的确定

委托加工应纳消费税的计税依据在不同情况下有两种确定方法：

(1)按照受托方的同类消费品的销售价格计算纳税。

(2)没有同类消费品销售价格的,按照组成计税价格计算纳税。

实行从价定率办法计算纳税的组成计税价格计算公式：

$$组成计税价格＝(材料成本＋加工费)÷(1－比例税率)$$

实行复合计税办法计算纳税的组成计税价格计算公式：

$$组成计税价格＝(材料成本＋加工费＋委托加工数量×定额税率)÷(1－比例税率)$$

公式中的"材料成本"是指委托方所提供加工材料的实际成本,不包括增值税税金。委托加工应税消费品的纳税人,必须在委托加工合同上如实注明(或以其他方式提供)材料成本,凡未提供材料成本的,受托方所在地主管税务机关有权核定其材料成本。

"加工费"是指受托方加工应税消费品向委托方所收取的全部费用(包括代垫部分辅助材料的实际成本,不包括增值税税金)。

【学习案例3-10】

2019年6月,新华卷烟厂(一般纳税人)受托为烟草集团公司加工一批乙类卷烟,共200箱(250条/箱,200支/条),委托单位提供的原材料金额为8万元,收取委托单位不含增值税的加工费1.2万元,卷烟企业无同类产品市场价格。计算烟草集团公司委托加工这批卷烟的组成计税价格。

【解析】

$$组成计税价格＝(80\ 000＋12\ 000＋0.003×200×250×200)÷(1－36\%)$$
$$＝190\ 625(元)$$

4.委托加工收回的应税消费品已纳税款的扣除

委托加工的应税消费品因为已由受托方代收代缴消费税,因此,委托方收回货物后用于连续生产应税消费品的,其已纳税款准予按照规定从连续生产的应税消费品应纳消费税税额中抵扣。应按当期生产领用数量计算扣除委托加工收回的应税消费品已纳消费税税款：

(1)以委托加工收回的已税烟丝为原料生产的卷烟。

(2)以委托加工收回的已税高档化妆品为原料生产的高档化妆品。

(3)以委托加工收回的已税珠宝玉石为原料生产的贵重首饰及珠宝玉石。

(4)以委托加工收回的已税鞭炮、焰火为原料生产的鞭炮、焰火。

(5)以委托加工收回的已税杆头、杆身和握把为原料生产的高尔夫球杆。

(6)以委托加工收回的已税木制一次性筷子为原料生产的木制一次性筷子。

(7)以委托加工收回的已税实木地板为原料生产的实木地板。

(8)以委托加工收回的已税石脑油、燃料油、润滑油为原料生产的成品油。

(9)以委托加工收回的已税汽油、柴油为原料生产的汽油、柴油。

上述当期准予扣除的委托加工收回的应税消费品已纳消费税税款的计算公式是：

当期准予扣除的委托加工应税消费品已纳税款＝期初库存的委托加工应税消费品已纳税款＋当期收回的委托加工应税消费品已纳税款－期末库存的委托加工应税消费品已纳税款。

纳税人用委托加工收回的已税珠宝、玉石原料生产的改在零售环节征收消费税的金银首饰,在计税时一律不得扣除委托加工收回的珠宝、玉石原料的已纳消费税税款。

【学习案例 3-11】

某鞭炮厂委托一加工厂加工一批焰火,鞭炮厂提供的原材料成本为 12 万元,收回产品后,支付加工费 3 万元。加工厂没有同类消费品销售价格。鞭炮厂收回委托加工焰火后,将其中的 70% 用于生产最终应税消费品并销售,取得不含增值税销售额 15 万元。剩下的 30%,直接用于销售,取得不含增值税销售额 6 万元。计算鞭炮厂的应纳消费税额。

【解析】

委托加工的应税消费品,受托方因没有同类消费品销售价格的,按照组成计税价格计算纳税,受托方代扣代缴消费税。

组成计税价格＝(材料成本＋加工费)÷(1－消费税税率)

$$=(12+3)÷(1-15\%)=17.65(万元)$$

应纳消费税额＝组成计税价格×适用税率＝17.65×15%＝2.65(万元)

鞭炮厂收回委托加工焰火后,用于连续生产应税消费品的,可以抵扣收回委托加工成品时已经由受托方代扣代缴的消费税,用于直接销售则不需要再缴纳消费税。

鞭炮厂可以抵扣的消费税额＝2.65×70%＝1.86(万元)

鞭炮厂应纳消费税额＝15×15%－1.86＝0.39(万元)

(四)进口应税消费品应纳消费税额的计算

进口的应税消费品,于报关进口时缴纳消费税;进口的应税消费品的消费税由海关代征;进口的应税消费品,由进口人或者其代理人向报关地海关申报纳税;纳税人进口应税消费品,应当自海关填发进口消费税专用缴款书之日起 15 日内缴纳税款。

纳税人进口应税消费品,按照组成计税价格和规定的税率计算应纳税额。其计算公式如下:

实行从价定率办法计算纳税的组成计税价格计算公式:

组成计税价格＝(关税完税价格＋关税)÷(1－消费税比例税率)

实行复合计税办法计算纳税的组成计税价格计算公式:

$$\text{组成计税价格}=\left(\text{关税完税价格}+\text{关税}+\text{进口数量}×\text{消费税定额税率}\right)÷\left(1-\text{消费税比例税率}\right)$$

进口环节消费税除国务院另有规定者外,一律不得给予减税、免税。

【学习案例 3-12】

华美化妆品有限公司 2019 年 5 月从国外进口一批高档化妆品,海关核定的关税完税价格为 200 000 元(关税税率为 40%,消费税税率为 15%),已取得海关开具的完税凭证,6 月份该公司把其中的一部分高档化妆品在国内市场销售,取得不含税销售收入 450 000 元。假定该公司没有发生其他消费税和增值税业务,计算该公司在销售环节的应纳税额。

【解析】

进口高档化妆品组成计税价格＝(200 000＋200 000×40%)÷(1－15%)

$$=329\ 412(元)$$

进口环节应纳增值税＝329 412×13%＝42 824(元)

进口环节应纳消费税＝329 412×15％＝49 412(元)

销售进口应税消费品应纳增值税＝450 000×13％－42 824＝15 676(元)

任务三　消费税出口退税处理

纳税人出口应税消费品与已纳增值税出口货物一样,国家都给予退(免)税优惠。出口应税消费品同时涉及退(免)增值税和消费税。

一、出口应税消费品退(免)税政策

出口应税消费品退(免)消费税在政策上分为三种情况。

(一)出口免税并退税

适用这个政策的是:有出口经营权的外贸企业购进应税消费品直接出口,以及外贸企业受其他外贸企业委托代理出口应税消费品。这里需要重申的是,外贸企业只有受其他外贸企业委托,代理出口应税消费品才可以办理退税,外贸企业受其他企业(主要是非生产性的商贸企业)委托,代理出口应税消费品是不予退(免)税的。这个政策限定与出口货物退(免)增值税的政策规定是一致的。

(二)出口免税不退税

适用这个政策的是:有出口经营权的生产性企业自营出口或生产企业委托外贸企业代理出口自产的应税消费品,依据其实际出口数量免征消费税,不予办理退还消费税。这里,免征消费税是指对生产性企业按其实际出口数量免征生产环节的消费税。不予办理退还消费税,是指因已免征生产环节的消费税,该应税消费品出口时,已不含消费税,所以也无须再办理退还消费税了。这项政策规定与前述生产性企业自营出口或委托代理出口自产货物退(免)增值税的规定是不一样的。其政策区别的原因是,消费税仅在生产企业的生产环节征收,生产环节免税了,出口的应税消费品就不含消费税了;而增值税却在货物销售的各个环节征收,生产企业出口货物时,已纳的增值税就需要退还。

(三)出口不免税也不退税

适用这个政策的是:除生产企业、外贸企业外的其他企业,具体是指一般商贸企业,这类企业委托外贸企业代理出口应税消费品一律不予退(免)税。

二、出口货物退税率的规定

与出口货物增值税退税按规定的退税率计算不同,出口应税消费品应退消费税是按照消费税暂行条例实施细则所规定的税率或单位税额计算的。因此,企业应将不同消费税税率的出口应税消费品分开核算和申报,凡适用税率划分不清的,一律从低适用税率计算应退消费税税额。

三、出口应税消费品退税额的计算

外贸企业从生产企业购进货物直接出口或受其他外贸企业委托代理出口应税消费品

的应退消费税税额,分三种情况处理。

(1)从价定率计征消费税的应税消费品,应依照外贸企业从工厂购进货物时征收消费税的价格计算应退消费税税款。

其计算公式为:

$$应退消费税税款＝出口货物的工厂销售额×税率$$

上述公式中"出口货物的工厂销售额"不包含增值税。应将含增值税的价格换算为不含增值税的销售额。

(2)从量定额计征消费税的应税消费品,应依照货物购进和报关出口的数量计算应退消费税税款。

其计算公式为:

$$应退消费税税款＝出口数量×定额税率$$

(3)复合计征消费税的应税消费品,应按货物购进和报关出口的数量以及外贸企业从工厂购进货物时征收消费税的价格计算应退消费税税款。

其计算公式为:

$$应退消费税税款＝出口货物的工厂销售额×税率＋出口数量×定额税率$$

【学习案例 3-13】

某外贸企业从生产企业购进高档化妆品出口,增值税专用发票上注明的金额为 200 000 元,税额为 26 000 元,出口价格为 220 000 元。高档化妆品的消费税税率为 15%。计算该外贸企业的出口应退消费税税款。

【解析】

应退消费税税款＝200 000×15%＝30 000(元)

任务四　消费税纳税申报

一、纳税义务发生时间

消费税纳税义务发生时间分为以下几种情况:

(1)纳税人销售的应税消费品,其纳税义务发生的时间为:

①纳税人采取赊销和分期收款结算方式的,为书面合同约定的收款日期的当天,书面合同没有约定收款日期或者无书面合同的,为发出应税消费品的当天。

②纳税人采取预收货款结算方式的,为发出应税消费品的当天。

③纳税人采取托收承付和委托银行收款方式的,为发出应税消费品并办妥托收手续的当天。

④纳税人采取其他结算方式的,为收讫销售款或者取得索取销售款凭据的当天。

(2)纳税人自产自用的应税消费品,其纳税义务发生的时间,为移送使用的当天。

(3)纳税人委托加工的应税消费品,其纳税义务发生的时间,为纳税人提货的当天。

(4)纳税人进口的应税消费品,其纳税义务发生的时间,为报关进口的当天。

二、纳税地点

消费税纳税地点分为以下几种情况：

(1)纳税人销售的应税消费品及自产自用的应税消费品,除国家另有规定外,应当向纳税人机构所在地或者居住地的主管税务机关申报纳税。

纳税人总机构和分支机构不在同一县(市)的,应当分别向各自机构所在地的主管税务机关申报纳税;经财政部、国家税务总局或者授权的财政、税务机关批准,可以由总机构汇总向总机构所在地的主管税务机关申报缴纳消费税。

(2)纳税人到外县(市)销售或委托外县(市)代销自产应税消费品的,于应税消费品销售后,向机构所在地或者居住地主管税务机关申报纳税。

(3)委托加工的应税消费品,受托方为个人的,由委托方向其机构所在地或者居住地主管税务机关申报纳税;受托方为企业等单位的,由受托方向机构所在地或者居住地的主管税务机关解缴其代收代缴的消费税。

(4)进口的应税消费品,由进口人或由其会计人员填写凭证时申报纳税。此外,个人携带或者邮寄进境的应税消费品,连同关税由海关一并计征。具体办法由国务院关税税则委员会会同有关部门制定。

三、纳税期限

自 2009 年 1 月 1 日起,消费税的纳税期限分别为 1 日、3 日、5 日、10 日、15 日、1 个月或者 1 个季度。纳税人的具体纳税期限,由主管税务机关根据纳税人应纳税额的大小分别核定;不能按照固定期限纳税的,可以按次纳税。

纳税人以 1 个月或者 1 个季度为 1 个纳税期的,自期满之日起 15 日内申报纳税;以其他期限纳税的,自期满之日起 5 日内预缴税款,于次月 1 日起 15 日内申报纳税并结清上月税款。

纳税人进口应税消费品,自 2009 年 1 月 1 日起,应当自海关填发海关进口消费税专用缴款书之日起 15 日内缴纳税款。

四、纳税环节

消费税的纳税环节分为以下几种情况:

(1)生产环节。纳税人生产的应税消费品,由生产者于销售时纳税。其中,生产者自产自用的应税消费品,用于本企业连续生产应税消费品的不征税;用于其他方面的,于移送使用时纳税。

委托加工的应税消费品,由受托方在向委托方交货时代收代缴税款。委托加工的应税消费品直接出售的,不再征收消费税;委托加工应税消费品收回后用于连续生产应税消费品的,可以抵扣委托加工应税消费品的已纳消费税税款。例如,以委托加工收回的化妆品为原料生产的化妆品,因最终生产的消费品需缴纳消费税,对受托方代收代缴的化妆品消费税税款准予抵扣。

开征消费税的目的决定了消费税税款最终由消费者负担,为此,将消费税的纳税环节确定在最终消费环节较为合适。但是《消费税暂行条例》中，却将纳税环节确定在生产环节，主要有以下原因：一是可以大大减少纳税人数量、降低征管费用、加强源泉控制和减少税款流失的风险；二是可以保证税款及时上缴国库；三是把纳税环节提前并实行价内税形式，增加了税负的隐蔽性。

（2）进口环节。进口的应税消费品，由进口报关者于报关进口时纳税。

（3）零售环节。金银首饰消费税由生产销售环节征收改为零售环节征收。

（4）批发环节。自 2009 年 5 月 1 日起，除生产环节外，对卷烟批发环节加征一道从价税。

五、报缴税款的方法

纳税人报缴税款的方法，由所在地主管税务机关视不同情况，从下列方法中确定一种：

（1）纳税人按期向税务机关填报"消费税纳税申报表"（表 3-3），并填开纳税缴款书，向其所在地代理金库的银行缴纳税款。

表 3-3　消费税纳税申报表

税款所属期：　年　月　日至　年　月　日

纳税人名称（公章）：　　纳税人识别号：□□□□□□□□□□□□□□□

填表日期：　年　月　日　　　　　　　　　金额单位：元（列至角分）

应税消费品名称 ＼ 项目	适用税率		销售数量	销售额	应纳税额
	定额税率	比例税率			
合计	—	—	—	—	

本期准予抵减税额：

本期减（免）税额：

期初未缴税额：

本期缴纳前期应纳税额：

本期预缴税额：

本期应补（退）税额：

期末未缴税额：

声明

此纳税申报表是根据国家税收法律的规定填报的，我确定它是真实的、可靠的、完整的。

经办人（签章）：

财务负责人（签章）：

联系电话：

（如果你已委托代理人申报，请填写）

授权声明

为代理一切税务事宜，现授权＿＿＿＿

＿＿＿＿（地址）

为本纳税人的代理申报人，任何与本申报表有关的往来文件，都可寄予此人。

授权人签章：

以下由税务机关填写

受理人（签章）：　　　　　受理日期：　年　月　日　　　　受理税务机关（章）：

（2）纳税人按期向税务机关填报"消费税纳税申报表"，由税务机关审核后填发缴款书，按期缴纳。

（3）对会计核算不健全的小型业户，税务机关可根据其产销情况，按季或按年核定其应纳税额，分月缴纳。

纳税人在办理纳税申报时，如需办理消费税税款抵扣手续，除应按有关规定提供纳税申报所需资料外，还应当提供以下资料：

（1）外购应税消费品连续生产应税消费品的，提供外购应税消费品增值税专用发票（抵扣联）原件和复印件。

如果外购应税消费品的增值税专用发票属于汇总填开的，除提供增值税专用发票（抵扣联）原件和复印件外，还应提供随同增值税专用发票取得的由销售方开具并加盖财务专用章或发票专用章的销货清单原件和复印件。

（2）委托加工收回应税消费品连续生产应税消费品的，提供代扣代收税款凭证原件和复印件。

（3）进口应税消费品连续生产应税消费品的，提供海关进口消费税专用缴款书原件和复印件。

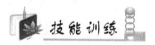

技能训练

一、单项选择题

1. 下列应税消费品中适用税率为30%的是（　　）。

A. 白酒　　　　　　B. 珠宝玉石　　　　　C. 烟丝　　　　　　　　D. 雪茄烟

2. 应税金银首饰的消费税的纳税环节在（　　）环节。

A. 生产　　　　　　B. 加工　　　　　　　C. 批发　　　　　　　　D. 零售

3. 根据《消费税暂行条例》的规定，下列各项中，不属于消费税征收范围的是（　　）。

A. 粮食白酒　　　　B. 游艇　　　　　　　C. 高档手机　　　　　　D. 高尔夫球及球具

4. 根据消费税法律制度的有关规定，纳税人外购和委托加工的特定应税消费品，用于连续生产应税消费品的，已缴纳的消费税税款准予从应纳消费税税额中抵扣。下列各项中，不可以抵扣已缴纳的消费税的是（　　）。

A. 外购的已税高档化妆品用于生产高档化妆品

B. 委托加工收回的已税珠宝玉石用于生产贵重首饰

C. 外购的已税汽车轮胎用于生产小汽车

D. 外购的已税烟丝用于生产卷烟

5. 下列纳税人自产自用应税消费品，不需缴纳消费税的是（　　）。

A. 汽车厂将自产的汽车用于赠送客户

B. 日化厂自产高档化妆品用于广告样品

C. 卷烟厂自产的烟丝用于生产卷烟

D. 鞭炮厂将自产的鞭炮用于本厂厂庆

6.根据消费税法律制度规定,下列各项中,符合消费税纳税义务发生时间规定的是（　　）。

A.进口的应税消费品,为取得进口货物的当天

B.自产自用的应税消费品,为移送使用的当天

C.委托加工的应税消费品,为支付加工费的当天

D.采取预收货款结算方式的,为收到预收款的当天

7.按照现行消费税制度的规定,企业下列行为中,不征收消费税的是（　　）。

A.用于广告宣传的样品啤酒

B.委托加工收回后直接销售的人参酒

C.抵债的化妆品

D.用于本企业招待所的卷烟

二、多项选择题

1.委托加工收回的应税消费品,下列处理方式正确的有（　　）。

A.直接出售,不缴纳消费税

B.连续生产应税消费品并销售,不缴纳消费税

C.连续生产非应税消费品并销售,不缴纳消费税

D.受托方未代扣代缴消费税,委托方应补缴消费税

2.下列各项中,属于实行复合计税办法的消费品有（　　）。

A.卷烟　　　　　B.烟丝　　　　　C.粮食白酒　　　　　D.薯类白酒

3.纳税人用于（　　）的应税消费品,应以其同类应税消费品的最高销售额为依据计算消费税。

A.投资入股　　　B.抵偿债务　　　C.换取生产资料　　　D.换取消费资料

4.根据消费税法律制度的规定,下列各项中,应当缴纳消费税的有（　　）。

A.销售白酒而取得的包装物作价收入

B.销售白酒而取得的包装物押金收入

C.将自产白酒作为福利发给本厂职工

D.使用自产酒精生产白酒

5.下列各项中,属于消费税征收范围的有（　　）。

A.汽车销售公司销售小轿车　　　　　B.木材公司销售自产的实木地板

C.百货公司销售的化妆品　　　　　　D.烟草公司销售自产的烟丝

6.下列关于消费税纳税义务发生时间的表述中,符合税法规定的有（　　）。

A.纳税人生产销售的应税消费品,采取预收货款结算方式的,为发出应税消费品的当天

B.纳税人生产销售的应税消费品,采取分期收款结算方式的,为收到货款的当天

C.纳税人自己生产的应税消费品用于广告的,为移送使用的当天

D.委托加工的应税消费品,为委托人提货的当天

7.我国的消费税分别采用（　　）的计征方法。

A. 从价定率　　　　　　　　　B. 从量定额

C. 从价定额　　　　　　　　　D. 从量定额和从价定率相结合

8. 下列外购已税消费品连续生产应税消费品销售时,消费税不准扣除的有(　　)。

A. 从工业企业外购已税酒精生产的酒

B. 从商业企业外购已税高档化妆品生产的高档化妆品

C. 外购已税珠宝玉石生产的金银首饰

D. 从工业企业外购已税两轮摩托改装的三轮摩托

三、案例分析题

1. 某化妆品有限公司为增值税一般纳税人,2019 年 5 月从国外进口一批化妆品香粉,关税完税价格为 60 000 元,缴纳关税 35 000 元,取得海关增值税完税凭证和消费税完税凭证。当月将其中的 80% 用于连续生产化妆品,20% 用于连续生产护肤护发品。

要求:计算进口环节应缴纳的消费税以及可以抵扣的消费税。

2. 某市大型商贸公司为增值税一般纳税人,兼营商品加工、批发、零售和进出口业务,2018 年 12 月有关经营情况如下:

(1)进口化妆品一批,支付国外的买价 220 万元、国外的采购代理人佣金 6 万元、国外的经纪费 4 万元;支付运抵我国海关前的运输费用 20 万元、装卸费用和保险费用 11 万元。支付海关地运往商贸公司的运输费用 8 万元、装卸费用和保险费用 3 万元。

(2)收购免税农产品一批,支付收购价款 70 万元、运输费用 10 万元(取得发票),当月将收购的免税农产品的 30% 用于集体福利。

(3)购进其他商品,取得增值税专用发票,支付价款 200 万元、增值税 32 万元,支付运输单位运输费用 20 万元(取得发票)。

(4)将进口化妆品的 80% 加工成套化妆品,当月销售给其他商场并开具增值税专用发票,取得不含税销售额 650 万元;直接销售给消费者个人,开具普通发票,取得含税销售额 70.20 万元。

(5)取得化妆品的逾期包装物押金收入 14.04 万元。

已知:进口化妆品的关税税率为 20%,化妆品的消费税税率为 30%。

要求:

(1)计算该公司进口环节应缴纳的关税、消费税和增值税。

(2)计算该公司国内销售环节应缴纳的增值税。

(3)计算该公司国内销售环节应缴纳的消费税。

项目四 关税实务

1.了解关税、关境的含义；

2.熟悉关税的纳税对象、纳税义务人；

3.掌握关税税率的设置及运用；

4.掌握进出口货物完税价格的计算方法。

1.能正确确定进出口货物的完税价格；

2.能正确计算进出口货物应缴纳的关税；

3.能完成关税的申报及缴纳。

关税作为国际通用的税种，是维护国家经济权益的有力工具，在各国的税制中具有特殊作用。关税分为进口关税与出口关税两类，计算和申报比较复杂，这是关税的特殊性。正确确认关税完税价格是计税的基础和前提。对进口货物，海关要代征消费税、增值税，对关税、消费税、增值税的计算程序、计算方法应重点掌握。

任务一 关税认知

一、关税概述

(一)关税的含义

关税是指国家海关机构按照相关法律规定，对进出一国关境的货物和物品所征收的一种税。该税属于流转课税，其课税依据是进出关境的货物和物品的流转额。

是否征收关税，以货物或物品是否经过一个国家的关境而不是以国境为标准。一般情况下关境与国境是一致的，但两者不完全相同。关境，又称海关境域或关税领域，是指一国海关法令有效实施的境域。国境包括一个主权国家全部的领土、领海、领空。当一个国家不存在贸易自由港、自由区和未加入关税同盟时，其关境与国境是一致的。当存在贸易自由港、自由区,或者几个国家结成关税同盟的时候,关境与国境的范围就会产生不一致。具体有以下两种情况。

(1)当一个国家存在自由港、自由贸易区时,国境大于关境。因为自由港、自由贸易区虽然在国境之内,但对进出自由港、自由贸易区的货物却免征关税,即这些自由港、自由贸易区实际上是被排除在海关境域之外的,这时关境＝国境－自由港、自由贸易区,从而使关境小于国境。例如,我国的香港、澳门地区保持了自由港地位,从而使我国的国境大于关境。

(2)当存在关税同盟时,国境小于关境。因为当存在关税同盟时,几个国家组成一个共同的关境,实施统一的关税法令和海关进出口税则,成员国彼此间的货物和物品进出国境时免征关税,只对来自和运往非成员国的货物和物品进出同盟国的共同关境时,才征收关税,同盟国成员各自的关境已不存在。这种情况下,关境已远远超出一个主权国家的领土范围,而是指全面实施统一海关法令的关税同盟国的共同海关领域,这时关境必然大于同盟国成员各自的国境,即关境为各同盟国国境之和。例如欧盟就属于这种情况。

(二)关税的特点

关税是一个比较特殊的税种,相对于其他税种,关税具有以下特点。

1.关税对象是进出关境的货物和物品

关税以进出关境的货物和物品为课税对象,因此凡不通过我国关境的货物和物品,均不征收关税。以是否通过我国关境作为征税与否的前提,这是关税与其他流转课税的主要区别。如果货物或物品没有经过一个国家或地区的关境,就只能对其征收国内税,而不能对其征收关税。当然,并不是所有经过关境的货物和物品都要征收关税。此外,关税只能对各种有形的货物和物品征收,对进出关境的无形资产,如专利权等则无法征税。

2.关税属于单一环节的价外税

关税是在货物或物品进出关境的环节一次性征收。进出关境的货物在进出境环节一次性征收关税后,在国内流通的任何环节均不再征收关税。另外,关税是以不包含关税的货物或物品的成交价格作为计税依据,即在海关征收关税时,是以海关认可的实际成交价格作为计税依据,关税不包含在内,即关税属于价外税。但海关在征收增值税、消费税时,其计税依据要包括关税。

3.关税有较强的涉外性,是执行对外政策的工具

对进出口货物征收关税既影响着我国经济的发展和财政收入,同时也影响着贸易伙伴国的经济利益。正是由于关税影响着贸易双方的利益,所以在处理各种国际关系时常被用来作为执行对外政治经济政策的手段和工具。关税的这种涉外性已使其成为国际贸易谈判和协定的一项重要内容。

4.关税由海关征收

我国绝大多数税种都是由税务机关负责征收的,而关税由海关总署及所属机构具体管理和征收,海关是关税的征收主体。海关总署是领导全国海关机构和管理全国海关业务的行政机构。根据《中华人民共和国海关法》(以下简称《海关法》)的规定,海关总署要参与制定海关税则;拟订修改税则税率方案;解释海关税则等。海关总署领导下的各地方海关负责贯彻执行关税条例和海关税则,并具体负责关税的征管工作。

二、关税的纳税对象

关税的纳税对象是准许进出境的货物和物品。货物是指贸易性商品;物品是指入境旅客随身携带的行李物品、个人邮递物品、各种运输工具上的服务人员携带进口的自用物品、馈赠物品以及其他方式进境的个人物品。

三、关税的纳税义务人

进口货物的收货人、出口货物的发货人、进出境物品的所有人,是关税的纳税义务人。进出口货物的收、发货人是依法取得对外贸易经营权,并进口或者出口货物的法人或者其他社会团体。进出境物品的所有人包括该物品的所有人和推定为所有人的人。一般情况下,对于携带进境的物品,推定其携带人为所有人;对分离运输的行李,推定相应的进出境旅客为所有人;对以邮递方式进境的物品,推定其收件人为所有人;以邮递或其他运输方式出境的物品,推定其寄件人或托运人为所有人。

四、关税的税目

关税的税目、税率都由海关进出口税则规定。它包括三个主要部分:归类总规则、进口税率表、出口税率表,其中归类总规则是进出口货物分类的具有法律效力的原则和方法。

进出口税则中的商品分类目录为关税税目。按照税则归类总规则及其归类方法,每一种商品都能找到最适合的对应税目。

五、关税的税率及运用

(一)进口关税税率

1. 税率设置与运用

在我国加入世界贸易组织(WTO)之前,我国进口税则设有两栏税率,即普通税率和优惠税率,对原产于与我国未订有关税互惠协议的国家或者地区的进口货物,按照普通税率征税;对原产于与我国订有关税互惠协议的国家或者地区的进口货物,按照优惠税率征税。在我国加入 WTO 之后,为履行我国在加入 WTO 关税减让谈判中承诺的有关义务,享有 WTO 成员应有的权利,自 2002 年 1 月 1 日起,我国进口税则设有最惠国税率、协定税率、特惠税率、普通税率、关税配额税率等税率。按照普通税率征税的进口货物,经国务院关税税则委员会特别批准,可以适用最惠国税率。适用最惠国税率、协定税率、特惠税率的国家或者地区名单,由国务院关税税则委员会决定,报国务院批准后执行。

最惠国税率适用原产于与我国共同适用最惠国待遇条款的 WTO 成员或地区的进口货物,或原产于与我国签订有相互给予最惠国待遇条款的双边贸易协定的国家或地区的进口货物,以及原产于我国境内的进口货物。

协定税率适用原产于我国参加的含有关税优惠条款的区域性贸易协定有关缔约方的进口货物。

特惠税率适用原产于与我国签订有特殊优惠关税协定的国家或地区的进口货物。

普通税率适用于原产于上述国家或地区以外的其他国家或地区的进口货物。

关税配额税率,按照国家规定实行关税配额管理的进口货物,关税配额内的,适用关税配额税率。

对进口货物在一定期限内可以实行暂定税率。《中华人民共和国进出口关税条例》(以下简称《进出口关税条例》)规定,适用最惠国税率的进口货物有暂定税率的,应当适用暂定税率。适用特惠税率、协定税率的进口货物有暂定税率的,应当从低适用税率。适用普通税率的进口货物,不适用暂定税率。

2.税率的种类

按征收关税的标准,可以分为从价税、从量税、复合税、选择税、滑准税。

(1)从价税。以货物的价格作为征税标准而征收的税称为从价税,从价税的税率表现为货物价格的百分率。经海关审定作为计征关税依据的价格称为完税价格。以完税价格乘以税则中规定的税率,就可得出应纳的税额。目前,我国海关计征关税的标准主要是从价税。

从价税具有以下一些优点:①税负公平。从价税按照货物价格确定应纳税额,可以使关税负担随价格变动而增减,有助于实现纳税负担公平合理。②税负明确。从价税的税率以百分率表示,便于国家间的关税比较。

从价税虽优点较为明显,但也有一些不尽如人意的地方:①完税价格难以审定。由于产品的真实价格信息难以获得,因而价格的准确程度较小。价格倘若完全由海关审定,往往与实际价格不相符合,使纳税人与其应有的纳税义务和纳税能力不吻合。倘若完全凭纳税人申报,纳税人有通过伪造票据、低报货价以减轻税负的动机。加之国际贸易条件千变万化,例外情况层出不穷。因此,海关要确定进出口货物的真实确切的价格十分困难。②通关缓慢。由于货物价格难以审定,海关多采用各种方法防止低报、瞒报价格。征纳双方由此而容易发生摩擦,延缓货物通关进程,增加关税稽征费用。

(2)从量税。按货物的量(重量、长度、面积、容积、数量等)作为征税标准,以每一计量单位应纳的关税金额作为税率,称为从量税。在确定重量时,又有总量(即毛重量)和半总量(即净重或净重加内包装)两个标准。

从量税最大的优点在于对数量众多、体积庞大、价值低廉的产品征税手续简便,可以节省大量征收费用。这是因为对宜于从量征收关税的货物仅就其数量做征税调查,一般不考虑货物的质量与价格。因此,货物可快速通关,避免因通关手续繁杂、时间拖长所带来的损失。此外,从量税不受价格变动影响,在进口产品采用特别廉价方式倾销时,可较好地保护国内产业。

从量税的缺点在于:①税负不合理。从量税不能适应物价变动作出及时调整,因此,呈现出物价高则税负轻,物价低则税负重这一不合理现象。这不仅影响财政收入,而且影响关税发挥作用。②从量税难以普遍采用。特别是对一些无法以量定值的物品,如艺术品和贵重物品从量税。③在物价上涨时期,从量税难以及时提高税率,减轻进口货物税负,难以发挥保护国内产业的作用。我国目前对原油、啤酒和胶卷等进口商品征收从量税。

(3)复合税。复合税又称混合税。在税则的同一税目中,有从价和从量两种税率,征税时既采用从量又采用从价两种税率计征税款的,称为复合税。从理论上讲,复合税征税方式下,税负适度、公正、科学。当物价上涨时,所征税额比单纯征收从量税多,而比单纯征收从价税少;当物价下跌时,所征税额情况则刚好相反。因此,复合税有较好的调节作用,特别是在物价波动时可以减少对财政收入的影响,又能对国内产业起一定的保护作用。复合税的缺点是,在实践中,货物的从量税额和从价税额比较难以确定,而且征收手续复杂。我国目前对录像机、放像机、摄像机、数字照相机和摄录一体机等进口商品征收复合税。

(4)选择税。选择税在税则的同一税目中,有从价和从量两种税率,征税时由海关选择其中一种计征的称为选择税。海关一般是选择税额较高的一种,有时也选择税额较低的。实行选择税多根据产品价格高低而定。当物价上涨时,使用从价税;当物价下跌时,使用从量税。这样,不仅能保证国家的财政收入,还可较好地发挥保护本国产业的作用。但由于选择税通常就高不就低,征税标准摇摆不定,海关计税手续繁杂。同时,纳税人也不能预知缴纳多少税额,容易与海关发生摩擦,阻碍国际贸易的顺利进行。

(5)滑准税。滑准税是根据货物的不同价格适用不同税率的一类特殊的从价关税。它是一种关税税率随进口货物价格由高至低而由低至高设置计征关税的方法。简单地讲,就是进口货物的价格越高,其进口关税税率越低,进口商品的价格越低,其进口关税税率越高。滑准税的特点是可保持实行滑准税商品的国内市场价格的相对稳定,而不受国际市场价格波动的影响。我国目前对棉花实行滑准税。

(二)出口关税税率

我国出口税则为一栏税率,即出口税率。国家仅对少数资源性产品及易于竞相杀价、盲目进口、需要规范出口秩序的半制成品征收出口关税。现行税则对100余种商品计征出口关税,主要是鳗鱼苗、部分有色金属矿砂及其精矿、生锑、磷、氟钽酸钾、苯、山羊板皮、部分铁合金、钢铁废碎料、铜和铝原料及其制品等。但对上述范围内的部分商品实行0%～25%的暂定税率,此外,根据需要对其他200多种商品征收暂定税率。与进口暂定税率一样,出口暂定税率优先适用于出口税则中规定的出口税率。

(三)特别关税

特别关税包括报复性关税、反倾销税与反补贴税、保障性关税。征收特别关税的货物、适用国别、税率、期限和征收办法,由国务院关税税则委员会决定,海关总署负责实施。

报复性关税,是指为报复他国对本国出口货物的关税歧视,而对相关国家的进口货物征收的一种进口附加税。

反倾销税与反补贴税,是指进口国海关对国外的倾销商品,在征收关税的同时附加征收的一种特别关税,其目的在于抵消他国的补贴。

保障性关税,是指当某类商品进口量剧增,对我国相关产业带来巨大威胁或损害时,按照WTO有关规则,可以启动一般保障措施,以保护国内相关产业不受损害。

(四)税率的运用

进出口货物,应当依照税则规定的归类原则归入合适的税号,并按照适用的税率征税。我国《进出口关税条例》和《中华人民共和国海关进出口货物征税管理办法》(以下简称《进出口货物征税管理办法》)对税率的运用作出了明确规定,具体如下:

（1）进出口货物,应当适用海关接受该货物申报进口或者出口之日实施的税率。

（2）进口货物到达前,经海关核准先行申报的,应当适用装载该货物的运输工具申报进境之日实施的税率。

（3）进口转关运输货物,应当适用指运地海关接受该货物申报进口之日实施的税率;货物运抵指运地前,经海关核准先行申报的,应当适用装载该货物的运输工具抵达指运地之日实施的税率。

（4）出口转关运输货物,应当适用启运地海关接受该货物申报出口之日实施的税率。

（5）经海关批准,实行集中申报的进出口货物,应当适用每次货物进出口时海关接受该货物申报之日实施的税率。

（6）因超过规定期限未申报而由海关依法变卖的进口货物,其税款计征应当适用装载该货物的运输工具申报进境之日实施的税率。

（7）因纳税义务人违反规定需要追征税款的进出口货物,应当适用违反规定的行为发生之日实施的税率;行为发生之日不能确定的,适用海关发现该行为之日实施的税率。

（8）已申报进境并放行的保税货物、减免税货物、租赁货物或者已申报进出境并放行的暂时进出境货物,有下列情形之一需缴纳税款的,应当适用海关接受纳税义务人再次填写报关单申报办理纳税及有关手续之日实施的税率:

①保税货物经批准不复运出境的。

②保税仓储货物转入国内市场销售的。

③减免税货物经批准转让或者移作他用的。

④可暂不缴纳税款的暂时进出境货物,经批准不复运出境或者进境的。

⑤租赁进口货物,分期缴纳税款的。

（9）补征和退还进出口货物关税,应当按照前述规定确定适用的税率。

六、关税的优惠政策

关税减免是对某些纳税人和纳税对象给予鼓励和照顾的一种特殊调节手段。关税减免分为法定减免税、特定减免税和临时减免税。根据《海关法》的规定,除法定减免税外的其他减免税均由国务院决定。

（一）法定减免税

法定减免税是税法中明确列出的减税或免税。符合税法规定可予减免税的进出口货物,纳税义务人无须提出申请,海关可按规定直接予以减免税。海关对法定减免税货物一般不进行后续管理。

我国《海关法》和《进出口关税条例》明确规定,下列货物、物品予以减免关税:

（1）关税税额在人民币 50 元以下的一票货物,可免征关税。

（2）无商业价值的广告品和货样,可免征关税。

（3）外国政府、国际组织无偿赠送的物资,可免征关税。

（4）进出境运输工具装载的途中必需的燃料、物料和饮食用品,可予免税。

（5）在海关放行前损失的货物,可免征关税。

（6）在海关放行前遭受损坏的货物,可以根据海关认定的受损程度减征关税。

(7)我国缔结或者参加的国际条约规定减征、免征关税的货物、物品,按照规定予以减免关税。

(8)法律规定减征、免征关税的其他货物、物品。

（二）特定减免税

特定减免税也称政策性减免税。在法定减免税之外,国家按照国际通行规则和我国实际情况,制定发布的有关进出口货物减免关税的政策,称为特定或政策性减免税。特定减免税货物一般有地区、企业和用途的限制,海关需要进行后续管理,也需要进行减免税统计。如科教用品、残疾人专用品、慈善捐赠物资等。

（三）临时减免税

临时减免税是指以上法定和特定减免税以外的其他减免税,即由国务院根据《海关法》对某个单位、某类商品、某个项目或某批进出口货物的特殊情况,给予特别照顾,一案一批,专文下达的减免税,一般有单位、品种、期限、金额或数量等限制,不能比照执行。

任务二　关税计算

一、关税完税价格的确定

对于以从价计征为主的关税,海关在征税时必须确定一个计征关税的价格,也就是经海关审定作为计征关税依据的完税价格。完税价格的确定是关税征管程序中重要和复杂的一环。

目前,世界各国海关大多采用以课税对象的价格为课税标准对进出境货物征收关税。经海关审查并确定作为课税标准,据以计征关税的货物价格称为完税价格。海关确定货物的完税价格的过程称为海关估价。

（一）一般进口货物的完税价格

1. 以成交价格为基础的完税价格

根据《海关法》规定,进口货物的完税价格包括货物的货价、货物运抵我国境内输入地点起卸前的运输及其相关费用、保险费。我国境内输入地为入境海关地,包括内陆河、江口岸,一般为第一口岸。货物的货价以成交价格为基础。进口货物的成交价格是指买方为购买该货物,并按《中华人民共和国海关审定进出口货物完税价格办法》有关规定调整后的实付或应付价格。

其中的成交价格指卖方向中华人民共和国境内销售该货物时买方为进口该货物向卖方支付的价款,包括直接支付的价款和间接支付的价款总额,并按照规定进行调整后得到海关审定确认的价格。

以上所称的"调整"主要是指可以从成交价格中扣除或需要计入完税价格的各种款项。其中应当计入完税价格的费用如下。

(1)由买方负担的除购货佣金以外的佣金和经纪费。"购货佣金"指买方为购买进口货物向自己的采购代理人支付的劳务费用。"经纪费"指买方为购买进口货物向代表买卖双方利益的经纪人支付的劳务费用。

（2）由买方负担的与该货物视为一体的容器费用。

（3）由买方负担的包装材料和包装劳务费用。

（4）与该货物的生产和向中华人民共和国境内销售有关的，由买方以免费或者低于成本的方式提供并可以按适当比例分摊的料件、工具、模具、消耗材料及类似货物的价款，以及在境外开发、设计等相关服务的费用。

（5）与该货物有关并作为卖方向我国进口企业销售货物的一项条件，应当由买方直接或间接支付的特许权使用费。

（6）卖方直接或者间接从买方获得的该货物进口后转售、处置或者使用的收益。

下列费用，如能与该货物实付或应付价格区分，不得计入完税价格。

（1）厂房、机械、设备等货物进口后的基建、安装、装配、维修和技术服务的费用。

（2）货物运抵境内输入地点之后的运输以及相关费用、保险费。

（3）进口关税及其他国内税。

（4）为在境内复制进口货物而支付的费用。

（5）境内外技术培训及境外考察费用。

【学习案例 4-1】

我国某进出口公司从美国进口一批化工原料共 500 吨，货物以境外口岸离岸价格成交，单价折合人民币为每吨 20 000 元，买方承担包装费每吨 500 元，另向卖方支付佣金每吨 1 000 元人民币，向自己的采购代理人支付佣金 5 000 元人民币，已知该货物运抵中国海关境内输入地起卸前的包装、运输、保险和其他劳务费用为每吨 2 000 元人民币，进口后另发生运输和装卸费用 300 元人民币/吨。计算该批化工原料的关税完税价格。

【解析】

根据规定，计入进口货物完税价格的，包括货价、支付的佣金（不包括买方向自己的采购代理人支付的购货佣金）、买方负担的包装费和容器费、进口途中的运费（不包括进口后发生的运输装卸费）。所以，该批化工原料的关税完税价格应为：

关税完税价格＝(20 000＋500＋1 000＋2 000)×500＝11 750 000(元)

2.进口货物海关估价方法

进口货物的价格不符合成交价格条件或者成交价格不能确定的，海关应当依次以相同货物成交价格方法、类似货物成交价格方法、倒扣价格方法、计算价格方法及其合理方法确定的价格为基础，估定完税价格。如果进口货物的收货人提出要求，并提供相关资料，经海关同意，可以选择倒扣价格方法和计算价格方法的适用次序。

（1）相同或类似货物成交价格方法。该估价方法是指从该项进口货物的同一出口国或者地区购进的相同货物或类似货物的成交价格。"相同货物"指除包装的差异、外形上的微小差别外，其他方面如功能、性能指标、理化性质、材料构成、用途、质量、信誉都相同。"类似货物"是指具有类似原理和结构、类似特性、类似组成材料，并有同样的使用价值，而且在功能上与商业上可以互换的货物。

（2）倒扣价格方法。该方法是指以被估的进口货物、相同或类似进口货物在境内销售的价格为基础估定的完税价格。按该价格销售的货物应当同时符合五个条件，即：①在被估货物进口时或大约同时销售；②按照进口时的状态销售；③在境内第一环节销售；④合计的货物销售总量最大；⑤向境内无特殊关系方的销售。

（3）计算价格方法。计算价格方法即按下列各项的总和计算出的价格估定完税价格。应当包括以下三项：一是生产该货物所使用的原材料价值和进行装配或其他加工的费用；二是与向境内出口销售同等级或同种类货物的利润、一般费用相符的利润和一般费用；三是运抵境内输入地点起卸前的运输及相关费用、保险费。

（4）其他合理方法估定的价格。按照前三项的规定，仍不能确定货物的成交价格时，进口货物的完税价格，由海关以在境内获取的数据资料为基础估定完税价格。

（二）特殊进口货物的完税价格

1. 运往境外修理的货物

运往境外修理的机械器具、运输工具或其他货物，出境时已向海关报明，并在海关规定期限内复运进境的，应当以海关审定的境外修理费和料件费，以及该货物复运进境的运输及其相关费用、保险费估定完税价格。

2. 运往境外加工的货物

运往境外加工的货物，出境时已向海关报明，并在海关规定期限内复运进境的，应当以海关审定的境外加工费和料件费，以及该货物复运进境的运输及其相关费用、保险费估定完税价格。

3. 暂时进境货物

对于经海关批准的暂时进境的货物，应当按照一般进口货物估价办法的规定，估定完税价格。

4. 租赁方式进口货物

租赁方式进口的货物中，以租金方式对外支付的租赁货物，在租赁期间以海关审定的租金作为完税价格，利息应当予以计入；留购的租赁货物，以海关审定的留购价格作为完税价格；承租人申请一次性缴纳税款的，经海关同意按照一般进口货物估价办法的规定估定完税价格。

5. 留购的进口货样

对于境内留购的进口货样、展览品和广告陈列品，以海关审定的留购价格作为完税价格。

6. 予以补税的减免税货物

减税或免税进口的货物需补税时，应当以海关审定的该货物原进口时的价格，扣除折旧部分作为完税价格，其计算公式如下：

$$完税价格 = \frac{海关审定的货物}{原进口时的价格} \times \frac{1-补税时实际已进口的时间（月）}{监管年限 \times 12}$$

公式中，补税时实际已进口的时间按月计算，不足 1 个月但是超过 15 日的，按照 1 个月计算，不超过 15 日的，不予计算。

（三）出口货物的完税价格

1. 以成交价格为基础的完税价格

出口货物的完税价格，由海关以该货物向境外销售的成交价格以及该货物运至我国境内输出地点装卸前的运输及相关费用、保险费为基础审定,但不包括出口关税税额。

出口货物的成交价格,是指该货物出口销售到我国境外时买方向卖方实付或应付的价格,但下列费用应予扣除:

(1)成交价格中含有支付给国外的佣金,与货物成交价格分列的,应予扣除;未单独列明的,则不予扣除。

(2)出口货物的销售价格如果包括离境口岸至境外口岸之间的运费、保险费的,该运费、保险费应予扣除。

出口货物完税价格的计算公式为:

$$完税价格＝离岸价格÷(1＋出口关税税率)$$

【学习案例 4-2】

我国某进出口公司出口某种应税产品一批,离开我国口岸价格为 600 万元,假定该种产品出口关税的税率为 30%。纳税人在计算关税时,以 600 万元作为完税价格计算应纳关税税额,这样计算对吗?

【解析】

以离岸价 600 万元作为完税价格计算应纳关税税额显然是错误的。出口货物应以海关审定的离岸价格扣除出口关税后作为完税价格,因此:

$$完税价格＝600÷(1＋30\%)＝461.54(万元)$$

2.由海关估定完税价格

出口货物的成交价格不能确定时,完税价格由海关依次使用下列方法估定:

(1)同时或大约同时向同一国家或者地区出口的相同货物的成交价格;

(2)同时或大约同时向同一国家或者地区出口的类似货物的成交价格;

(3)根据境内生产相同或类似货物的成本、利润和一般费用、境内发生的运输及其相关费用、保险费计算所得的价格;

(4)如果按照以上方法仍不能确定的,由海关用其他合理方法估定价格。

二、关税应纳税额的计算

(一)进口货物应纳关税

1.从价税应纳税额的计算

$$关税税额＝应税进口货物数量×单位完税价格×税率$$

其具体分为以下几种情况:

(1)以我国口岸到岸价格(CIF)成交的,或者和我国毗邻的国家以两国共同边境地点交货价格成交的进口货物,其成交价格即为完税价格。应纳关税计算公式为:

$$应纳进口关税税额＝CIF×关税税率$$

【学习案例 4-3】

我国某进出口公司 2019 年 5 月从美国进口一批化工原料,到岸价格为 CIF 上海 USD 800 000 元,另外在货物成交过程中,公司向卖方支付佣金 USD40 000 元,已知当时外汇牌价为 USD100＝¥683,该原料的进口关税税率为 18%。计算该公司进口该批货物应纳的关税税额。

【解析】

该批原料的完税价格包括到岸价格和支付给卖方的佣金,故:

完税价格＝(800 000＋40 000)×6.83＝5 737 200(元)

应纳进口关税税额＝5 737 200×18％＝1 032 696(元)

(2)以国外口岸离岸价(FOB)或国外口岸到岸价格成交的,应另加从发货口岸或国外交货口岸运到我国口岸以前的运杂费和保险费作为完税价格。应纳关税的计算公式为:

$$应纳进口关税税额＝(FOB＋运杂费＋保险费)×关税税率$$

在国外口岸成交情况下,完税价格中包括的运杂费、保险费,原则上应按实际支付的金额计算,若无法得到实际支付金额,也可以外贸系统海运进口运杂费率或按协商规定的固定运杂费率计算运杂费,保险费按中国人民保险公司的保险费费率计算。其计算公式为:

$$应纳进口关税税额＝(FOB＋运杂费)÷(1－保险费费率)×关税税率$$

【学习案例 4-4】

宏远公司委托天兴进出口贸易公司代理进口一批材料。该批材料实际支付离岸价为USD480 000,海外运输费、包装费、保险费共计 USD20 000(支付日市场汇率为 1 美元＝6.70 元人民币),进口报关当日中国人民银行公布的市场汇率为 1 美元＝6.65 元人民币,进口关税税率为 20％。计算该公司进口该批货物应纳的关税税额。

【解析】

应纳进口关税税额＝(480 000＋20 000)×6.65×20％＝665 000(元)

(3)以国外口岸离岸价加运费(即 CFR 价格)成交的,应另加保险费作为完税价格。其计算公式为:

$$应纳进口关税税额＝(CFR＋保险费)×关税税率＝CFR÷(1－保险费费率)×关税税率$$

【学习案例 4-5】

某企业从中国香港进口原产地为韩国的设备 3 台,该设备的总成交价格为 CFR 上海港 HKD180 000,保险费费率为 3‰,设备进口关税税率为 10％,当日外汇牌价 HKD100＝¥83,则:

完税价格＝180 000×0.83÷(1－3‰)＝149 849.55(元)

应纳进口关税税额＝149 849.55×10％＝14 984.96(元)

(4)特殊进口商品关税的计算。特殊进口货物种类繁多,需在确定完税价格的基础上再计算应纳税额。其应纳关税的计算公式为:

$$应纳进口关税税额＝特殊进口货物完税价格×关税税率$$

【学习案例 4-6】

某企业 2019 年将以前年度进口的设备运往境外修理,设备进口时成交价格为 58 万元,发生境外运费和保险费共计 6 万元;在海关规定的期限内复运进境,进境时同类设备价格为 65 万元;发生境外修理费 8 万元、料件费 9 万元,境外运输费和保险费共计 3 万元,进口关税税率为 20％。计算该设备复运进境时应纳的进口关税税额。

【解析】

运往境外修理的机械器具、运输工具或其他货物,出境时已向海关报明,并在海关规定期限内复运进境的,应当以海关审定的境外修理费和料件费为完税价格。

应纳进口关税税额＝(8＋9)×20％＝3.4(万元)

2.从量税应纳税额的计算

应纳进口关税税额＝应税进口货物数量×单位货物税额

3.复合税应纳税额的计算

我国目前实行的复合税都是先计征从量税,再计征从价税。

$$应纳进口关税税额＝\frac{应税进口}{货物数量}×\frac{单位货}{物税额}＋\frac{应税进口}{货物数量}×\frac{单位完}{税价格}×关税税率$$

(二)出口货物应纳关税

1.从价税应纳税额的计算

应纳出口关税税额＝应税出口货物数量×单位完税价格×关税税率

其具体分为以下几种情况:

(1)以我国口岸离岸价格(FOB)成交的出口关税计算公式为:

应纳出口关税税额＝FOB÷(1＋关税税率)×关税税率

(2)以国外口岸到岸价格(CIF)成交的出口关税计算公式为:

应纳出口关税税额＝(CIF－保险费－运费)÷(1＋关税税率)×关税税率

(3)以国外口岸价格加运费价格(CFR)成交的出口关税计算公式为:

应纳出口关税税额＝(CFR－运费)÷(1＋关税税率)×关税税率

【学习案例4-7】

某进出口公司自营出口商品一批,我国口岸FOB价格折合人民币为720 000元,出口关税税率为20％,根据海关开出的专用缴款书,以银行转账支票付讫税款。计算该公司应纳的出口关税税额。

【解析】

应纳出口关税税额＝720 000÷(1＋20％)×20％＝120 000(元)

2.从量税应纳税额的计算

应纳出口关税税额＝应税出口货物数量×单位货物税额

3.复合税应纳税额的计算

我国目前实行的复合税都是先计征从量税,再计征从价税。

$$\frac{应纳出口}{关税税额}＝\frac{应税出口}{货物数量}×\frac{单位货}{物税额}＋\frac{应税出口}{货物数量}×\frac{单位完}{税价格}×关税税率$$

任务三　关税纳税申报

一、关税的申报及缴纳

进口货物的纳税义务人应当自运输工具申报进境之日起14日内,出口货物的纳税义务人除海关特准的外,应当在货物运抵海关监管区后、装货的24小时以前,向货物的进出境地海关申报,海关根据税则归类和完税价格计算应缴纳的关税和进口环节代征税,并填发税款缴款书。纳税义务人应当自海关填发税款缴款书之日起 15 日内,向指定银行缴纳税款。

我国现行进(出)口关税纳税申报表,即海关进(出)口货物报关单的格式参考表 4-1、表 4-2。

表 4-1 中华人民共和国海关进口货物报关单

预录入编号: 海关编号:

进口口岸		备案号		进口日期		申报日期	
经营单位		运输方式	运输工具名称			提运单号	
收货单位		贸易方式		征免性质		征税比例	
许可证号	启运国(地区)		装货港			境内目的地	
批准文号	成交方式	运费		保费		杂费	
合同协议号	件数		包装种类	毛重(千克)		净重(千克)	
集装箱号	随件单证					用途	
标记唛码及备注							
项号	商品编号	商品名称、规格型号	数量及单位	原产国(地区)	单价	总价	币制	征免
税费征收情况								
录入员　录入单位	兹声明以上申报无讹并承担法律责任		海关审单批注及放行日期(签章)	
报关员			审单　　　　审价	
单位地址:	申报单位(签章)		征税　　　　统计	
邮编:　电话:	填制日期:		查验　　　　放行	

表 4-2 中华人民共和国海关出口货物报关单

预录入编号: 海关编号:

出口口岸		备案号		出口日期		申报日期	
经营单位		运输方式	运输工具名称			提运单号	
收货单位		贸易方式		征免性质		征税比例	
许可证号	启运国(地区)		装货港			境外目的地	
批准文号	成交方式	运费		保费		杂费	
合同协议号	件数		包装种类	毛重(千克)		净重(千克)	
集装箱号	随件单证					用途	
标记唛码及备注							
项号	商品编号	商品名称、规格型号	数量及单位	原产国(地区)	单价	总价	币制	征免
税费征收情况								
录入员　录入单位	兹声明以上申报无讹并承担法律责任		海关审单批注及放行日期(签章)	
报关员			审单　　　　审价	
单位地址:	申报单位(签章)		征税　　　　统计	
邮编:　电话:	填制日期:		查验　　　　放行	

二、关税的强制措施

纳税义务人未在关税缴纳期限内缴纳税款,即构成关税滞纳。为保证海关关税征收的有效执行和国家财政收入的及时入库,《海关法》赋予海关对滞纳关税的纳税义务人强制执行的权力。强制措施主要有两类:

一是征收关税滞纳金。滞纳金自关税缴纳期限届满之日起,至纳税义务人缴清关税之日止,按滞纳税款万分之五的比例按日征收,周末或法定节假日不予扣除。具体计算公式为:

$$关税滞纳金金额=滞纳关税税额×滞纳金征收比率×滞纳天数$$

滞纳金的起征点为 50 元。

二是强制征收。如纳税义务人自缴款期限届满之日起 3 个月仍未缴纳税款,经海关关长批准,海关可以采取强制扣缴、变价抵缴等强制措施。强制扣缴即海关从纳税义务人在其开户银行或者其他金融机构的存款中直接扣缴税款。变价抵缴即海关将应税货物依法变卖,以变卖所得抵缴税款。

三、关税的退还

根据《海关法》规定,海关多征的税款,海关发现后应当立即退还。具体规定是:海关发现多征税款的,应当立即通知纳税义务人办理退税手续。纳税义务人应当自收到海关通知之日起 3 个月内办理有关退税手续。

有下列情形之一的,进出口货物的纳税义务人可以自缴纳税款之日起 1 年内,书面声明理由,连同原纳税收据向海关申请退税并加算银行同期活期存款利息,逾期不予受理:

(1)因海关误征,多纳税款的。

(2)海关核准免验进口的货物,在完税后,发现有短缺情形,经海关审查认可的。

(3)已征出口关税的货物,因故未将其运出口,申报退关,经海关查验属实的。

海关应当自受理退税申请之日起 30 日内,作出书面答复并通知退税申请人。

四、关税的补征和追征

关税的补征和追征是海关在纳税人按海关规定缴纳关税后,发现实际征收税额少于应当征收的税额时,责令纳税人补缴所差税款的一种行政行为。

关税的补征是指非因纳税人违反海关规定造成的少征关税。根据《海关法》的规定,进出境货物或物品放行后,海关发现少征或漏征税款,应当自缴纳税款或者货物、物品放行之日起 1 年内,向纳税人补征。

关税的追征是由于纳税人违反海关规定造成的少征关税。因纳税人违反规定而造成的少征或者漏征的税款,自纳税人应缴纳税款之日起 3 年以内可以追征,并从缴纳税款之日起按日加收少征或者漏征税款万分之五的滞纳金。

五、关税的纳税争议

为保护纳税人的合法权益,《海关法》和《进出口关税条例》都规定了纳税人对海关确定的进出口货物的征税、减税、补税或者退税等有异议时,有提出申诉的权利。在纳税义务人同海关发生纳税争议时,可以向海关申请复议,但同时应当在规定期限内按海关核定的税额缴纳关税,逾期则构成滞纳,海关有权按规定采取强制执行措施。

纳税争议的内容一般为进出境货物和物品的纳税人对海关在原产地认定、税则归类、税率或汇率适用、完税价格确定以及关税减征、免征、追征、补征和退还等征税行为是否合法或适当,是否侵害了纳税义务人的合法权益,而对海关征收关税的行为表示异议。

纳税争议的申诉程序为:纳税义务人自海关填发税款缴款书之日起 30 日内,向原征税海关的上一级海关书面申请复议。逾期申请复议的,海关不予受理。海关应当自收到复议申请之日起 60 日内作出复议决定,并以复议决定书的形式正式答复纳税人;纳税人对海关复议决定仍然不服的,可以自收到复议决定书之日起 15 日内,向人民法院提起诉讼。

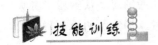

技能训练

一、单项选择题

1.关税纳税义务人应当自海关填发税款缴款书之日起( )日内,向指定银行缴纳税款。

A. 7   B.15   C.30   D.90

2.下列关于进口关税完税价格的表述中,正确的是( )。

A.进口货物应当以成交价格为完税价格

B.完税价格不包括进口环节缴纳的各项税金

C.如果买卖双方有特殊关系,只能以成交价格确定完税价格

D.完税价格包括进口货物在境内运输途中发生的运费和保险费

3.某外贸企业出口一批货物,离岸价为 5 万美元(汇率 1∶8.4),该批出口货物应纳的关税为( )万元(出口关税税率为 20%)。

A.7   B.8.33   C.8.4   D.10.5

4.除法定减免税之外的其他关税减免,权限属于( )。

A.财政部   B.国家税务总局   C.海关总署   D.国务院

5.陆运、空运、海运方式进口的货物的运费和保险费,应当按照实际支付的费用计算。如果进口货物的运费无法确定或未实际发生,海关应当按照该货物进口同期运输行业公布的运费率(额)计算运费;按照"货价加运费"两者总额的( )计算保险费。

A.0.1%   B.0.3%   C.0.5%   D.0.2%

6.下列不属于关税纳税义务人的是( )。

A.进口货物的收货人   B.出口货物的发货人

C.邮递出口物品的寄件人   D.进境物品的所有人

二、多项选择题

1. 下列物品中,应当征收关税的有( )。

A. 入境旅客随身携带的行李物品

B. 邮递入境的物品

C. 运输工具上服务人员入境时携带的自用物品

D. 出境旅客随身携带的行李物品

2. 目前,我国进口关税税则设有( )。

A. 最惠国税率　　　B. 协定税率　　　　C. 优惠税率　　　　　　D. 普通税率

3. 下列各项中,属于关税的纳税义务人的是( )。

A. 进口货物的收货人　　　　　　B. 出口货物的发货人

C. 进口货物的发货人　　　　　　D. 进境物品的所有人

4. 下列各项中,应计入出口货物完税价格的有( )。

A. 出口关税税额

B. 货物运至我国境内输出地点装载前的保险费用

C. 该货物向境外销售的成交价格

D. 货物运至我国境内输出地点装载前的运输费用

5. 下列各项中,属于关税征税对象的有( )。

A. 贸易性商品

B. 个人邮寄物品

C. 入境旅客随身携带的高级化妆品

D. 获赠的进入国境的个人使用的小汽车

三、案例分析题

1. 某化妆品生产企业为增值税一般纳税人,2019 年 6 月上旬从国外进口一批散装高档化妆品,支付给国外的货价为 100 万元,相关税金为 5 万元,运抵我国海关前的运杂费和保险费为 20 万元;进口机器设备一套,支付给国外的货价为 40 万元,运抵我国海关前的运杂费和保险费为 10 万元。散装高档化妆品和机器设备均已验收入库(高档化妆品的进口关税税率为 40%,消费税税率为 15%;机器设备的进口关税税率为 20%)。计算该企业在进口环节应缴纳的关税、消费税、增值税。

2. 某进出口公司进口一批冰箱,境外口岸成交价格为 500 万元,这批货物运抵我国关境输入地点起卸前发生运输费用 20 万元、保险费用 10 万元、装卸费用 10 万元,假定关税税率为 10%。计算进口该批冰箱应缴纳的关税税额。

项目五 企业所得税实务

1. 掌握企业所得税的概念；
2. 掌握企业所得税纳税义务人、纳税对象的定义；
3. 掌握居民企业纳税人、非居民企业纳税人使用税率的判定；
4. 掌握企业所得税税额的计算方法；
5. 掌握企业应缴纳所得税的核定；
6. 掌握企业所得税月(季)度预缴纳税申报表、企业所得税年度纳税申报表及相关附表的填报。

1. 能正确确定企业所得税应纳税所得额；
2. 能进行居民企业和非居民企业的企业所得税计算；
3. 能向其他财会人员宣传企业所得税法规政策，共同进行纳税筹划；
4. 能填制企业所得税月(季)度预缴纳税申报表、企业所得税年度纳税申报表及相关附表。

本项目是全书的重点之一，比较全面、系统地阐述了《中华人民共和国企业所得税法》（以下简称《企业所得税法》）的基本内容，在此基础上，对企业所得税的纳税调整、应纳税所得额的形成过程、应纳所得税额的具体计算按纳税申报表的填制流程进行了详细的阐述，并进行了举例说明。所得税作为直接税是我国税制体系中的重要税种，同时也是所有税制中优惠政策最多、内容最复杂、纳税筹划空间最大的一种税，正确运用好所得税的优惠政策、合理安排企业的经济业务活动将会给企业带来更多的经济利益。

任务一　企业所得税认知

一、企业所得税概述

（一）企业所得税的含义

企业所得税是以企业取得的生产经营所得和其他所得为征税对象所征收的一种税，是政府参与企业利润分配的重要手段，也是纳税人的一项重要税收支出。现行的《企业所得税法》于 2007 年 3 月 16 日第十届全国人民代表大会第五次会议通过，自 2008 年 1 月 1 日起施行，2017 年和 2018 年先后两次进行修正。

（二）企业所得税的特点

1.计税依据为应纳税所得额

企业所得税的计税依据是纳税人的收入总额扣除各项成本、费用、税金、损失等支出后的净所得额，它既不等于企业实现的会计利润额，也不是企业的增值额。因此，企业所得税是一种不同于商品劳务税的税种。

2.计征比较复杂

企业所得税的计税依据是净所得，因此应纳税所得额的计算必然涉及一定时期的成本、费用的归集与分配，较之于对流转额征税，计算和征收的难度要大；加上政府为了堵塞漏洞，法律规定了税前扣除与非扣除项目，所得税的计征就更加复杂。

3.体现量能负担原则

企业所得税对净所得征税，所得多多征，所得少少征，无所得不征，照顾了纳税人的负担能力。

4.按年计征，分期预缴

企业所得税税款征收采用按年计征，分期预缴的办法。

二、企业所得税的纳税人

（一）纳税人的基本规定

现行企业所得税实行法人所得税制，以"在中华人民共和国境内，企业和其他取得收入的组织"为企业所得税的纳税人。换言之，具有法人资格的企业和其他取得收入的组织应该缴纳企业所得税。依照中国法律成立的个人独资企业、合伙企业由于不具有法人资格，因此不适用企业所得税法，而是适用个人所得税法，其投资者个人的生产经营所得依照个人所得税法中的"经营所得"项目，按照 5％～35％的超额累进税率缴纳个人所得税。

（二）居民企业和非居民企业的划分

现行税法不仅实行法人所得税制，而且参照国际惯例，将纳税人分为"居民企业"和"非居民企业"。

1.居民企业

居民企业是指依法在中国境内成立，或者依照外国（地区）法律成立但实际管理机构在中国境内的企业,即现行税法以注册地或实际管理机构其一在中国境内这一"单一具备"原则作为判断居民企业的标准。

(1)登记注册地标准。依法在中国境内成立的企业,包括依照中国法律、行政法规在中国境内成立的企业、事业单位、社会团体以及其他取得收入的组织,属于居民企业。

(2)实际管理机构标准。实际管理机构是指对企业的生产经营、人员、账务、财产等实施实质性全面管理和控制的机构。

2.非居民企业

非居民企业是指依照外国(地区)法律成立且实际管理机构不在中国境内,但在中国境内设立机构、场所的,或者在中国境内未设立机构、场所,但有来源于中国境内所得的企业。

机构、场所是指在中国境内从事生产经营活动的机构、场所,具体包括以下机构、场所。

(1)管理机构、营业机构、办事机构。

(2)工厂、农场、开采自然资源的场所。

(3)提供劳务的场所。

(4)从事建筑、安装、装配、修理、勘探等工程作业的场所。

(5)其他从事生产经营活动的机构、场所。

非居民企业委托营业代理人在中国境内从事生产经营活动的,包括委托单位和个人经常代其签订合同,或者储存、交付货物等,该营业代理人视为非居民企业在中国境内设立的机构、场所。

(三)居民企业和非居民企业的纳税义务

在所得税法中划分居民企业与非居民企业的主要目的是确定纳税人的纳税义务。

1.居民企业承担全面纳税义务

居民企业就其来源于中国境内、境外的所得缴纳企业所得税。

2.非居民企业承担有限纳税义务

非居民企业仅就其来源于中国境内所得部分纳税。具体规定如下:

(1)非居民企业在中国境内设立机构、场所的,应当就其所设机构、场所取得的来源于中国境内的所得,以及发生在中国境外但与其所设机构、场所有实际联系的所得,缴纳企业所得税。

其中实际联系,是指非居民企业在中国境内设立的机构、场所拥有据以取得所得的股权、债权,以及拥有、管理、控制据以取得所得的财产等。

(2)非居民企业在中国境内未设立机构、场所的,或者虽设立机构、场所但取得的所得与其所设机构、场所没有实际联系的,应当就其来源于中国境内的所得缴纳企业所得税。

在这种情况下征收的企业所得税被称为预提所得税。预提所得税不是一个单独的税种,而是一种税款的缴纳方式。

(四)所得来源地的确定原则

来源于中国境内、境外的所得,按照以下原则确定:

(1)销售货物所得,按照交易活动发生地确定。

（2）提供劳务所得，按照劳务发生地确定。

（3）转让财产所得。不动产转让所得按照不动产所在地确定，动产转让所得按照转让动产的企业或者机构、场所所在地确定，权益性投资资产转让所得按照被投资企业所在地确定。

（4）股息、红利等权益性投资所得，按照分配所得的企业所在地确定。

（5）利息所得、租金所得、特许权使用费所得，按照负担、支付所得的企业或者机构、场所所在地确定，或者按照负担、支付所得的个人的住所地确定。

（6）其他所得，由国务院财政、税务主管部门确定。

三、企业所得税的征税对象

企业所得税的征税对象是企业的生产经营所得和其他所得，包括销售货物所得、提供劳务所得、转让财产所得、股息红利等权益性投资所得、利息所得、租金所得、特许权使用费所得、接受捐赠所得和其他所得。

四、企业所得税税率

企业所得税的税率为 25%。在此基础上，规定了照顾性税率、高新技术企业的税率和预提所得税税率。

（一）照顾性税率

为鼓励小型微利企业的发展，对其实行 20% 的照顾性税率。小型微利企业，是指从事国家非限制和禁止行业，并符合下列条件的企业：

（1）工业企业，年度应纳税所得额不超过 30 万元，从业人数不超过 100 人，资产总额不超过 3 000 万元。

（2）其他企业，年度应纳税所得额不超过 30 万元，从业人数不超过 80 人，资产总额不超过 1 000 万元。

如果企业上一年度发生亏损，可用当年应纳税所得额予以弥补，按弥补亏损后的应纳税所得额来确定适用税率。

（二）高新技术企业的税率

对于国家需要重点扶持的高新技术企业，减按 15% 的税率征收企业所得税。

（三）预提所得税税率

预提所得税是指非居民企业在中国境内未设立机构、场所的，或者虽设立机构、场所但取得的所得与其所设机构、场所没有实际联系的，应当就其来源于中国境内的所得缴纳企业所得税。

税法规定预提所得税税率为 20%，在《中华人民共和国企业所得税法实施条例》（以下简称《企业所得税法实施条例》）税收优惠中，规定：非居民企业在中国境内未设立机构、场所的，或者虽设立机构、场所但取得的所得与其所设机构、场所没有实际联系的，减按 10% 税率征收企业所得税。因此，预提所得税实际适用的税率是 10%。

五、企业所得税的优惠政策

税收优惠政策是指为了照顾某些纳税人的特殊情况而给予减征或免征所得税款的规

定。它是税法原则性和灵活性相结合的体现,是发挥税收特殊调节作用的重要手段。根据《企业所得税法》《企业所得税法实施条例》及现行的有关法规,我国从 2008 年 1 月 1 日起企业所得税的减免优惠政策主要有以下五个方面:

(一)促进技术创新和科技进步

(1)对国家需要重点扶持的高新技术企业,减按 15% 的税率征收企业所得税。国家需要重点扶持的高新技术企业,必须同时符合下列条件:

①拥有核心自主知识产权;

②产品(服务)属于"国家重点支持的高新技术领域"规定的范围;

③有关比例符合规定标准,即研究开发费用占销售收入的比例、高新技术产品(服务)收入占企业总收入的比例、科技人员占企业职工总数的比例不低于规定比例;

④《高新技术企业认定管理办法》规定的其他条件。

(2)对经济特区(深圳、珠海、汕头、厦门和海南)和上海浦东新区在 2008 年 1 月 1 日(含)之后完成登记注册的国家需要重点扶持的高新技术企业(以下简称新设高新技术企业),在经济特区和上海浦东新区内取得的所得,自取得第一笔生产经营收入所属纳税年度起,第一年至第二年免征企业所得税,第三年至第五年按照 25% 的法定税率减半征收企业所得税。

(3)企业为开发新技术、新产品、新工艺发生的研究开发费用,未形成无形资产计入当期损益的,在按照规定据实扣除的基础上,按照研究开发费用的 50% 加计扣除;形成无形资产的,按照无形资产成本的 150% 摊销。在 2018 年 1 月 1 日到 2020 年 12 月 31 日期间,企业开展研发活动中实际发生的研发费用加计扣除比例由 50% 提高至 75%;形成无形资产的,按无形资产成本的 175% 在税前摊销。

(4)创业投资企业采取股权投资方式投资于未上市的中小高新技术企业 2 年以上的,可以按照其投资额的 70% 在股权持有满 2 年的当年抵扣该创业投资企业的应纳税所得额;当年不足抵扣的,可以在以后纳税年度结转抵扣。

在北京、天津、河北、上海、广东、安徽、四川、武汉、西安、沈阳全面创新改革试验地区和苏州工业园区开展试点,从 2017 年 1 月 1 日起,对公司制创业投资企业采取股权投资方式直接投资于种子期、初创期科技型企业满 2 年的,可以按照投资额的 70% 在股权持有满 2 年的当年抵扣该公司制创业投资企业的应纳税所得额;当年不足抵扣的,可以在以后纳税年度结转抵扣。自 2017 年 7 月 1 日起,将享受这一优惠政策的投资主体由公司制和合伙制创投企业的法人合伙人扩大到个人投资者。自 2018 年 1 月 1 日起有关优惠政策推广到全国。

(5)企业的固定资产由于技术进步等原因,确需加速折旧的,可以缩短折旧年限或者采取加速折旧的方法。

可以采取缩短折旧年限或者采取加速折旧方法的固定资产包括:①由于技术进步,产品更新换代较快的固定资产;②常年处于强震动、高腐蚀状态的固定资产。

采取缩短折旧年限方法的,最低折旧年限不得低于规定折旧年限的 60%;采取加速折旧方法的,可以采取双倍余额递减法或者年数总和法。

(6)在一个纳税年度内,居民企业技术转让所得不超过 500 万元的部分,免征企业所得税;超过 500 万元的部分,减半征收企业所得税。

(7)关于鼓励软件产业和集成电路产业发展的优惠政策:

①软件生产企业实行增值税即征即退政策所退还的税款,由企业用于研究开发软件产品和扩大再生产,不作为企业所得税应税收入,不予征收企业所得税;

②我国境内新办软件生产企业经认定后,自获利年度起,第一年和第二年免征企业所得税,第三年至第五年减半征收企业所得税(即"两免三减半");

③国家规划布局内的重点软件生产企业,如当年未享受免税优惠的,减按 10% 的税率征收企业所得税;

④软件生产企业的职工培训费用,可按实际发生额在计算应纳税所得额时扣除;

⑤企事业单位购进软件,凡符合固定资产或无形资产确认条件的,可以按照固定资产或无形资产进行核算,经主管税务机关核准,其折旧或摊销年限可以适当缩短,最短可为 2 年;

⑥集成电路生产企业的生产性设备,经主管税务机关核准,其折旧年限可以适当缩短,最短可为 3 年;

⑦投资额超过 80 亿元人民币或集成电路线宽小于 0.25 微米的集成电路生产企业,可以减按 15% 的税率缴纳企业所得税,其中,经营期在 15 年以上的,从开始获利的年度起,5 年免税、5 年减半征税;

⑧对生产线宽小于 0.8 微米(含)集成电路产品的生产企业,经认定后,自获利年度起,2 年免税、3 年减半征收。

(二)鼓励基础设施建设

从事国家重点扶持的公共基础设施项目投资经营的所得,自项目取得第一笔生产经营收入所属纳税年度起,第一年至第三年免征企业所得税,第四年至第六年减半征收企业所得税。国家重点扶持的公共基础设施项目是指《公共基础设施项目企业所得税优惠目录》规定的港口码头、机场、铁路、公路、城市公共交通、电力、水利等项目,不包括企业承包经营、承包建设和内部自建自用的项目。

(三)扶持农、林、牧、渔业发展

(1)企业从事下列项目的所得,免征企业所得税:

①蔬菜、谷物、薯类、油料、豆类、棉花、麻类、糖料、水果、坚果的种植;

②农作物新品种的选育;

③中药材的种植;

④林木的培育和种植;

⑤牲畜、家禽的饲养;

⑥林产品的采集;

⑦灌溉、农产品初加工、兽医、农技推广、农机作业和维修等农、林、牧、渔服务业项目;

⑧远洋捕捞。

(2)企业从事下列项目的所得,减半征收企业所得税:

①花卉、茶以及其他饮料作物和香料作物的种植;

②海水养殖、内陆养殖。

企业从事国家限制和禁止发展的项目,不得享受企业所得税优惠。

(四)支持环境保护、节能节水、资源综合利用、安全生产

(1)从事符合条件的环境保护、节能节水项目的所得,自项目取得第一笔生产经营收入所属纳税年度起,第一年至第三年免征企业所得税,第四年至第六年减半征收企业所得税。

环境保护、节能节水项目包括公共污水处理、公共垃圾处理、沼气综合开发利用、节能减排技术改造、海水淡化等。

(2)企业以"资源综合利用企业所得税优惠目录"规定的资源作为主要原材料并符合规定比例,生产国家非限制和禁止并符合国家和行业相关标准的产品取得的收入,可以在计算应纳税所得额时减按90%计入收入总额。

(3)企业购置用于环境保护、节能节水、安全生产等专用设备投资额的10%可以从企业当年的应纳税额中抵免;当年不足抵免的,可以在以后5个纳税年度结转抵免。

购置环境保护、节能节水、安全生产设备是指企业购置并实际使用"环境保护专用设备企业所得税优惠目录""节能节水专用设备企业所得税优惠目录""安全生产专用设备企业所得税优惠目录"规定的专用设备。企业购置的专用设备在5年内转让、出租的,应当停止享受企业所得税优惠,并补缴已经抵免的企业所得税税款。

(五)促进公益事业和照顾弱势群体

(1)企业发生的公益性捐赠支出,在年度利润总额12%以内的部分,准予在计算应纳税所得额时扣除。

公益性捐赠,是指企业通过公益性社会团体或者县级以上人民政府及其部门,用于《中华人民共和国公益事业捐赠法》规定的公益事业的捐赠。年度利润总额,是指企业依照国家统一会计制度的规定计算的年度会计利润。

(2)企业安置残疾人员的,在按照支付给残疾职工工资据实扣除的基础上,按照支付给残疾职工工资的100%加计扣除。残疾人员的范围适用《中华人民共和国残疾人保障法》的有关规定。

(3)企业安置国家鼓励的其他就业人员所支付的工资,可以在计算应纳税所得额时加计扣除;国家鼓励安置的其他就业人员是指下岗失业人员、军队转业干部、城镇退役士兵、随军家属等。

(4)民族自治地方的自治机关对本民族自治地方的企业应缴纳的企业所得税中属于地方分享的部分,可以决定减征或者免征。自治州、自治县决定减征或者免征的,须报省、自治区、直辖市人民政府批准。

(5)自2018年1月1日至2020年12月31日,将小型微利企业年应纳税所得额上限提高到100万元,符合这一条件的小型微利企业所得减半计算应纳税所得额并按20%优惠税率缴纳企业所得税。

企业同时从事适用不同企业所得税待遇的项目的,其优惠项目应当单独计算所得,并合理分摊企业的期间费用;没有单独计算的,不享受企业所得税优惠。

纳税人申请减免税,必须向主管税务机关提供如下书面资料:①减免税申请报告,包括减免税的依据、范围、年限、金额、企业的基本情况等;②纳税人的财务会计报表;③工商

执照和税务登记证的复印件;④根据不同的减免税项目,税务机关要求提供的其他材料;⑤减免税受理的截止日期为年度终了后 2 个月内,逾期税务机关不再办理减免税申请。

任务二 企业所得税应纳税所得额的确定

应纳税额的多少,取决于应纳税所得额和适用税率两个因素。在实际操作中,应纳税所得额的计算一般有两种方法。

1.间接计算法

在间接计算法下,会计利润加上或减去按照税法规定调整的项目金额,即为应纳税所得额。其计算公式为:

$$应纳税所得额＝会计利润总额±纳税调整项目金额$$

纳税调整项目金额包括两方面的内容:一是企业的财务会计处理和税法规定不一致的应予以调整的金额;二是企业按税法规定准予扣除的金额。

2.直接计算法

在直接计算法下,企业每一纳税年度的收入总额减除不征税收入、免税收入、各项扣除,以及允许弥补的以前年度亏损后的余额,即为应纳税所得额。其计算公式为:

$$应纳税所得额＝收入总额－不征税收入－免税收入－各项扣除金额－弥补亏损$$

一、收入总额的确定

企业的收入总额包括以货币形式和非货币形式从各种来源取得的收入。企业取得收入的货币形式包括现金、银行存款、应收账款、应收票据、准备持有至到期的债券投资以及债务的豁免等;企业以非货币形式取得的收入,包括固定资产、生物资产、无形资产、股权投资、存货、不准备持有至到期的债券投资、劳务以及有关权益等,这些非货币性资产应当按照公允价值确定收入额,公允价值是指按照市场价格确定的价值。

1.一般收入的确认

(1)销售货物收入。它是指企业销售商品、产品、原材料、包装物、低值易耗品以及其他存货取得的收入。

企业销售商品同时满足下列条件的,应确认收入的实现:

①商品销售合同已经签订,企业已将商品所有权相关的主要风险和报酬转移给购货方。

②企业对已售出的商品既没有保留通常与所有权相联系的继续管理权,也没有实施有效控制。

③收入的金额能够可靠地计量。

④已发生或将发生的销售方的成本能够可靠地核算。

符合以上收入确认条件,采取下列商品销售方式的,应按以下规定确认收入实现时间:

①销售商品采用托收承付方式的,在办妥托收手续时确认收入。

②销售商品采取预收款方式的,在发出商品时确认收入。

③销售商品需要安装和检验的,在购买方接受商品以及安装和检验完毕时确认收入。如果安装程序比较简单,可在发出商品时确认收入。

④销售商品采用支付手续费方式委托代销的,在收到代销清单时确认收入。

(2)提供劳务收入。它是指企业从事建筑安装、修理修配、交通运输、仓储租赁、金融保险、邮电通信、咨询经纪、文化体育、科学研究、技术服务、教育培训、餐饮住宿、中介代理、卫生保健、社区服务、旅游、娱乐、加工以及其他劳务服务活动取得的收入。

企业在各个纳税期期末,提供劳务交易的结果能够可靠估计的,应采用完工进度(完工百分比)法确认提供劳务收入。

提供劳务交易的结果能够可靠估计,是指同时满足下列条件:

①收入的金额能够可靠地计量。

②交易的完工进度能够可靠地确定。

③交易中已发生和将发生的成本能够可靠地核算。

企业提供劳务完工进度的确定,可选用下列方法:

①已完工作的测量。

②已提供劳务占劳务总量的比例。

③发生成本占总成本的比例。

企业应按照从接受劳务方已收或应收的合同或协议价款确定劳务收入总额,根据纳税期期末提供劳务收入总额乘以完工进度扣除以前纳税年度累计已确认提供劳务收入后的金额,确认为当期劳务收入;同时,按照提供劳务估计总成本乘以完工进度扣除以前纳税期间累计已确认劳务成本后的金额,结转为当期劳务成本。

下列提供劳务满足收入确认条件的,应按规定确认收入:

①安装费。应根据安装完工进度确认收入。安装工作是商品销售附带条件的,安装费在确认商品销售实现时确认收入。

②宣传媒介的收费。应在相关的广告或商业行为出现于公众面前时确认收入。广告的制作费,应根据制作广告的完工进度确认收入。

③软件费。为特定客户开发软件的收费,应根据开发的完工进度确认收入。

④服务费。包含在商品售价内可区分的服务费,在提供服务的期间分期确认收入。

⑤艺术表演、招待宴会和其他特殊活动的收费。在相关活动发生时确认收入。收费涉及几项活动的,预收的款项应合理分配给每项活动,分别确认收入。

⑥会员费。申请入会或加入会员,只允许取得会籍、所有其他服务或商品都要另行收费的,在取得该会员费时确认收入。申请入会或加入会员后,会员在会员期内不再付费就可得到各种服务或商品,或者以低于非会员的价格销售商品或提供服务的,该会员费应在整个受益期内分期确认收入。

⑦特许权费。属于提供设备和其他有形资产的特许权费,在交付资产或转移资产所有权时确认收入;属于提供初始及后续服务的特许权费,在提供服务时确认收入。

⑧劳务费。长期为客户提供重复的劳务收取的劳务费,在相关劳务活动发生时确认收入。

（3）转让财产收入。它是指企业转让固定资产、生物资产、无形资产、股权、债权等财产取得的收入。

（4）股息、红利等权益性投资收益。它是指企业因权益性投资从被投资方取得的收入。股息、红利等权益性投资收益，除国务院财政、税务主管部门另有规定外，按照被投资方作出利润分配决定的日期确认收入的实现。

（5）利息收入。它是指企业将资金提供给他人使用但不构成权益性投资，或者因他人占用本企业资金取得的收入，包括存款利息、贷款利息、债券利息、欠款利息等收入。利息收入应按照合同约定的债务人应付利息的日期确认收入的实现。

（6）租金收入。它是指企业提供固定资产、包装物或者其他有形资产的使用权取得的收入。租金收入应按照合同约定的承租人应付租金的日期确认收入的实现。

（7）特许权使用费收入。它是指企业提供专利权、非专利技术、商标权、著作权及其他特许使用权取得的收入。特许权使用费收入应按照合同约定的特许权使用人应付特许权使用费的日期确认收入的实现。

（8）接受捐赠收入。它是指企业接受的来自其他企业、组织或个人无偿给予的货币性资产、非货币性资产。接受捐赠收入按照实际收到捐赠资产的日期确认收入的实现。

（9）其他收入。它是指企业取得的除以上收入外的其他收入，包括企业资产溢余收入、逾期未退包装物押金收入、确实无法偿付的应付款项、已经作坏账损失处理后又收回的应收款项、债务重组收入、补贴收入、违约金收入、汇兑收益等。

企业取得财产（包括各类资产、股权、债权等）转让收入、债务重组收入、接受捐赠收入、无法偿付的应付款收入等，不论是以货币形式还是以非货币形式体现，除另有规定外，均应一次性计入确认收入的年度计算缴纳企业所得税。

2.特殊收入的确认

（1）采取分期收款方式销售货物：按照合同约定的收款日期确认收入的实现。

（2）采取售后回购方式销售商品：销售的商品按售价确认收入，回购的商品作为购进商品处理。有证据表明不符合销售收入确认条件的，如以销售商品方式进行融资，收到的款项应确认为负债。回购价格大于原售价的，差额应在回购期间确认为利息费用。

（3）采取以旧换新方式销售商品：应当按照销售商品收入的确认条件确认收入，回收的商品作为购进商品处理。

（4）采取商业折扣（折扣销售）方式销售商品：企业为促进商品销售而在商品价格上给予的价格扣除属于商业折扣。商品销售涉及商业折扣的，应当按照扣除商业折扣后的金额确定销售商品收入金额。

（5）采取现金折扣（销售折扣）方式销售商品：债权人为鼓励债务人在规定的期限内付款而向债务人提供的债务扣除属于现金折扣。销售商品涉及现金折扣的，应当按扣除现金折扣前的金额确定销售商品收入金额，现金折扣在实际发生时作为财务费用扣除。

（6）采取折让退回方式销售商品：企业因售出商品的质量不合格等原因而在售价上给予的减让属于销售折让；企业因售出商品质量、品种不符合要求等原因而发生的退货属于销售退回。企业已经确认销售收入的售出商品发生销售折让或销售退回的，应当在发生当期冲减当期销售商品收入。

(7)采取"买一赠一"等方式组合销售本企业商品:不属于捐赠,应将总的销售金额按各项商品的公允价值的比例来分摊确认各项的销售收入。

【学习案例 5-1】

甲服装企业采用"买一赠一"的方式销售本企业商品,规定以每套 1 800 元(不含增值税价,下同)购买 A 西服的客户可获赠一条 B 领带,A 西服正常出厂价格为 1 800 元,B 领带正常出厂价格为 200 元。当期该服装企业销售西服、领带组合共计 100 套,共取得收入 180 000 元。计算甲服装企业"买一赠一"销售方式下西服和领带各自应确认的销售收入。

【解析】

企业以"买一赠一"等方式组合销售本企业商品的,不属于捐赠,应将总的销售金额按各项商品的公允价值的比例来分摊确认各项的销售收入。

$$\text{分摊到 A 西服上的收入} = \text{总销售金额} \times \text{A 西服的公允价值} \div \left(\text{A 西服的公允价值} + \text{B 领带的公允价值} \right)$$

$$= 180\ 000 \times (1\ 800 \times 100) \div (1\ 800 \times 100 + 200 \times 100)$$

$$= 162\ 000(\text{元})$$

$$\text{分摊到 B 领带上的收入} = \text{总销售金额} \times \text{B 领带的公允价值} \div \left(\text{A 西服的公允价值} + \text{B 领带的公允价值} \right)$$

$$= 180\ 000 \times (200 \times 100) \div (1\ 800 \times 100 + 200 \times 100)$$

$$= 18\ 000(\text{元})$$

(8)企业受托加工制造大型机械设备、船舶、飞机等,以及从事建筑、安装、装配业务或者提供劳务等:持续时间超过 12 个月的,按照纳税年度内完工进度或者完成的工作量确认收入的实现。

(9)采取产品分成方式取得收入:以企业分得产品的时间确认收入的实现,其收入额按照产品的公允价值确定。

(10)企业发生非货币性资产交换,以及将货物、财产、劳务用于捐赠、偿债、赞助、集资、广告、样品、职工福利和进行利润分配等用途:应当视同销售货物、转让财产和提供劳务,但国务院财政、税务主管部门另有规定的除外。

3.处置资产收入的确认

根据《企业所得税法实施条例》的规定,企业处置资产的所得税处理按以下规定执行(该规定自 2008 年 1 月 1 日起执行,对 2008 年 1 月 1 日以前发生的处置资产,2008 年 1 月 1 日以后尚未进行税务处理的,也按该规定执行):

(1)企业发生下列情形的处置资产,除将资产转移至境外以外,由于资产所有权属在形式和实质上均不发生改变,可作为内部处置资产,不视同销售确认收入,相关资产的计税基础延续计算。

①将资产用于生产、制造、加工另一产品。

②改变资产形状、结构或性能。

③改变资产用途(如自建商品房转为自用或经营)。

④将资产在总机构及其分支机构之间转移。

⑤上述两种或两种以上情形的混合。

⑥其他不改变资产所有权属的用途。

(2)企业将资产移送他人的下列情形,因资产所有权属已发生改变而不属于内部处置资产,应按规定视同销售确定收入。

①用于市场推广或销售。

②用于交际应酬。

③用于职工奖励或福利。

④用于股息分配。

⑤用于对外捐赠。

⑥其他改变资产所有权属的用途。

(3)企业发生第(2)条规定情形的,除另有规定外,应按照被移送资产的公允价值确定销售收入。

二、不征税收入和免税收入的确定

国家为了扶持和鼓励某些特殊的纳税人和特定的项目,或者避免因征税影响企业的正常经营,对企业取得的某些收入予以不征税或免税的特殊政策,以减轻企业的负担,促进经济的协调发展。

1.不征税收入

收入总额中的下列收入为不征税收入:

(1)财政拨款,是指各级人民政府对纳入预算管理的事业单位、社会团体等组织拨付的财政资金,但国务院和国务院财政、税务主管部门另有规定的除外。

(2)依法收取并纳入财政管理的行政事业性收费、政府性基金。行政事业性收费,是指依照法律法规等有关规定,按照国务院规定程序批准,在实施社会公共管理,以及在向公民、法人或者其他组织提供特定公共服务过程中,向特定对象收取并纳入财政管理的费用。政府性基金,是指企业依照法律、行政法规等有关规定,代政府收取的具有专项用途的财政资金。

(3)国务院规定的其他不征税收入,是指企业取得的,由国务院财政、税务主管部门规定专项用途并经国务院批准的财政性资金。财政性资金,是指企业取得的来源于政府及其有关部门的财政补助、补贴、贷款贴息,以及其他各类财政专项资金,包括直接减免的增值税和即征即退、先征后退、先征后返的各种税收,但不包括企业按规定取得的出口退税款。

2.免税收入

企业的下列收入为免税收入:

(1)国债利息收入。

注意:国债转让收入不免税。

(2)符合条件的居民企业之间的股息、红利等权益性投资收益(该收益是指居民企业直接投资于其他居民企业取得的投资收益,但该收益不包括连续持有居民企业公开发行并上市流通的股票不足 12 个月取得的投资收益)。

（3）在中国境内设立机构、场所的非居民企业从居民企业取得与该机构、场所有实际联系的股息、红利等权益性投资收益（该收益不包括连续持有居民企业公开发行并上市流通的股票不足 12 个月取得的投资收益）。

（4）符合条件的非营利组织的收入。

（5）非营利组织其他免税收入。具体包括：接受其他单位或者个人捐赠的收入；除《企业所得税法》第七条规定的财政拨款以外的其他政府补助收入，但不包括因政府购买服务取得的收入；按照省级以上民政、财政部门规定收取的会费；不征税收入和免税收入孳生的银行存款利息收入；财政部、国家税务总局规定的其他收入。

不征税收入与免税收入的区别与联系如表 5-1 所示。

表 5-1　不征税收入与免税收入的区别与联系

项目	不征税收入	免税收入
联系	均属于企业所得税所称的"收入总额"，在计算企业所得税应纳税所得额时应扣除。	
区别	1.不征税收入是指不应列入征税范围的收入； 2.不征税收入对应的费用、折旧、摊销一般不得在计算应纳税所得额时扣除	1.免税收入是应列入征税范围的收入，只是国家出于特殊考虑给予税收优惠，但在一定时期有可能恢复征税； 2.免税收入对应的费用、折旧、摊销一般可以在计算应纳税所得额时扣除

三、准予扣除项目的一般规定

1.税前扣除项目的原则

企业申报的扣除项目和金额要真实、合法。真实是指能提供材料证明有关支出确属已经实际发生；合法是指符合国家税法的规定，若其他法规规定与税收法规规定不一致，应以税收法规的规定为准。除税收法规另有规定外，税前扣除一般应遵循以下原则：

（1）权责发生制原则，是指企业费用应在发生的所属期扣除，而不是在实际支付时确认扣除。

（2）配比原则，是指企业发生的费用应当与收入配比扣除。除特殊规定外，企业发生的费用不得提前或滞后申报扣除。

（3）相关性原则，是指企业可扣除的费用从性质和根源上必须与取得应税收入直接相关。

（4）确定性原则，是指企业可扣除的费用不论何时支付，其金额必须是确定的。

（5）合理性原则，是指符合生产经营活动常规，应当计入当期损益或者有关资产成本的必要和正常的支出。

2.准予扣除项目的基本范围

（1）税前扣除项目包括成本、费用、税金、损失和其他支出。

①成本，是指企业在生产经营活动中发生的销售成本、销货成本、业务支出以及其他耗费。

②费用，是指企业在生产经营活动中发生的销售费用、管理费用和财务费用，已经计入成本的有关费用除外。

③税金,是指企业发生的除企业所得税和允许抵扣的增值税以外的各项税金及其附加。

④损失,是指企业在生产经营活动中发生的固定资产和存货的盘亏、毁损、报废损失、转让财产损失,呆账损失,坏账损失,自然灾害等不可抗力因素造成的损失,以及其他损失。企业发生的损失,减除责任人赔偿和保险赔款后的余额,依照国务院财政、税务主管部门的规定扣除。企业已经作为损失处理的资产,在以后纳税年度又全部收回或者部分收回时,应当计入当期收入。

⑤其他支出,是指除成本、费用、税金、损失外,企业在生产经营活动中发生的与生产经营活动有关的、合理的支出。

(2)在计算应纳税所得额时,下列项目可按照实际发生额或者规定的标准扣除。

①工资薪金支出,是指企业每一纳税年度支付给在本企业任职或者受雇的员工的所有现金形式或非现金形式的劳动报酬,包括基本工资、奖金、津贴、补贴、年终加薪、加班工资,以及与员工任职或受雇有关的其他支出。企业发生的合理的工资薪金支出,准予扣除。

②职工福利费、工会经费、职工教育经费。

a.企业发生的职工福利费支出,不超过工资薪金总额14%的部分准予扣除。

b.企业拨缴的工会经费,不超过工资薪金总额2%的部分准予扣除。

c.除国务院财政、税务主管部门或者省级人民政府规定外,企业发生的职工教育经费支出,不超过工资薪金总额2.5%的部分准予扣除,超过部分准予结转以后纳税年度扣除。自2018年1月1日起,将一般企业的职工教育经费税前扣除限额与高新技术企业的限额统一,从2.5%提高至8%。

d.软件企业职工培训费可以全额扣除,扣除职工培训费后的职工教育经费的余额应按照工资薪金2.5%(自2018年1月1日起,为8%)的比例扣除。

【学习案例 5-2】

甲企业本年发生合理的工资薪金支出100万元、职工福利费20万元、职工教育经费2万元。已知:在计算企业所得税应纳税所得额时,职工福利费支出、职工教育经费支出的扣除比例分别为不超过工资薪金总额的14%和8%。计算甲企业本年在计算应纳税所得额时准予扣除的职工福利费和职工教育经费金额合计数。

【解析】

职工福利费税前扣除限额=100×14%=14(万元)

职工福利费实际发生20万元,超过扣除限额,因此税前准予扣除14万元。

职工教育经费税前扣除限额=100×8%=8(万元)

职工教育经费实际发生2万元,未超过扣除限额,准予全额税前扣除。

准予扣除的职工福利费和职工教育经费金额合计=14+2=16(万元)

③社会保险费。

a.企业依照国务院有关主管部门或者省级人民政府规定的范围和标准为职工缴纳的"五险一金",即基本养老保险费、基本医疗保险费、失业保险费、工伤保险费、生育保险费等基本社会保险费和住房公积金,准予扣除。

    b.企业为投资者或者职工支付的补充养老保险费、补充医疗保险费,在国务院财政、税务主管部门规定的范围和标准内,准予扣除。企业依照国家有关规定为特殊工种职工支付的人身安全保险费和符合国务院财政、税务主管部门规定可以扣除的商业保险费准予扣除。

    ④利息费用。企业在生产、经营活动中发生的利息费用,按下列规定扣除:

    a.非金融企业向金融企业借款的利息支出、金融企业的各项存款利息支出和同业拆借利息支出、企业经批准发行债券的利息支出可据实扣除。

    b.非金融企业向非金融企业借款的利息支出,不超过按照金融企业同期同类贷款利率计算的数额的部分可据实扣除,超过部分不许扣除。

    ⑤借款费用。

    a.企业在生产经营活动中发生的合理的不需要资本化的借款费用,准予扣除。

    b.企业为购置、建造固定资产、无形资产和经过12个月以上的建造才能达到预定可销售状态的存货发生借款的,在有关资产购置、建造期间发生的合理的借款费用,应予以资本化,作为资本性支出计入有关资产的成本;有关资产交付使用后发生的借款利息,可在发生当期扣除。

    ⑥汇兑损失。企业在货币交易中及纳税年度终了时将人民币以外的货币性资产、负债按照期末即期人民币汇率中间价折算为人民币时产生的汇兑损失,除已经计入有关资产成本以及向所有者进行利润分配外,准予扣除。

    ⑦业务招待费。企业发生的与生产经营活动有关的业务招待费支出,准予按照发生额的60%扣除,但最高不得超过当年销售(营业)收入的5‰。

    作为业务招待费限额的计算基数的收入范围是当年销售(营业)收入,其包括销售货物收入、让渡资产使用权(收取资产租金或使用费)收入、提供劳务收入等主营业务收入,还包括其他业务收入、视同销售收入等。但是不含营业外收入、转让固定资产或无形资产所有权收入、投资收益(从事股权投资业务的企业除外)。对从事股权投资业务的企业(包括集团公司总部、创业投资企业等),其从被投资企业所分配的股息、红利及股权转让收入,可以按规定的比例计算业务招待费扣除限额。

【学习案例 5-3】

    甲企业本年销售货物收入 2 000 万元,让渡专利使用权收入 200 万元,包装物出租收入 50 万元,视同销售货物收入 350 万元,转让商标所有权收入 150 万元,接受捐赠收入 20 万元,债务重组收益 10 万元,发生业务招待费 30 万元。计算甲企业本年度在计算应纳税所得额时准予扣除的业务招待费金额。

【解析】

    由于转让商标所有权收入、接受捐赠收入、债务重组收益在税法上均属于营业外收入范畴,不能作为计算业务招待费的基数,因此:

    业务招待费的扣除基数=2 000+200+50+350=2 600(万元)

    业务招待费实际发生额的 60%=30×60%=18(万元)

    销售(营业)收入的 5‰=2 600×5‰=13(万元)

    由于 13 万元<18 万元,因此本年度在计算应纳税所得额时准予扣除的业务招待费

金额为 13 万元。

⑧广告费和业务宣传费。企业发生的符合条件的广告费和业务宣传费支出,除国务院财政、税务主管部门另有规定外,不超过当年销售(营业)收入 15% 的部分,准予扣除;超过部分,准予结转以后纳税年度扣除。

2016 年 1 月 1 日至 2020 年 12 月 31 日,对化妆品制造或销售、医药制造和饮料制造(不含酒类制造)企业发生的广告费和业务宣传费支出,不超过当年销售(营业)收入 30% 的部分,准予扣除;超过部分,准予在以后纳税年度结转扣除。对签订广告费和业务宣传费分摊协议(以下简称分摊协议)的关联企业,其中一方发生的不超过当年销售(营业)收入税前扣除限额比例内的广告费和业务宣传费支出可以在本企业扣除,也可以将其中的部分或全部按照分摊协议归集至另一方扣除。另一方在计算本企业广告费和业务宣传费支出企业所得税税前扣除限额时,可将按照上述办法归集至本企业的广告费和业务宣传费不计算在内。烟草企业的烟草广告费和业务宣传费支出,一律不得在计算应纳税所得额时扣除。

【学习案例 5-4】

甲企业全年直接销售商品取得销售收入 12 000 万元,全年出租办公楼取得租金收入 320 万元。企业全年发生广告费和业务宣传费共计 2 800 万元,发生业务招待费 90 万元。计算甲企业本年在计算应纳税所得额时准予扣除的广告费和业务宣传费以及业务招待费。

【解析】

广告费和业务宣传费实际发生额 = 2 800(万元)

扣除限额 = (12 000+320)×15% = 1 848(万元)

由于 1 848 万元 < 2 800 万元,因此,可扣除 1 848 万元。

业务招待费实际发生额 = 90(万元)

业务招待费实际发生额的 60% = 90×60% = 54(万元)

扣除限额 = (12 000+320)×5‰ = 61.6(万元)

由于 54 万元 < 61.6 万元,因此,可扣除 54 万元。

⑨环境保护专项资金。企业依照法律、行政法规有关规定提取的用于环境保护、生态恢复等方面的专项资金,准予扣除。专项资金提取后改变用途的,不得扣除。

⑩租赁费。企业根据生产经营活动的需要租入固定资产支付的租赁费,按照下列方法扣除:

a.以经营租赁方式租入固定资产发生的租赁费支出,按照租赁期限均匀扣除。经营租赁,是指所有权不转移的租赁。

b.以融资租赁方式租入固定资产发生的租赁费支出,按照规定构成融资租入固定资产价值的部分应当提取折旧费,分期扣除。融资租赁,是指实质上转移了与资产所有权有关的全部风险和报酬的租赁。

⑪劳动保护费。企业发生的合理的劳动保护支出,准予扣除。

⑫公益性捐赠支出。企业通过公益性社会组织或者县级(含县级)以上人民政府及其组成部门和直属机构,用于慈善活动、公益事业的捐赠支出(简称公益性捐赠支出),在年

度利润总额 12％以内的部分,准予在计算应纳税所得额时扣除;超过年度利润总额 12％的部分,准予结转以后三年内在计算应纳税所得额时扣除。

企业当年发生及以前年度结转的公益性捐赠支出,准予在当年税前扣除的部分,不能超过企业当年年度利润总额的 12％。

企业发生的公益性捐赠支出未在当年税前扣除的部分,准予向以后年度结转扣除,但结转年限自捐赠发生年度的次年起计算最长不得超过三年。

企业在对公益性捐赠支出计算扣除时,应先扣除以前年度结转的捐赠支出,再扣除当年发生的捐赠支出。

⑬有关资产的费用。企业转让各类固定资产发生的费用,允许扣除。企业按规定计算的固定资产折旧费、无形资产和递延资产的摊销费,准予扣除。

⑭总机构分摊的费用。非居民企业在中国境内设立的机构、场所,就其中国境外总机构发生的与该机构、场所生产经营有关的费用,能够提供总机构出具的费用汇集范围、定额、分配依据和方法等证明文件并合理分摊的,准予扣除。

⑮财产损失。企业当期发生的固定资产和流动资产盘亏、毁损净损失,由其提供清查盘存资料,经主管税务机关审核后,准予扣除;企业因存货盘亏、毁损、报废等原因不得从销项税额中抵扣的进项税额,应视同企业财产损失,准予与存货损失一起在所得税前按规定扣除。

⑯手续费及佣金支出。

a.企业发生的与生产经营有关的手续费及佣金支出,不超过以下规定计算限额以内的部分,准予扣除;超过部分,不得扣除。

保险企业:财产保险企业按当年全部保费收入扣除退保金等后余额的 15％(含本数,下同)计算限额;人身保险企业按当年全部保费收入扣除退保金等后余额的 10％计算限额。

其他企业:按与具有合法经营资格中介服务机构或个人(不含交易双方及其雇员、代理人和代表人等)所签订服务协议或合同确认的收入金额的 5％计算限额。

b.企业应与具有合法经营资格中介服务企业或个人签订代办协议或合同,并按国家有关规定支付手续费及佣金。除委托个人代理外,企业以现金等非转账方式支付的手续费及佣金不得在税前扣除。企业为发行权益性证券支付给有关证券承销机构的手续费及佣金不得在税前扣除。

c.企业不得将手续费及佣金支出计入回扣、业务提成、返利、进场费等费用。

d.企业已计入固定资产、无形资产等相关资产的手续费及佣金支出,应当通过折旧、摊销等方式分期扣除,不得在发生当期直接扣除。

e.企业支付的手续费及佣金不得直接冲减服务协议或合同金额,应如实入账。

f.企业应当如实向当地主管税务机关提供当年手续费及佣金计算分配表和其他相关资料,并依法取得合法真实凭证。

⑰其他项目。依照有关法律、行政法规和国家有关税法规定准予扣除的其他项目,如会员费、合理的会议费、差旅费、违约金、诉讼费用等。

四、不得扣除项目的确定

在计算应纳税所得额时,下列支出不得扣除:

(1)向投资者支付的股息、红利等权益性投资收益款项。

(2)企业所得税税款。

(3)税收滞纳金,是指纳税人违反税收法规,被税务机关处以的滞纳金。

(4)罚金、罚款和被没收财物的损失,是指纳税人违反国家有关法律法规规定,被有关部门处以的罚款,以及被司法机关处以的罚金和被没收财物的损失。

(5)超过规定标准的捐赠支出。

(6)赞助支出,是指企业发生的与生产经营活动无关的各种非广告性质支出。

(7)未经核定的准备金支出,是指不符合国务院财政、税务主管部门规定的各项资产减值准备、风险准备等准备金支出。

(8)企业之间支付的管理费、企业内营业机构之间支付的租金和特许权使用费,以及非银行企业内营业机构之间支付的利息。

(9)企业以其取得的不征税收入用于支出所形成的费用或资产(包括对资产计提的折旧、摊销)不得在税前扣除,但企业取得的各项免税收入所对应的各项成本费用,除另有规定外,可以在计算企业应纳税所得额时扣除。

(10)与取得收入无关的其他支出。

五、亏损弥补

亏损是指企业依照《企业所得税法》的规定,将每一纳税年度的收入总额减除不征税收入、免税收入和各项扣除后小于零的数额。税法规定,企业某一纳税年度发生的亏损可以用下一年度的所得弥补,下一年度的所得不足以弥补的,可以逐年延续弥补,但最长不得超过5年。企业在汇总计算缴纳所得税时,其境外营业机构的亏损不得抵减境内营业机构的盈利。自2018年1月1日起,当年具备高新技术企业或科技型中小企业资格的企业,其具备资格年度之前5个年度发生的尚未弥补完的亏损,准予结转以后年度弥补,最长结转年限由5年延长至10年。

【学习案例5-5】

甲企业一直执行5年亏损弥补规定,且20×0年首次出现亏损。甲企业的资产规模不符合小型微利企业的条件。经税务机关审定的甲企业连续7年应纳税所得额(未弥补亏损)情况如表5-2所示。计算甲企业7年间的应纳企业所得税。

表5-2 经税务机关审定的甲企业连续7年应纳税所得额(未弥补亏损)情况 单位:万元

年度	20×0	20×1	20×2	20×3	20×4	20×5	20×6
应纳税所得额	−100	10	−20	30	20	30	80

【解析】

关于20×0年的亏损,要用20×1年至20×5年的所得弥补,尽管其间20×2年亏损,但也要占用5年抵亏期的一个抵扣年度,且先亏先补,而且20×2年的亏损需在20×0

年的亏损问题解决之后才能考虑。到了 20×5 年，20×0 年的亏损未弥补完但已到 5 年抵亏期满，还有 10 万元亏损不得在所得税前弥补。

20×3 年至 20×5 年的所得，已被用于弥补 20×0 年的亏损，因此 20×2 年的亏损只能用 20×6 年所得弥补。在弥补 20×2 年亏损后，20×6 年还有所得 60（80−20）万元需要计算纳税，则

应纳企业所得税＝60×25％＝15（万元）

任务三　企业所得税应纳税额的计算

一、查账征收方式企业所得税应纳税额的计算

（一）平时预缴所得税额的计算

企业所得税实行按年计征、分月（季）预缴、年终汇算清缴，多退少补的办法，实行查账征收方式申报企业所得税的居民纳税人及在中国境内设立机构的非居民纳税人在月（季）度预缴企业所得税时可采用以下方法计算缴纳：

1. 据实预缴

$$\frac{\text{本月（季）}}{\text{应缴所得税额}}=\frac{\text{实际利润}}{\text{累计额}}\times\text{税率}-\frac{\text{减免所得}}{\text{税额}}-\frac{\text{已累计预缴}}{\text{的所得税额}}$$

实际利润累计额是指纳税人按会计制度核算的利润总额，包括从事房地产开发企业按本期取得预售收入计算出的预计利润等。平时预缴时，先按会计利润计算，暂不作纳税调整，待会计年度终了再作纳税调整。

税率统一按照《企业所得税法》规定的 25％ 计算应纳所得税额。

减免所得税额是指纳税人当期实际享受的减免所得税额，包括享受减免税优惠过渡期的税收优惠、小型微利企业的税率优惠、高新技术企业的税率优惠及经税务机关审批或备案的其他减免税优惠。

2. 按照上一纳税年度应纳税所得额的平均额预缴

$$\text{本月（季）应缴所得税额}=\frac{\text{上一纳税年度应纳税所得额}}{12（或 4）}\times\text{税率}$$

按上一纳税年度应纳税所得额实际数除以 12（或 4）得出每月（或季）纳税所得额，上一纳税年度所得额中不包括纳税人的境外所得。税率统一按照 25％ 计算。

除了以上两种方法计算预缴所得税外，还可以由税务机关确定的其他方法进行。

（二）应纳所得税额的年终汇算

企业所得税纳税人在分月（季）预缴的基础上，实行年终汇算清缴，多退少补的办法。其计算公式如下：

$$\text{实际应纳所得税额}=\text{应纳税所得额}\times\text{税率}-\text{减免所得税额}$$
$$-\text{抵免所得税额}+\text{境外所得应纳所得税额}$$
$$-\text{境外所得抵免所得税额}$$

本年应补(退)的所得税额＝实际应纳所得税额－本年累计实际已预缴的所得税额

应纳税所得额在企业会计利润总额的基础上,加减纳税调整额等相关项目金额后计算得出,税率按25％计算。

1.减免所得税额

减免所得税是指纳税人按照税收优惠政策规定实际减免的企业所得税额,主要有:

(1)小型微利企业的减征税额。纳税人从事国家非限制和禁止行业并符合规定条件的小型微利企业享受20％的优惠税率。

$$小型微利企业的减征税额＝应纳税所得额×(25％－20％)$$

(2)高新技术企业的减征税额。纳税人从事国家需要重点扶持的高新技术企业,减按15％的税率征收企业所得税。

$$高新技术企业的减征税额＝应纳税所得额×(25％－15％)$$

(3)民族自治地方企业的减征额。民族自治地方的自治机关对本民族自治地方的企业应缴纳的企业所得税中属于地方分享的部分,可以决定减征或者免征。自治州、自治县决定减征或者免征的,须报省、自治区、直辖市人民政府批准。

(4)其他专项优惠减征额。其他专项优惠减征额是指除上述已列明减征额以外的,按税收规定可以减征的其他企业的减征金额,如经济特区和上海浦东新区新设立的高新技术企业,受灾地区损失严重的企业,符合条件的集成电路企业和软件企业等按税法规定可以减免所得税的金额。

2.抵免所得税额

纳税人购置并实际使用《环境保护专用设备企业所得税优惠目录》《节能节水专用设备企业所得税优惠目录》《安全生产专用设备企业所得税优惠目录》规定的环境保护、节能节水、安全生产等专用设备的,该专用设备的投资额的10％可以从企业当年的应纳税额中抵免;当年不足抵免的,可以在以后5个纳税年度结转抵免。

享受上述企业所得税优惠的企业,应当实际购置并自身实际投入使用规定的专用设备;企业购置上述专用设备在5年内转让、出租的,应当停止享受企业所得税优惠,并补缴已经抵免的企业所得税税款。

3.境外所得应补税额的计算

居民纳税人应就其来源于境内外所得纳税,对来源于境外的所得已在境外缴纳的所得税税额,可以从其当期应纳税额中抵免。其计算步骤如下:

$$\frac{境外所得}{应补税额}＝\frac{境外所得应}{纳所得税额}－\frac{境外所得}{抵免所得税额}$$

$$\frac{境外所得}{应纳所得税额}＝\left(\frac{境外所得换算成}{含税收入的所得}－\frac{弥补以前年度}{境外亏损}－\frac{境外免}{税所得}－\frac{境外所得}{弥补境内亏损}\right)×税率$$

$$\frac{境外所得抵}{免所得税额}＝\frac{本年可抵免的}{境外所得税额}＋\frac{本年可抵免以前}{年度的所得税额}$$

弥补以前年度境外亏损是指纳税人境外所得按税法规定弥补以前年度的境外亏损额;境外免税所得是指境外所得中按税法规定予以免税的部分;境外所得弥补境内亏损是指境外所得按税法规定弥补境内的亏损额部分。

(1)境外所得应纳所得税额的计算。境外所得是指纳税人来源于境外(国家或地区)的收入总额(包括生产经营所得和其他所得),扣除按税法规定允许扣除的境外发生的成本费用后的金额。若取得的所得为税后收入,则需将其换算为包含在境外缴纳企业所得税的所得,换算公式如下:

$$\begin{aligned}\text{境外所得换算成} \\ \text{含税收入的所得}\end{aligned} = \begin{aligned}\text{适用所在国家所得税} \\ \text{税率的境外所得}\end{aligned} \div \left(1 - \begin{aligned}\text{适用所在国家} \\ \text{所得税税率}\end{aligned}\right)$$

$$+ \begin{aligned}\text{适用所在国家预提} \\ \text{所得税率的境外所得}\end{aligned} \div \left(1 - \begin{aligned}\text{适用所在国家} \\ \text{预提所得税税率}\end{aligned}\right)$$

(2)境外所得抵免所得税额的计算。境外所得抵免所得税额包括本年可抵免的境外所得税额和本年可抵免以前年度所得税额两部分金额。

境外所得税额的抵免限额为该项所得依照税法的规定计算的应纳税额,超过抵免限额的部分,可以在以后 5 个年度内,用每年度抵免限额抵免当年应抵税额后的余额进行抵补。其计算公式如下:

$$\begin{aligned}\text{抵免} \\ \text{限额}\end{aligned} = \begin{aligned}\text{中国境内、境外所得依照企业所得税法} \\ \text{和条例的规定计算的应纳税总额}\end{aligned} \times \begin{aligned}\text{来源于某国(地区)} \\ \text{的应纳税所得额}\end{aligned}$$

$$\div \begin{aligned}\text{中国境内、境外} \\ \text{应纳税所得总额}\end{aligned}$$

从 2017 年 1 月 1 日起,企业可以选择按国别(地区)分别计算(即"分国(地区)不分项"),或者不按国别(地区)汇总计算[即"不分国(地区)不分项"]其来源于境外的应纳税所得额,并按照规定的税率,分别计算其可抵免境外所得税税额和抵免限额,方式一经选择,5 年内不得改变。

纳税人来源于境外的所得在境外实际缴纳的所得税税款,低于依照税法计算的扣除限额的,可以从应纳税额中如数扣除,若有前 5 年境外所得已缴税款未抵扣的余额,可在限额内扣除;高于扣除限额的,其超过部分不得在本年度的应纳税额中扣除,也不得列为费用支出,但可用以后年度税额扣除的余额补扣,补扣期限最长不得超过 5 年。

注意:企业按照规定计算的当期境内、境外应纳税所得总额小于零的,应以零计算当期境内、境外应纳税所得总额,其当期境外所得税的抵免限额也为零。

【学习案例 5-6】

某企业 2018 年度境内应纳税所得额为 100 万元,适用 25% 的企业所得税税率。另外,该企业分别在 A、B 两国设有分支机构,在 A 国分支机构的应纳税所得额为 50 万元,A 国企业所得税税率为 20%;在 B 国分支机构的应纳税所得额为 30 万元,B 国企业所得税税率为 30%。假设在 A、B 两国应税所得额的计算与我国税法相同,两个分支机构在 A、B 两国分别缴纳了 10 万元和 9 万元的企业所得税。该企业汇总时选择"不分国不分项"方式抵免境外所得税税额,试计算该企业在我国应缴纳的企业所得税税额。

【解析】

(1)该企业按我国税法计算的境内、境外所得的应纳税额为:

应纳税额=(100+50+30)×25%=45(万元)

(2)A、B 两国的扣除限额为:

A 国扣除限额=45×[50÷(100+50+30)]=12.5(万元)

B 国扣除限额＝45×[30÷(100＋50＋30)]＝7.5(万元)

境外扣除限额＝12.5＋7.5＝20(万元)

境外实际缴纳税额＝10＋9＝19(万元)

在"不分国不分项"的情况下,境外实际缴纳的税额全部可以抵扣。

(3)汇总时在我国应缴纳的所得税＝45－10－9＝26(万元)

二、企业所得税的核定征收

为了加强企业所得税的征收管理,对部分中小企业采取核定征收的办法计算其应纳税额,根据《税收征收管理法》的有关规定,核定征收企业所得税的有关规定如下:

(一)核定征收的范围

纳税人具有下列情形之一的,应采取核定征收方式征收企业所得税:

(1)依照税法规定可以不设账或应设而未设账的。

(2)只能准确核算收入总额或收入总额能够查实,但其成本费用支出不能准确核算的。

(3)只能准确核算成本费用支出或成本费用支出能够查实,但其收入总额不能准确核算的。

(4)收入总额、成本费用支出虽能正确核算,但未按规定保存有关凭证、账簿及纳税资料的。

(5)虽然能够按规定设置账簿并进行核算,但未按规定保存有关凭证、账簿及纳税资料的。

(6)未按规定期限办理纳税申报,经税务机关责令限期申报,逾期仍不申报的。

(二)核定征收的办法

核定征收方式包括定额征收和核定应税所得率征收两种方法。

1.定额征收

定额征收是税务机关按照一定的标准、程序和方法,直接核定纳税人年度应纳所得税额,由纳税人按规定申报缴纳的办法。主管税务机关应对纳税人的有关情况进行调查研究、分类排队、认真测算,按年从高直接核定纳税人的应纳所得税额。

2.核定应税所得率征收

核定应税所得率征收是税务机关按照一定的标准、程序和方法,预先核定纳税人的应税所得率,由纳税人根据纳税年度内的收入总额或成本费用等项目的实际发生额,按预先核定的应税所得率计算缴纳企业所得税的办法。

应税所得额计算公式如下:

$$应税所得额 = 应税收入总额 × 应税所得率$$

或

$$= \frac{成本费用支出额}{1 - 应税所得额} × 应税所得率$$

$$应税收入额 = 收入总额 - 不征税收入 - 免税收入$$

$$应纳所得税额 = 应税所得额 × 适用税率$$

应税所得率统一执行标准见表5-3。

表 5-3　应税所得率统一执行标准

行　　业	应税所得率(%)
农、林、牧、渔业	3～10
制造业	5～15
批发和零售贸易业	4～15
交通运输业	7～15
建筑业	8～20
饮食业	8～25
娱乐业	15～30
其他行业	10～30

企业经营多业时,不论其经营项目是否单独核算,均由主管税务机关根据其主营项目,核定其适用某一行业的应税所得率。

【学习案例 5-7】

某小型零售企业 2018 年度自行申报收入总额 364 万元、成本费用 372 万元、经营亏损 8 万元。经主管税务机关审核,发现其发生的成本费用真实,实现的收入无法确认,依据规定对其进行核定征收。假定应税所得率为 9%,试计算该零售企业 2018 年度应缴纳的企业所得税税额。

【解析】

$$应税所得额 = \frac{372}{1-9\%} \times 9\% = 36.79(万元)$$

$$应纳所得税额 = 36.79 \times 25\% = 9.20(万元)$$

任务四　企业所得税纳税申报

一、征收缴纳的方法

企业所得税实行按纳税年度计算,分月或者分季预缴,年终汇算清缴,多退少补的缴纳办法。

分月或者分季预缴企业所得税时,应当按照月度或者季度的实际利润额预缴;按照月度或者季度的实际利润额预缴有困难的,可以按照上一纳税年度应纳税所得额的月度或者季度平均额预缴,或者按照经税务机关认可的其他方法预缴。预缴方法一经确定,该纳税年度内不得随意变更。

依法缴纳的企业所得税,以人民币计算。所得以人民币以外的货币计算的,应当折合成人民币计算并缴纳税款。

企业在报送企业所得税纳税申报表时,应当按照规定附送财务会计报告和其他有关资料。

二、纳税期限

企业所得税的纳税年度,自公历 1 月 1 日起至 12 月 31 日止。

企业在一个纳税年度中间开业,或者终止经营活动,使该纳税年度的实际经营期不足 12 个月的,应当以其实际经营期为 1 个纳税年度。企业依法清算时,应当以清算期间作为 1 个纳税年度。

企业应当自月度或者季度终了之日起 15 日内,向税务机关报送预缴企业所得税纳税申报表,预缴税款。

企业应当自年度终了之日起 5 个月内,向税务机关报送年度企业所得税纳税申报表,并汇算清缴,结清应缴应退税款。

企业在年度中间终止经营活动的,应当自实际经营终止之日起 60 日内,向税务机关办理当期企业所得税汇算清缴。

三、纳税地点

1.居民企业的纳税地点

除税收法规、行政法规另有规定外,居民企业以企业登记注册地为纳税地点;但登记地在境外的,以实际管理机构所在地为纳税地点。

2.非居民企业的纳税地点

非居民企业在中国境内设立机构、场所的,以机构、场所所在地为纳税地点。非居民企业在中国境内设立两个或者两个以上的机构、场所的,经税务机关审核批准,可以选择由其主要机构、场所汇总缴纳企业所得税。

非居民企业在中国未设立机构、场所的,或者虽然设立机构、场所但取得的所得与其所设机构、场所没有实际联系的,以扣缴义务人所在地为纳税地点。

四、纳税申报

企业所得税年度纳税申报表分为基础信息表、纳税申报表及明细表,企业基础信息表(A000000)见表 5-4,中华人民共和国企业所得税年度纳税申报表(A 类)(A100000)见表 5-5,一般企业收入明细表(A101010)见表 5-6,金融企业收入明细表(A101020)表 5-7,事业单位、民间非营利组织收入、支出明细表(A103000)见表 5-8,一般企业成本支出明细表(A102010)见表 5-9,金融企业支出明细表(A102020)见表 5-10,期间费用明细表(A104000)见表 5-11,纳税调整项目明细表(A105000)见表 5-12,企业所得税弥补亏损明细表(A106000)见表 5-13,免税、减计收入及加计扣除优惠明细表(A107010)见表 5-14,所得减免优惠明细表(A107020)见表 5-15,抵扣应纳税所得额明细表(A107030)见表 5-16,减免所得税优惠明细表(A107040)见表 5-17,税额抵免优惠明细表(A107050)见表 5-18,境外所得税收抵免明细表(A108000)见表 5-19,境外所得纳税调整后所得明细表(A108010)见表 5-20,跨地区经营汇总纳税企业年度分摊企业所得税明细表(A109000)见表 5-21。企业所得税纳税申报表的填写方法见表 5-4 后说明。

表 5-4 企业基础信息表

正常申报□	更正申报□	补充申报□
| 100 基本信息		
101 汇总纳税企业	是(总机构□ 按比例缴纳总机构□) 否□	
102 注册资本(万元)	106 境外中资控股 居民企业	是□ 否□
103 所属行业明细代码	107 从事国家 非限制和禁止行业	是□ 否□
104 从业人数	108 存在境外 关联交易	是□ 否□
105 资产总额(万元)	109 上市公司	是(境内□ 境外□) 否□

200 主要会计政策和估计		
201 适用的会计准 则或会计制度	企业会计准则(一般企业□ 银行□ 证券□ 保险□ 担保□) 小企业会计准则□ 企业会计制度□ 事业单位会计准则(事业单位会计制度□ 科学事业单位会计制度□ 医院会计制度□ 高等学校会计制度□ 中小学校会计制度□ 彩票机构会计制度□) 民间非营利组织会计制度□ 村集体经济组织会计制度□ 农民专业合作社财务会计制度(试行)□ 其他□	
202 会计档案存放地	203 会计核算软件	
204 记账本位币	人民币□ 其他□	205 会计政策和 估计是否发生变化	是□ 否□
206 固定资产折旧方法	年限平均法□ 工作量法□ 双倍余额递减法□ 年数总和法□ 其他□	
207 存货成本计价方法	先进先出法□ 移动加权平均法□ 月末一次加权平均法□ 个别计价法□ 毛利率法□ 零售价法□ 计划成本法□ 其他□	
208 坏账损失核算方法	备抵法□ 直接核销法□	
209 所得税会计核算方法	应付税款法□ 资产负债表债务法□ 其他□	

300 企业主要股东及对外投资情况

301 企业主要股东(前5位)

股东名称	证件种类	证件号码	经济性质	投资比例	国籍(注册地址)

302 对外投资(前5位)

被投资者名称	纳税人识别号	经济性质	投资比例	投资金额	注册地址

表 5-4 填报说明：

纳税人在填报申报表前，首先填报基础信息表，为后续申报提供指引。基础信息表主要内容包括表头、基本信息、主要会计政策和估计、企业主要股东及对外投资情况等部分。有关项目填报说明如下：

1.纳税人根据具体情况选择"正常申报""更正申报"或"补充申报"。

正常申报：申报期内，纳税人第一次年度申报为"正常申报"；

更正申报：申报期内，纳税人对已申报内容进行更正申报的为"更正申报"；

补充申报：申报期后，由于纳税人自查、主管税务机关评估等发现以前年度申报有误而更改申报为"补充申报"。

2."101 汇总纳税企业"：纳税人根据情况选择。纳税人为《跨地区经营汇总纳税企业所得税征收管理办法》规定的跨地区经营企业总机构的，选择"总机构"，选择的纳税人需填报表 A109000 和 A109010；纳税人根据相关政策规定按比例缴纳的总机构，选择"按比例缴纳总机构"；其他纳税人选择"否"。

3."102 注册资本（万元）"：填报全体股东或发起人在公司登记机关依法登记的出资或认缴的股本金额。

4."103 所属行业明细代码"：根据《国民经济行业分类》（GB/T 4754—2011）标准填报纳税人的行业代码。如所属行业代码为 7010 的房地产开发经营企业，可以填报表 A105010 中第 21 至 29 行；所属行业代码为 06××至 50××，小型微利企业优惠判断为工业企业；所属行业代码为 66××的银行业，67××的证券和资本投资，68××的保险业，填报表 A101020、A102020。

5."104 从业人数"：填报纳税人全年平均从业人数，从业人数是指与企业建立劳动关系的职工人数和企业接受的劳务派遣用工人数之和；从业人数指标，按企业全年月平均值确定，具体计算公式如下：

$$月平均值＝（月初值＋月末值）÷2$$

$$全年月平均值＝全年各月平均值之和÷12$$

$$全年从业人数＝月平均值×12$$

年度中间开业或者终止经营活动的，以其实际经营期作为一个纳税年度确定上述相关指标。

6."105 资产总额（万元）"：填报纳税人全年资产总额平均数，依据和计算方法同"从业人数"口径，资产总额单位为万元，小数点后保留 2 位小数。

7."106 境外中资控股居民企业"：根据《国家税务总局关于境外注册中资控股企业依据实际管理机构标准认定为居民企业有关问题的通知》（国税发〔2009〕82 号）规定，境外中资控股企业被税务机关认定为实际管理机构在中国境内的居民企业选择"是"。其他选择"否"。

8."107 从事国家非限制和禁止行业"：纳税人从事国家非限制和禁止行业，选择"是"，其他选择"否"。

9."108 存在境外关联交易"：纳税人存在境外关联交易，选择"是"，不存在选择"否"。

10."109 上市公司"：纳税人根据情况，在境内上市的选择"境内"；在境外（含香港）上市的选择"境外";其他选择"否"。

11."201 适用的会计准则或会计制度":纳税人根据采用的会计准则或会计制度选择。

12."202 会计档案存放地":填报会计档案的存放地。

13."203 会计核算软件":填报会计电算化系统的会计核算软件,如 ERP。

14."204 记账本位币":纳税人根据实际情况选择人民币或者其他币种。

15."205 会计政策和估计是否发生变化":纳税人本年度会计政策和估计与上年度发生变更的选择"是",未发生的选择"否"。

16."206 固定资产折旧方法":纳税人根据实际情况选择,可选择多项。

17."207 存货成本计价方法":纳税人根据实际情况选择,可选择多项。

18."208 坏账损失核算方法":纳税人根据实际情况选择。

19."209 所得税会计核算方法":纳税人根据实际情况选择。

20."301 企业主要股东(前 5 位)":填报本企业投资比例前 5 位的股东情况。包括股东名称,证件种类(税务登记证、组织机构代码证、身份证、护照等),证件号码(纳税人识别号、组织机构代码号、身份证号、护照号等),经济性质(单位投资的,按其登记注册类型填报;个人投资的,填报自然人),投资比例,国籍(注册地址)。

国外非居民企业证件种类和证件号码可不填写。

21."302 对外投资(前 5 位)":填报本企业对境内投资金额前 5 位的投资情况,包括被投资者名称、纳税人识别号、经济性质、投资比例、投资金额、注册地址。

表 5-5 中华人民共和国企业所得税年度纳税申报表（A 类）

行次	类别	项 目	金额
1	利润总额计算	一、营业收入（填写 A101010/101020/103000）	
2		减：营业成本（填写 A102010/102020/103000）	
3		营业税金及附加	
4		销售费用（填写 A104000）	
5		管理费用（填写 A104000）	
6		财务费用（填写 A104000）	
7		资产减值损失	
8		加：公允价值变动收益	
9		投资收益	
10		二、营业利润（1－2－3－4－5－6－7＋8＋9）	
11		加：营业外收入（填写 A101010\101020\103000）	
12		减：营业外支出（填写 A102010\102020\103000）	
13		三、利润总额（10＋11－12）	
14	应纳税额计算	减：境外所得（填写 A108010）	
15		加：纳税调整增加额（填写 A105000）	
16		减：纳税调整减少额（填写 A105000）	
17		减：免税、减计收入及加计扣除（填写 A107010）	
18		加：境外应税所得抵减境内亏损（填写 A108000）	
19		四、纳税调整后所得（13－14＋15－16－17＋18）	
20		减：所得减免（填写 A107020）	
21		减：抵扣应纳税所得额（填写 A107030）	
22		减：弥补以前年度亏损（填写 A106000）	
23		五、应纳税所得额（19－20－21－22）	
24	应纳税所得额计算	税率（25％）	
25		六、应纳所得税额（23×24）	
26		减：减免所得税额（填写 A107040）	
27		减：抵免所得税额（填写 A107050）	
28		七、应纳税额（25－26－27）	
29		加：境外所得应纳所得税额（填写 A108000）	
30		减：境外所得抵免所得税额（填写 A108000）	
31		八、实际应纳所得税额（28＋29－30）	
32		减：本年累计实际已预缴的所得税额	
33		九、本年应补（退）所得税额（31－32）	
34		其中：总机构分摊本年应补（退）所得税额（填写 A109000）	
35		财政集中分配本年应补（退）所得税额（填写 A109000）	
36		总机构主体生产经营部门分摊本年应补（退）所得税额（填写 A109000）	

表 5-6 一般企业收入明细表

行次	项　　目	金额
1	一、营业收入(2＋9)	
2	(一)主营业务收入(3＋5＋6＋7＋8)	
3	1.销售商品收入	
4	其中:非货币性资产交换收入	
5	2.提供劳务收入	
6	3.建造合同收入	
7	4.让渡资产使用权收入	
8	5.其他	
9	(二)其他业务收入(10＋12＋13＋14＋15)	
10	1.销售材料收入	
11	其中:非货币性资产交换收入	
12	2.出租固定资产收入	
13	3.出租无形资产收入	
14	4.出租包装物和商品收入	
15	5.其他	
16	二、营业外收入(17＋18＋19＋20＋21＋22＋23＋24＋25＋26)	
17	(一)非流动资产处置利得	
18	(二)非货币性资产交换利得	
19	(三)债务重组利得	
20	(四)政府补助利得	
21	(五)盘盈利得	
22	(六)捐赠利得	
23	(七)罚没利得	
24	(八)确实无法偿付的应付款项	
25	(九)汇兑收益	
26	(十)其他	

表 5-7 金融企业收入明细表

行次	项　目	金额
1	一、营业收入(2＋18＋27＋32＋33＋34)	
2	(一)银行业务收入(3＋10)	
3	1.利息收入(4＋5＋6＋7＋8＋9)	
4	(1)存放同业	
5	(2)存放中央银行	
6	(3)拆出资金	
7	(4)发放贷款及垫资	
8	(5)买入返售金融资产	
9	(6)其他	
10	2.手续费及佣金收入(11＋12＋13＋14＋15＋16＋17)	
11	(1)结算与清算手续费	
12	(2)代理业务手续费	
13	(3)信用承诺手续费及佣金	
14	(4)银行卡手续费	
15	(5)顾问和咨询费	
16	(6)托管及其他受托业务佣金	
17	(7)其他	
18	(二)证券业务收入(19＋26)	
19	1.证券业务手续费及佣金收入(20＋21＋22＋23＋24＋25)	
20	(1)证券承销业务	
21	(2)证券经纪业务	
22	(3)受托客户资产管理业务	
23	(4)代理兑付证券	
24	(5)代理保管证券	
25	(6)其他	
26	2.其他证券业务收入	
27	(三)已赚保费(28－30－31)	
28	1.保险业务收入	
29	其中:分保费收入	
30	2.分出保费	
31	3.提取未到期责任准备金	
32	(四)其他金融业务收入	
33	(五)汇兑收益(损失以"－"号填列)	
34	(六)其他业务收入	
35	二、营业外收入(36＋37＋38＋39＋40＋41＋42)	
36	(一)非流动资产处置利得	
37	(二)非货币性资产交换利得	
38	(三)债务重组利得	
39	(四)政府补助利得	
40	(五)盘盈利得	
41	(六)捐赠利得	
42	(七)其他	

表 5-8　事业单位、民间非营利组织收入、支出明细表

行次	项　　目	金额
1	一、事业单位收入(2＋3＋4＋5＋6＋7)	
2	(一)财政补助收入	
3	(二)事业收入	
4	(三)上级补助收入	
5	(四)附属单位上缴收入	
6	(五)经营收入	
7	(六)其他收入(8＋9)	
8	其中:投资收益	
9	其他	
10	二、民间非营利组织收入(11＋12＋13＋14＋15＋16＋17)	
11	(一)接受捐赠收入	
12	(二)会费收入	
13	(三)提供劳务收入	
14	(四)商品销售收入	
15	(五)政府补助收入	
16	(六)投资收益	
17	(七)其他收入	
18	三、事业单位支出(19＋20＋21＋22＋23)	
19	(一)事业支出	
20	(二)上缴上级支出	
21	(三)对附属单位补助	
22	(四)经营支出	
23	(五)其他支出	
24	四、民间非营利组织支出(25＋26＋27＋28)	
25	(一)业务活动成本	
26	(二)管理费用	
27	(三)筹资费用	
28	(四)其他费用	

表 5-9　一般企业成本支出明细表

行次	项　　目	金额
1	一、营业成本(2＋9)	
2	(一)主营业务成本(3＋5＋6＋7＋8)	
3	1.销售商品成本	
4	其中:非货币性资产交换成本	
5	2.提供劳务成本	
6	3.建造合同成本	
7	4.让渡资产使用权成本	
8	5.其他	
9	(二)其他业务成本(10＋12＋13＋14＋15)	
10	1.销售材料成本	
11	其中:非货币性资产交换成本	
12	2.出租固定资产成本	
13	3.出租无形资产成本	
14	4.包装物出租成本	
15	5.其他	
16	二、营业外支出(17＋18＋19＋20＋21＋22＋23＋24＋25＋26)	
17	(一)非流动资产处置损失	
18	(二)非货币性资产交换损失	
19	(三)债务重组损失	
20	(四)非常损失	
21	(五)捐赠支出	
22	(六)赞助支出	
23	(七)罚没支出	
24	(八)坏账损失	
25	(九)无法收回的债券股权投资损失	
26	(十)其他	

表 5-10 金融企业支出明细表

行次	项　目	金额
1	一、营业支出(2＋15＋25＋31＋32)	
2	(一)银行业务支出(3＋11)	
3	1.银行利息支出(4＋5＋6＋7＋8＋9＋10)	
4	(1)同业存放	
5	(2)向中央银行借款	
6	(3)拆入资金	
7	(4)吸收存款	
8	(5)卖出回购金融资产	
9	(6)发行债券	
10	(7)其他	
11	2.银行手续费及佣金支出(12＋13＋14)	
12	(1)手续费支出	
13	(2)佣金支出	
14	(3)其他	
15	(二)保险业务支出(16＋17－18＋19－20＋21＋22－23＋24)	
16	1.退保金	
17	2.赔付支出	
18	减:摊回赔付支出	
19	3.提取保险责任准备金	
20	减:摊回保险责任准备金	
21	4.保单红利支出	
22	5.分保费用	
23	减:摊回分保费用	
24	6.保险业务手续费及佣金支出	
25	(三)证券业务支出(26＋30)	
26	1.证券业务手续费及佣金支出(27＋28＋29)	
27	(1)证券经纪业务手续费支出	
28	(2)佣金支出	
29	(3)其他	
30	2.其他证券业务支出	
31	(四)其他金融业务支出	
32	(五)其他业务成本	
33	二、营业外支出(34＋35＋36＋37＋38＋39)	
34	(一)非流动资产处置损失	
35	(二)非货币性资产交换损失	
36	(三)债务重组损失	
37	(四)捐赠支出	
38	(五)非常损失	
39	(六)其他	

表 5-11 期间费用明细表

行次	项 目	销售费用	其中：境外支付	管理费用	其中：境外支付	财务费用	其中：境外支付
		1	2	3	4	5	6
1	一、职工薪酬						
2	二、劳务费						
3	三、咨询顾问费						
4	四、业务招待费						
5	五、广告费和业务宣传费						
6	六、佣金和手续费						
7	七、资产折旧摊销费						
8	八、财产损耗、盘亏及毁损损失						
9	九、办公费						
10	十、董事会费						
11	十一、租赁费						
12	十二、诉讼费						
13	十三、差旅费						
14	十四、保险费						
15	十五、运输、仓储费						
16	十六、修理费						
17	十七、包装费						
18	十八、技术转让费						
19	十九、研究费用						
20	二十、各项税费						
21	二十一、利息收支						
22	二十二、汇兑差额						
23	二十三、现金折扣						
24	二十四、其他						
25	合计(1+2+3+…+24)						

表 5-12　纳税调整项目明细表

行次	项　　目	账载金额	税收金额	调增金额	调减金额
		1	2	3	4
1	一、收入类调整项目(2+3+4+5+6+7+8+10+11)				
2	(一)视同销售收入(填写 A105010)				
3	(二)未按权责发生制原则确认的收入(填写 A105020)				
4	(三)投资收益(填写 A105030)				
5	(四)按权益法核算长期股权投资对初始投资成本调整确认收益				
6	(五)交易性金融资产初始投资调整				
7	(六)公允价值变动净损益				
8	(七)不征税收入				
9	其中:专项用途财政性资金(填写 A105040)				
10	(八)销售折扣、折让和退回				
11	(九)其他				
12	二、扣除类调整项目(13+14+15+16+17+18+19+20+21+22+23+24+26+27+28+29)				
13	(一)视同销售成本(填写 A105010)				
14	(二)职工薪酬(填写 A105050)				
15	(三)业务招待费支出				
16	(四)广告费和业务宣传费支出(填写 A105060)				
17	(五)捐赠支出(填写 A105070)				
18	(六)利息支出				
19	(七)罚金、罚款和被没收财物的损失				
20	(八)税收滞纳金、加收利息				
21	(九)赞助支出				
22	(十)与未实现融资收益相关在当期确认的财务费用				
23	(十一)佣金和手续费支出				
24	(十二)不征税收入用于支出所形成的费用				
25	其中:专项用途财政性资金用于支出所形成的费用(填写 A105040)				
26	(十三)跨期扣除项目				
27	(十四)与取得收入无关的支出				

续表 5-12

行次	项　　目	账载金额	税收金额	调增金额	调减金额
		1	2	3	4
28	（十五）境外所得分摊的共同支出（填写A108010）				
29	（十六）党组织活动经费				
30	（十七）其他				
31	三、资产类调整项目（31＝32＋33＋34）				
32	（一）资产折旧、摊销（填写A105080）				
33	（二）资产减值准备金				
34	（三）资产损失（填写A105090）				
35	（四）其他				
36	四、特殊事项调整项目（36＝37＋38＋39＋40）				
37	（一）企业重组（填写A105100）				
38	（二）政策性搬迁（填写A105110）				
39	（三）特殊行业准备金（填写A105120）				
40	（四）房地产开发企业特定业务计算的纳税调整额（填写A105010）				
41	（五）有限合伙企业法人合伙方应分得的纳税所得额				
42	（六）其他				
43	五、特别纳税调整应税所得				
44	六、其他				
45	合计（1＋12＋31＋36＋43＋44）				

表 5-13　企业所得税弥补亏损明细表

行次	项目	年度	纳税调整后所得	合并、分立转入（转出）可弥补的亏损额	当年可弥补的亏损额	以前年度亏损已弥补额					本年度实际弥补的以前年度亏损额	可结转以后年度弥补的亏损额
						前四年度	前三年度	前二年度	前一年度	合计		
		1	2	3	4	5	6	7	8	9	10	11
1	前五年度											
2	前四年度											
3	前三年度											
4	前二年度											
5	前一年度											
6	本年度											
7	可结转以后年度弥补的亏损额合计											

表 5-14　免税、减计收入及加计扣除优惠明细表

行次	项　目	金额
1	一、免税收入(2+3+4+5)	
2	(一)国债利息收入	
3	(二)符合条件的居民企业之间的股息、红利等权益性投资收益(填写 A107011)	
4	(三)符合条件的非营利组织的收入	
5	(四)其他专项优惠(6+7+8+9+10+11+12+13+14)	
6	1.中国清洁发展机制基金取得的收入	
7	2.证券投资基金从证券市场取得的收入	
8	3.证券投资基金投资者获得的分配收入	
9	4.证券投资基金管理人运用基金买卖股票、债券的差价收入	
10	5.取得的地方政府债券利息所得或收入	
11	6.受灾地区企业取得的救灾和灾后恢复重建款项等收入	
12	7.中国期货保证金监控中心有限责任公司取得的银行存款利息等收入	
13	8.中国保险保障基金有限责任公司取得的保险保障基金等收入	
14	9.其他	
15	二、减计收入(16+17)	
16	(一)综合利用资源生产产品取得的收入(填写 A107012)	
17	(二)其他专项优惠(18+19+20)	
18	1.金融、保险等机构取得的涉农利息、保费收入(填写 A107013)	
19	2.取得的中国铁路建设债券利息收入	
20	3.其他	
21	三、加计扣除(22+23+26)	
22	(一)开发新技术、新产品、新工艺发生的研究开发费用加计扣除(填写 A107014)	
23	(二)安置残疾人员及国家鼓励安置的其他就业人员所支付的工资加计扣除(24+25)	
24	1.支付残疾人员工资加计扣除	
25	2.国家鼓励的其他就业人员工资加计扣除	
26	(三)其他专项优惠	
27	合计(1+15+21)	

表 5-15 所得减免优惠明细表

行次	项 目	项目收入 1	项目成本 2	相关税费 3	应分摊期间费用 4	纳税调整额 5	项目所得额 6(1-2-3-4+5)	减免所得额 7
1	一、农、林、牧、渔业项目(2+13)							
2	(一)免税项目(3+4+5+6+7+8+9+11+12)							
3	1.蔬菜、谷物、薯类、油料、豆类、棉花、麻类、糖料、水果、坚果的种植							
4	2.农作物新品种的选育							
5	3.中药材的种植							
6	4.林木的培育和种植							
7	5.牲畜、家禽的饲养							
8	6.林产品的采集							
9	7.灌溉、农产品初加工、兽医、农技推广、农机作业和维修等农、林、牧、渔服务业项目							
10	其中:农产品初加工							
11	8.远洋捕捞							
12	9.其他							
13	(二)减半征税项目(14+15+16)							
14	1.花卉、茶以及其他饮料作物和香料作物的种植							
15	2.海水养殖、内陆养殖							
16	3.其他							
17	二、国家重点扶持的公共基础设施项目(18+19+20+21+22+23+24+25)							
18	(一)港口码头项目							
19	(二)机场项目							

续表 5-15

行次	项 目	项目收入 1	项目成本 2	相关税费 3	应分摊期间费用 4	纳税调整额 5	项目所得额 6(1−2−3−4+5)	减免所得额 7
20	(三)铁路项目							
21	(四)公路项目							
22	(五)城市公共交通项目							
23	(六)电力项目							
24	(七)水利项目							
25	(八)其他项目							
26	三、符合条件的环境保护、节能节水项目(27+28+29+30+31+32)							
27	(一)公共污水处理项目							
28	(二)公共垃圾处理项目							
29	(三)沼气综合开发利用项目							
30	(四)节能减排技术改造项目							
31	(五)海水淡化项目							
32	(六)其他项目							
33	四、符合条件的技术转让项目(34+35)							
34	(一)技术转让所得不超过 500 万元部分							
35	(二)技术转让所得超过 500 万元部分							
36	五、其他专项优惠项目(37+38+39)							
37	(一)实施清洁发展机制项目							
38	(二)符合条件的节能服务公司实施合同能源管理项目							
39	(三)其他							
40	合计(1+17+26+33+36)							

表 5-16 抵扣应纳税所得额明细表

行次	项 目	金 额
一、创业投资企业直接投资于未上市中小高新企业按投资额一定比例抵扣应纳税所得额		
1	本年新增的符合条件的股权投资额	
2	税收规定的抵扣率	70%
3	本年新增的可抵扣的股权投资额（1 行×2 行）	
4	以前年度结转的尚未抵扣的股权投资余额	
5	本年可抵扣的股权投资额（3 行＋4 行）	
6	本年可用于抵扣的应纳税所得额	
7	本年实际抵扣应纳税所得额（5 行≤6 行,本行=5 行;5 行>6 行,本行=6 行）	
8	结转以后年度抵扣的股权投资余额（5>6,本行=5-7 行;5≤6,本行=0）	
二、通过有限合伙制创业投资企业投资未上市中小高新企业按一定比例抵扣分得的应纳税所得额		
9	本年从有限合伙企业应分得的应纳税所得额	
10	本年新增的可抵扣投资额	
11	以前年度结转的可抵扣投资额余额	
12	本年可抵扣投资额（10 行＋11 行）	
13	本年实际抵扣应分得的应纳税所得额（9 行≤12 行,本行=9 行;9 行>12 行,本行=12 行）	
14	结转以后年度抵扣的投资额余额（9 行≤12 行,本行=12 行-9 行;9 行>12 行,本行=0）	
三、抵扣应纳税所得额合计		
15	合计（7 行＋13 行）	

表 5-17 减免所得税优惠明细表

行次	项 目	金 额
1	一、符合条件的小型微利企业	
2	其中:减半征税	
3	二、国家需要重点扶持的高新技术企业(4+5)	
4	(一)高新技术企业低税率优惠(填写 A107041)	
5	(二)经济特区和上海浦东新区新设立的高新技术企业定期减免(填写 A107041)	
6	三、其他专项优惠(7+8+9+10+11…+14+15+16+…+31)	
7	(一)受灾地区损失严重的企业(7.1+7.2+7.3)	
7.1	其中:1.	
7.2	2.	
7.3	3.	
8	(二)受灾地区农村信用社(8.1+8.2+8.3)	
8.1	其中:1.	
8.2	2.	
8.3	3.	
9	(三)受灾地区的促进就业企业(9.1+9.2+9.3)	
9.1	其中:1.	
9.2	2.	
9.3	3.	
10	(四)支持和促进重点群体创业就业企业(10.1+10.2+10.3)	
10.1	其中:1. 下岗失业人员再就业	
10.2	2. 高校毕业生就业	
10.3	3. 退役士兵就业	
11	(五)技术先进型服务企业	
12	(六)动漫企业	
13	(七)集成电路线宽小于 0.8 微米(含)的集成电路生产企业	

续表 5-17

行次	项　目	金　额
14	(八)集成电路线宽小于 0.25 微米的集成电路生产企业(14.1+14.2)	
14.1	其中:1.定期减免企业所得税	
14.2	2.减按 15%税率征收企业所得税	
15	(九)投资额超过 80 亿元人民币的集成电路生产企业(15.1+15.2)	
15.1	其中:1.定期减免企业所得税	
15.2	2.减按 15%税率征收企业所得税	
16	(十)新办集成电路设计企业(填写 A107042)	
17	(十一)国家规划布局内重点集成电路设计企业	
18	(十二)集成电路封装、测试企业	
19	(十三)集成电路关键专用材料生产企业或集成电路专用设备生产企业	
20	(十四)符合条件的软件企业(填写 A107042)	
21	(十五)国家规划布局内重点软件企业	
22	(十六)经营性文化事业单位转制企业	
23	(十七)符合条件的生产和装配伤残人员专门用品企业	
24	(十八)设在西部地区的鼓励类产业企业	
25	(十九)新疆困难地区新办企业	
26	(二十)新疆喀什、霍尔果斯特殊经济开发区新办企业	
27	(二十一)横琴新区、平潭综合实验区和前海深港现代化服务业合作区企业	
28	(二十二)享受过渡期税收优惠企业	
29	(二十三)其他 1	
30	(二十四)其他 2	
31	(二十五)其他 3	
32	四、减:项目所得额按法定税率减半征收企业所得税叠加享受减免税优惠	
33	五、减免地方分享所得税的民族自治地方企业	
34	合计:(1+3+6+32+33)	

表 5-18 税额抵免优惠明细表

行次	项目	年度	本年前抵免应纳税额	本年允许抵免的专用设备投资额	本年可抵免税额	以前年度已抵免额						本年实际抵免的各年度税额	可结转以后年度抵免的税额
						前五年度	前四年度	前三年度	前二年度	前一年度	小计		
		1	2	3	4=3×10%	5	6	7	8	9	10(5+6+7+8+9)	11	12(4-10-11)
1	前五年度												
2	前四年度												
3	前三年度												
4	前二年度												
5	前一年度												
6	本年度												
7	本年实际抵免税额合计												
8	可结转以后年度抵免的税额合计												
9	专用设备投资情况 本年允许抵免的环境保护专用设备投资额												
10	本年允许抵免的节能节水的专用设备投资额												
11	本年允许抵免的安全生产专用设备投资额												

表 5-19 境外所得税收抵免明细表

行次	国家（地区）	境外税前所得	境外所得纳税调整后所得	弥补境外以前年度亏损	境外应纳税所得额	抵减境内亏损	抵减境内亏损后的境外应纳税所得额	税率	境外所得应纳税额	境外所得可抵免税额	境外所得抵免限额	本年可抵免境外所得税额	未超过境外所得税抵免限额的余额	本年可抵免以前年度未抵免境外所得税额	按低于12.5%的实际税率计算的抵免额	按12.5%计算的抵免额	按25%计算的抵免额	小计	境外所得抵免所得税额合计
															按简易办法计算				
	1	2	3	4	5(3-4)	6	7(5-6)	8	9(7×8)	10	11	12	13(11-12)	14	15	16	17	18(15+16+17)	19(12+14+18)
1																			
2																			
3																			
4																			
5																			
6																			
7																			
8																			
9																			
10	合计																		

表5-20　境外所得纳税调整后所得明细表

国家（地区）	行次	境外税后所得								境外所得可抵免的所得税额				境外税前所得	境外分支机构收入与支出纳税调整额	境外分支机构调整摊扣除的有关成本费用	境外所得应调整的相关成本费用支出	境外所得纳税调整后所得
		分支机构营业利润所得	股息、红利等权益性投资所得	利息所得	租金所得	特许权使用费所得	财产转让所得	其他所得	小计	直接缴纳的所得税额	间接负担的所得税额	享受税收饶让抵免税额	小计					
		1	2	3	4	5	6	7	8	9(2+3+4+5+6+7+8)	10	11	12	13(10+11+12)	14(9+10+11)	15	16	17	18(14+15-16-17)
	1																	
	2																	
	3																	
	4																	
	5																	
	6																	
	7																	
	8																	
	9																	
合计	10																	

表 5-21　跨地区经营汇总纳税企业年度分摊企业所得税明细表

行次	项　目	金额
1	一、总机构实际应纳所得税额	
2	减:境外所得应纳所得税额	
3	加:境外所得抵免所得税额	
4	二、总机构用于分摊的本年实际应纳所得税(1-2+3)	
5	三、本年累计已预分、已分摊所得税(6+7+8+9)	
6	(一)总机构向其直接管理的建筑项目部所在地预分的所得税额	
7	(二)总机构已分摊所得税额	
8	(三)财政集中已分配所得税额	
9	(四)总机构所属分支机构已分摊所得税额	
10	其中:总机构主体生产经营部门已分摊所得税额	
11	四、总机构本年度应分摊的应补(退)的所得税(4-5)	
12	(一)总机构分摊本年应补(退)的所得税额(11×25%)	
13	(二)财政集中分配本年应补(退)的所得税额(11×25%)	
14	(三)总机构所属分支机构分摊本年应补(退)的所得税额(11×50%)	
15	其中:总机构主体生产经营部门分摊本年应补(退)的所得税额	
16	五、总机构境外所得抵免后的应纳所得税额(2-3)	
17	六、总机构本年应补(退)的所得税额(12+13+15+16)	

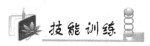

技能训练

一、单项选择题

1.以下不是企业所得税纳税人的是(　　)。

A.外商投资企业　　　　　　　B.私营有限责任公司

C.个人独资企业　　　　　　　D.有经营所得的事业单位

2.在计算企业所得税应纳税所得额时,下列项目准予从收入总额中直接扣除的是(　　)。

A.对外投资的支出　　　　　　B.各项税收滞纳金、罚款支出

C.无形资产开发形成资产的部分　D.用于对外投资的借款费用

3.下列各项利息收入中,不计入企业所得税应纳税所得额的是(　　)。

A.企业债券利息收入　　　　　B.外单位欠款付给的利息收入

C.购买国债的利息收入　　　　D.银行存款利息收入

4.某家电生产企业 2018 年营业收入 3 000 万元,广告费支出 500 万元,业务宣传费

支出 20 万元。则 2018 年准予税前扣除的广告费和业务宣传费合计为（　　　）万元。

  A. 295   B. 465   C. 520   D. 450

  5. 下列哪些项目支出允许在税前扣除？（　　　）

  A. 广告性赞助支出   B. 对关联企业的赞助支出

  C. 环保部门的罚款支出   D. 厂长子女的学杂费支出

  6. 下列税种在计算企业所得税应纳税所得额时，不准从收入额中扣除的税金是（　　　）。

  A. 增值税   B. 消费税   C. 城市维护建设税   D. 土地增值税

  7. 企业发生的下列保险费用，不准在企业所得税税前扣除的是（　　　）。

  A. 纳税人按规定上交社保部门的职工养老保险金

  B. 纳税人参加财产保险和运输保险，按规定缴纳的保险费用

  C. 纳税人按国家规定为特殊工种职工支付的人身安全保险费

  D. 纳税人为其投资者向商业保险机构投保的人寿保险的保险费用

二、多项选择题

  1. 在计算企业所得税时，允许扣除的税金有（　　　）。

  A. 增值税   B. 消费税   C. 城市维护建设税   D. 个人所得税

  2. 下列各项中，不得在企业所得税税前扣除的有（　　　）。

  A. 企业缴纳的消费税   B. 企业缴纳的增值税

  C. 以前纳税年度应提未提的折旧 D. 纳税人支付给总机构的管理费

  3. 计算企业所得税应纳税所得额时，允许扣除的保险费用包括（　　　）。

  A. 按规定上交保险公司的保险费

  B. 向劳动部门上交的职工养老保险金

  C. 保险公司给予纳税人的无赔款优待

  D. 为特定职工支付的人身安全保险费

  4. 某生产企业（一般纳税人）因意外事故损失原材料 30 万元，保险公司同意赔付 4 万元，其余损失已报经税务机关审批扣除，则该中小企业股份转让时额时的正确做法是（　　　）。

  A. 税前准予扣除的损失为 26 万元

  B. 税前准予扣除的损失为 30 万元

  C. 税前不得扣除的损失为 4 万元

  D. 损失原材料而转出的进项税准予在所得税前扣除

  5. 在计算企业业务招待费税前准许扣除限额时，计算的基数为销售（经营）收入净额，下列收入中可计入收入净额的是（　　　）。

  A. 主营收入   B. 其他业务收入

  C. 股权投资的持有收益   D. 罚没收入

  6. 下列收入项目中，应计入企业收入总额计征企业所得税的有（　　　）。

  A. 固定资产的盘盈收入   B. 教育费附加返还款

C.接受捐赠的现金收入　　　　　　D.包装物押金收入

7.在计算应纳税所得额时,允许扣除的"费用"是指( )。

A.销售(经营)费用　　 B.管理费用　　 C.财务费用　　 D.制造费用

8.在计算企业所得税应纳税所得额时,不准从收入总额中扣除的项目有( )。

A.违法经营的罚款和被没收财物的损失

B.为促销商品发生的广告性支出

C.遭受自然灾害有赔偿的部分

D.销售货物给购货方的回扣支出

三、案例分析题

1.鲁中地区一家机械制造企业,2018年实现税前收入总额1 900万元(其中包括产品销售收入1 800万元、购买国库券利息收入100万元),发生各项成本费用共计1 000万元,其中包括:合理的工资薪金总额200万元,业务招待费100万元,职工福利费60万元,职工教育经费20万元,工会经费10万元,税收滞纳金10万元,提取的各项准备金支出100万元,企业当年购置环境保护专用设备500万元,购置完毕即投入使用。

要求:计算该企业当年应缴纳的企业所得税额(假定企业以前年度无未弥补亏损)。

2.某居民企业2018年度经营业务如下。

(1)取得产品销售收入5 000万元,发生产品销售成本3 800万元。

(2)材料销售收入800万元,材料销售成本600万元。

(3)取得购买国债的利息收入40万元。

(4)取得直接投资其他居民企业的权益性收益60万元(已在投资方所在地按15%的税率缴纳了所得税)。

(5)发生销售费用500万元,管理费用480万元(其中业务招待费为25万元,研究开发费用为60万元),财务费用90万元。

(6)销售税金为160万元(含缴纳的增值税120万元)。

(7)实现营业外收入80万元,发生营业外支出70万元(含通过公益性社会团体捐款50万元,支付税收滞纳金10万元)。

(8)计入成本、费用中的实发工资总额为200万元、拨缴职工工会经费5万元、支出职工福利费31万元,发生职工教育经费18万元。

要求:计算该企业2018年度实际应纳的企业所得税。

项目六　个人所得税实务

1. 了解个人所得税的含义、税制模式和特点；
2. 熟悉个人所得税的纳税义务人、纳税对象、税率设置；
3. 了解个人所得税的税收优惠政策。

1. 能正确确定个人所得税的应纳税所得额；
2. 能正确计算个人所得税的应纳税额；
3. 能正确进行个人所得税的申报。

本项目系统地阐述了我国个人所得税相关法规的基本内容，举例说明了不同应税项目个人所得税的计算原理、具体计算方法和纳税申报技能；站在企业的角度阐述了其应履行的代（预）扣代（预）缴义务及相应的处理方法。

任务一　个人所得税认知

一、个人所得税概述

（一）个人所得税的含义

个人所得税是以个人（自然人）取得的各项应税所得为征税对象所征收的一种税。该税种是以个人的劳动和非劳动应税所得为课税对象的一种所得税。它体现了国家对个人所得的调节，是世界各国普遍征收的一个税种，也是一些国家最主要的税收来源。

1980 年 9 月 10 日第五届全国人民代表大会第三次会议审议通过并同时颁布实施的《中华人民共和国个人所得税法》，是我国最早的个人所得税法。1993 年 10 月 31 日，第八届全国人民代表大会常务委员会第四次会议对《中华人民共和国个人所得税法》进行了修正，自 1994 年 1 月 1 日起施行。2011 年 6 月 30 日第十一届全国人民代表大会常务委员会第二十一次会议通过了《关于修改〈中华人民共和国个人所得税法〉的决定》，对《中华人民共和国个人所得税法》进行了第六次修正,自 2011 年 9 月 1 日起施行。2018 年 8 月 31 日第十三届全国人民代表大会常务委员会第五次会议通过了《关于修改〈中华人民共和国个人所得税法〉的决定》,对《中华人民共和国个人所得税法》(以下简称《个人所得税法》)进行了第七次修正,自 2019 年 1 月 1 日起施行。

(二)个人所得税的作用

(1)调节收入分配,体现社会公平。随着经济的发展,我国人民的生活水平不断提高,一部分人已经达到较高的收入水平。因此,有必要对个人收入进行适当的税收调节。在保证人们基本生活费用支出不受影响的前提下,高收入者多纳税,中等收入者少纳税,低收入者不纳税,以此缓解社会分配不公的矛盾,在不损害分配效率的前提下体现社会公平。

(2)扩大聚财渠道,增加财政收入。目前我国个人所得税收入占全部税收收入的比重不断提高,成为国家筹集财政收入的渠道之一。随着经济的发展,居民的收入水平还将继续提高,个人所得税占全部税收收入的比重也将继续提高,最终将成为我国的主体税种之一。

(3)增强纳税意识,树立义务观念。长期以来,我国公民的纳税意识普遍较为淡薄,义务观念也比较缺乏。通过对《个人所得税法》的宣传,税收的管理和税款的缴纳,源泉扣缴和自行申报制度实施,使公民在纳税过程中逐步树立公民必须依法履行纳税义务的观念。

二、个人所得税的纳税人

个人所得税的纳税义务人,包括中国公民、个体工商业户、个人独资企业、合伙企业投资者、在中国有所得的外籍人员(包括无国籍人员,下同)和香港、澳门、台湾同胞。上述纳税义务人依据住所和居住时间两个标准,区分为居民纳税人和非居民纳税人,两者分别承担不同的纳税义务。

(一)居民个人

居民个人是指在中国境内有住所,或者无住所而一个纳税年度内在中国境内居住累计满 183 天的个人。纳税年度从 1 月 1 日起至 12 月 31 日止。纳税人所取得的应纳税所得,无论是来源于中国境内还是来源于中国境外的任何地方,都要在中国缴纳个人所得税,负有无限纳税义务。

在中国境内无住所的个人,在中国境内居住累计满 183 天的年度连续不满 6 年的,经向主管税务机关备案,其来源于中国境外且由境外单位或者个人支付的所得,免予缴纳个人所得税;在中国境内居住累计满 183 天的任一年度中有一次离境超过 30 天的,其在中国境内居住累计满 183 天的年度的连续年限重新起算。

"住所标准"和"居住时间标准"只要具备一个就成为居民个人。"住所标准"是指因户籍、家庭、经济利益关系而在中国境内习惯性居住;"居住时间标准"是指在一个纳税年度(即公历 1 月 1 日起至 12 月 31 日止)内,在中国境内居住满 183 日。在计算居住天数时,对临时离境应视同在中国境内居住,不扣减其在中国境内居住的天数。

(二)非居民个人

非居民个人,是指不符合居民个人判定标准的纳税义务人,非居民个人承担有限纳税义务,即仅就其来源于中国境内的所得,向中国缴纳个人所得税。《个人所得税法》规定,非居民个人是在中国境内无住所又不居住或者无住所而在境内居住不满 183 天的个人。也就是说,非居民个人,是指习惯性居住地不在中国境内,而且不在中国境内居住,或者在一个纳税年度内,在中国境内居住不满 183 天的个人。在现实生活中,习惯性居住地不在中国境内的个人,只有外籍人员、华侨或香港、澳门和台湾同胞。因此,非居民个人,实际上只能是在一个纳税年度内,没有在中国境内居住,或者在中国境内居住不满 183 天的外籍人员、华侨或香港、澳门、台湾同胞。

在中国境内无住所的个人,在一个纳税年度内在中国境内居住累计不超过 90 天的,其来源于中国境内的所得,由境外雇主支付并且不由该雇主在中国境内的机构、场所负担的部分,免予缴纳个人所得税。

三、个人所得税的征税对象

(一)工资、薪金所得

工资、薪金所得,是指个人因任职或者受雇而取得的工资、薪金、奖金、年终加薪、劳动分红、津贴、补贴,以及与任职或者受雇有关的其他所得。

年终加薪、劳动分红不分种类和取得情况,一律按工资、薪金所得征税。

不属于工资、薪金性质的补贴、津贴,不征收个人所得税,具体包括:①独生子女补贴;②执行公务员工资制度未纳入基本工资总额的补贴、津贴差额和家属成员的副食补贴;③托儿补助费;④差旅费津贴、误餐补助。

退休人员再任职取得的收入,在减除按税法规定的费用扣除标准后,按工资、薪金所得项目缴纳个人所得税。

离退休人员按规定领取离退休工资或养老金外,另从原任职单位取得的各类补贴、奖金、实物,不属于免税项目,应按工资、薪金所得应税项目的规定缴纳个人所得税。

对商品营销活动中,企业和单位对营销业绩突出的雇员以培训班、研讨会、工作考察等名义组织旅游活动,通过免收差旅费、旅游费对个人实行的营销业绩奖励(包括实物、有价证券等),应根据所发生费用的金额并入营销人员当期的工资、薪金所得,按照工资、薪金所得项目征收个人所得税。

(二)劳务报酬所得

劳务报酬所得,是指个人从事劳务取得的所得,包括从事设计、装潢、安装、制图、化验、测试、医疗、法律、会计、咨询、讲学、翻译、审稿、书画、雕刻、影视、录音、录像、演出、表演、广告、展览、技术服务、介绍服务、经纪服务、代办服务以及其他劳务取得的所得。

上述各项所得一般属于个人独立从事自由职业取得的所得或属于独立个人劳动所得。

在校学生因参与勤工俭学活动(包括参与学校组织的勤工俭学活动)而取得属于《个人所得税法》规定的应税所得项目的所得,应依法缴纳个人所得税。

对商品营销活动中,企业和单位对营销业绩突出的非雇员以培训班、研讨会、工作考察等名义组织旅游活动,通过免收差旅费、旅游费对个人实行的营销业绩奖励(包括实物、有价证券等),应根据所发生费用的金额作为该营销人员当期的劳务收入,按照劳务报酬所得项目征收个人所得税,并由提供上述费用的企业和单位代扣代缴。

(三)稿酬所得

稿酬所得,是指个人因其作品以图书、报刊等形式出版、发表而取得的所得。作品包括文学作品、书画作品、摄影作品,以及其他作品。作者去世后,财产继承人取得的遗作稿酬,也应征收个人所得税。

《个人所得税法》将具有特许权使用费和劳务报酬性质的稿酬所得单独列为一个独立的税目,不仅因为稿酬所得有着不完全等同于特许权使用费所得和一般劳务报酬所得的特点,而且有利于单独制定征税办法,体现国家的优惠、照顾政策。

(四)特许权使用费所得

特许权使用费所得,是指个人提供专利权、商标权、著作权、非专利技术以及其他特许权的使用权取得的所得。提供著作权的使用权取得的所得,不包括稿酬所得。

对于作者将自己的文字作品手稿原件或复印件公开拍卖(竞价)取得的所得,属于提供著作权的使用所得,应按特许权使用费所得项目征收个人所得税。

个人取得特许权的经济赔偿收入,应按特许权使用费所得项目缴纳个人所得税,税款由支付赔偿的单位或个人代扣代缴。

从 2005 年 5 月 1 日起,编剧从电视剧的制作单位取得的剧本使用费,不再区分剧本的使用方是否为其任职单位,统一按特许权使用费所得项目征收个人所得税。

(五)经营所得

经营所得,是指:①个体工商户从事生产、经营活动取得的所得,个人独资企业投资人、合伙企业的个人合伙人来源于境内注册的个人独资企业、合伙企业生产、经营的所得;②个人依法从事办学、医疗、咨询以及其他有偿服务活动取得的所得;③个人对企业、事业单位承包经营、承租经营以及转包、转租取得的所得;④个人从事其他生产、经营活动取得的所得。

个体工商户或个人专营种植业、养殖业、饲养业、捕捞业,其经营项目属于农业税、牧业税征税范围,由于我国已取消农业税,因此从事上述行业目前暂不征收个人所得税。

个体工商户和从事生产经营的个人,取得与生产、经营活动无关的其他各项应税所得,应分别按照有关规定,计算征收个人所得税。

出租车归属为个人的,属于"经营所得",包括:从事个体出租车运营的出租车驾驶员取得的收入;出租车属个人所有,但挂靠出租汽车经营单位或企事业单位,驾驶员向挂靠单位缴纳管理费的;出租汽车经营单位将出租车所有权转移给驾驶员的,出租车驾驶员从事客货运营取得的收入。

出租汽车经营单位对出租车驾驶员采取单车承包或承租方式运营,出租车驾驶员从事客运取得的收入,按工资、薪金所得项目征收个人所得税。

(六)财产租赁所得

财产租赁所得是指个人出租不动产、土地使用权、机器设备、车船以及其他财产取得的所得。其他规定如下。

(1)个人取得的财产转租收入,属于"财产租赁所得"项目。

(2)房地产开发企业与商店购买者个人签订协议,以优惠价格出售其商店给购买者个人,个人购买者在一定期限内必须将购买的商店无偿提供给房地开发企业对外出租使用。对购买者个人少支出的购房价款,按照"财产租赁所得"项目征收个人所得税。

(七)财产转让所得

财产转让所得,是指个人转让有价证券、股权、合伙企业中的财产份额、不动产、机器设备、车船以及其他财产取得的所得。转让境内上市公司股票净所得暂免征收个人所得税,但2010年1月1日起,对个人转让上市公司限售股征收个人所得税。转让境外上市公司股票所得按照财产转让所得缴纳个人所得税。

(八)利息、股息、红利所得

利息、股息、红利所得,是指个人拥有债权、股权等而取得的利息、股息、红利所得。

个人取得国债利息、国家发行的金融债券利息、教育储蓄存款利息,均免征个人所得税。

(九)偶然所得

偶然所得,是指个人得奖、中奖、中彩以及其他偶然性质的所得。其中,得奖,是指参加各种有奖竞赛活动,取得名次获得的奖金;中奖、中彩,是指参加各种有奖活动,如有奖销售、有奖储蓄或购买彩票,经过规定程序,抽中、摇中号码而取得的奖金。

四、个人所得税税率

个人所得税分别按不同个人所得项目,规定了超额累进税率和比例税率两种形式。

(一)综合所得

1.居民个人综合所得

(1)居民个人工资、薪金所得预扣预缴个人所得税的预扣率

居民个人工资、薪金所得预扣预缴个人所得税的预扣率如表6-1所示。

表6-1　居民个人工资、薪金所得预扣预缴个人所得税的预扣率表

级数	累计预扣预缴应纳税所得额	预扣率(%)	速算扣除数(元)
1	不超过36 000元的部分	3	0
2	超过36 000元至144 000元的部分	10	2 520
3	超过144 000元至300 000元的部分	20	16 920
4	超过300 000元至420 000元的部分	25	31 920
5	超过420 000元至660 000元的部分	30	52 920
6	超过660 000元至960 000元的部分	35	85 920
7	超过960 000元的部分	45	181 920

(2)居民个人劳务报酬所得预扣预缴个人所得税的预扣率

居民个人劳务报酬所得预扣预缴个人所得税的预扣率如表6-2所示。

表6-2　居民个人劳务报酬所得预扣预缴个人所得税的预扣率表

级数	预扣预缴应纳税所得额	预扣率(%)	速算扣除数(元)
1	不超过20 000元的部分	20	0
2	超过20 000元至50 000元的部分	30	2 000
3	超过50 000元的部分	40	7 000

（3）居民个人稿酬所得、特许权使用费所得预扣预缴个人所得税的预扣率

居民个人稿酬所得、特许权使用费所得适用 20% 的比例预扣率。

（4）工资、薪金所得，劳务报酬所得，稿酬所得，特许权使用费所得个人所得税的适用税率（非预扣预缴）

工资、薪金所得，劳务报酬所得，稿酬所得，特许权使用费所得统称为综合所得。综合所得，适用 3%～45% 七级超额累进税率。居民个人综合所得个人所得税的税率表（按年）如表 6-3 所示。

表 6-3　居民个人综合所得个人所得税的税率表（按年）

级数	全年应纳税所得额	税率（%）	速算扣除数（元）
1	不超过 36 000 元的部分	3	0
2	超过 36 000 元至 144 000 元的部分	10	2 520
3	超过 144 000 元至 300 000 元的部分	20	16 920
4	超过 300 000 元至 420 000 元的部分	25	31 920
5	超过 420 000 元至 660 000 元的部分	30	52 920
6	超过 660 000 元至 960 000 元的部分	35	85 920
7	超过 960 000 元的部分	45	181 920

注：全年应纳税所得额是指依照《个人所得税法》第六条的规定，居民个人取得综合所得以每一纳税年度收入额减除费用 60 000 元以及专项扣除、专项附加扣除和依法确定的其他扣除后的余额。

2.非居民个人综合所得

非居民个人工资、薪金所得，劳务报酬所得，稿酬所得，特许权使用费所得个人所得税的适用税率如表 6-4 所示（依照表 6-3 按月换算后）。

表 6-4　非居民个人工资、薪金所得，劳务报酬所得，稿酬所得，特许权使用费所得个人所得税的税率表

级数	应纳税所得额	税率（%）	速算扣除数（元）
1	不超过 3 000 元的部分	3	0
2	超过 3 000 元至 12 000 元的部分	10	210
3	超过 12 000 元至 25 000 元的部分	20	1 410
4	超过 25 000 元至 35 000 元的部分	25	2 660
5	超过 35 000 元至 55 000 元的部分	30	4 410
6	超过 55 000 元至 80 000 元的部分	35	7 160
7	超过 80 000 元的部分	45	15 160

（二）经营所得

经营所得，适用 5%～35% 五级超额累进税率。经营所得个人所得税的税率表如表 6-5 所示。

表 6-5　经营所得个人所得税的税率表

级数	全年应纳税所得额	税率(%)	速算扣除数(元)
1	不超过 30 000 元的部分	5	0
2	超过 30 000 元至 90 000 元的部分	10	1 500
3	超过 90 000 元至 300 000 元的部分	20	10 500
4	超过 300 000 元至 500 000 元的部分	30	40 500
5	超过 500 000 元的部分	35	65 500

（三）财产租赁所得

财产租赁所得，财产转让所得，利息、股息、红利所得和偶然所得，适用比例税率，税率为 20%。

五、个人所得税的优惠政策

（一）免税项目

（1）省级人民政府、国务院部委和中国人民解放军军以上单位，以及外国组织、国际组织颁发的科学、教育、技术、文化、卫生、体育、环境保护等方面的奖金。

（2）国债和国家发行的金融债券利息。其中，国债利息，是指个人持有中华人民共和国财政部发行的债券而取得的利息；国家发行的金融债券利息，是指个人持有经国务院批准发行的金融债券而取得的利息所得。

（3）按照国家统一规定发给的补贴、津贴，是指按照国务院规定发给的政府特殊津贴、院士津贴，以及国务院规定免纳个人所得税的其他补贴、津贴。

（4）福利费、抚恤金、救济金。福利费，是指根据国家有关规定，从企业、事业单位、国家机关、社会组织提留的福利费或者工会经费中支付给个人的生活补助费；救济金，是指各级人民政府民政部门支付给个人的生活困难补助费。

（5）保险赔款。

（6）军人的转业费、复员费、退役金。

（7）按照国家统一规定发给干部、职工的安家费、退职费、退休工资、离休工资、离休生活补助费。除离退休人员按规定领取离退休工资或养老金外，另从原任单位取得的各类补贴、奖金、实物，不属于免税的退休工资、离休工资、离休生活补助费，应按"工资、薪金所得"应税项目的规定缴纳个人所得税。

（8）依照我国有关法律规定应予免税的各国驻华使馆、领事馆的外交代表、领事官员和其他人员的所得。

（9）中国政府参加的国际公约、签订的协议中规定免税的所得。

（10）对外籍个人取得的探亲费免征个人所得税。可以享受免征个人所得税优惠待遇的探亲费，仅限于外籍个人在我国的受雇地与其家庭所在地（包括配偶或父母居住地）之间搭乘交通工具且每年不超过两次的费用。

（11）按照国家规定，单位为个人缴付和个人缴付的住房公积金、基本医疗保险费、基本养老保险费、失业保险费，从纳税义务人的应纳税所得额中扣除。

(12)个人取得的拆迁补偿款按有关规定免征个人所得税。

(13)经国务院财政部门批准免税的其他所得。

(二)减税项目

(1)残疾、孤老人员和烈属的所得。

(2)因严重自然灾害造成重大损失的。

(3)其他经国务院财政部门批准减税的。

上述减税项目的减征幅度和期限,由省、自治区、直辖市人民政府规定。

(三)暂免征税项目

根据《财政部 税务总局关于个人所得税若干政策问题的通知》《财政部 税务总局关于个人所得税法修改后有关优惠政策衔接问题的通知》等文件的规定,对下列所得暂免征收个人所得税。

(1)2019 年 1 月 1 日至 2021 年 12 月 31 日期间,外籍个人符合居民个人条件的,可以选择享受个人所得税专项附加扣除,也可以选择按照《财政部 税务总局关于个人所得税若干政策问题的通知》等文件的规定,享受住房补贴、语言训练费、子女教育费等津补贴免税优惠政策,但不得同时享受。外籍个人一经选择,在一个纳税年度内不得变更。

自 2022 年 1 月 1 日起,外籍个人不再享受住房补贴、语言训练费、子女教育费津补贴免税优惠政策,应按规定享受专项附加扣除。

(2)个人的股票转让所得暂不征收个人所得税。

(3)个人举报、协查各种违法、犯罪行为而获得的奖金。

(4)个人办理代扣代缴手续,按规定取得的扣缴手续费。

(5)个人转让自用达 5 年以上,并且是唯一的家庭生活用房取得的所得,暂免征收个人所得税。

(6)对个人购买福利彩票、赈灾彩票、体育彩票,一次中奖收入在 1 万元以下的(含 1 万元)暂免征收个人所得税,超过 1 万元的,全额征收个人所得税。

(7)个人取得单张有奖发票奖金所得不超过 800 元(含 800 元)的,暂免征收个人所得税。

(8)达到离休、退休年龄,但确因工作需要,适当延长离休退休年龄的高级专家(指享受国家发放的政府特殊津贴的专家、学者),其在延长离休退休期间的工资、薪金所得,视同退休工资、离休工资,免征个人所得税。

(9)对国有企业职工,因企业依照《中华人民共和国企业破产法》宣告破产,从破产企业取得的一次性安置费收入,免予征收个人所得税。

(10)职工与用人单位解除劳动关系取得的一次性补偿收入(包括用人单位发放的经济补偿金、生活补助费和其他补助费用),在当地上年职工年平均工资 3 倍数额内的部分,可免征个人所得税。超过该标准的一次性补偿收入,应按照国家有关规定征收个人所得税。

(11)个人领取原提存的住房公积金、医疗保险金、基本养老保险金,以及具备《失业保险条例》中规定条件的失业人员领取的失业保险金,免予征收个人所得税。

(12)自 2008 年 10 月 9 日(含)起,对储蓄存款利息所得暂免征收个人所得税。

(13)自 2015 年 9 月 8 日起,个人从公开发行和转让市场取得的上市公司股票,持股期限超过 1 年的,股息红利所得暂免征收个人所得税。

(14)房屋产权无偿赠与。

任务二　个人所得税计算

我国的个人所得税自 2019 年 1 月 1 日起,采用综合与分类相结合的所得税制,居民个人取得的工资薪金、劳务报酬、稿酬和特许权使用费四项所得按纳税年度合并计算个人所得税,有扣缴义务人的,由扣缴义务人按月或者按次预扣预缴税款,需要办理汇算清缴的,在取得所得的次年规定时间内办理汇算清缴;非居民个人取得的工资薪金、劳务报酬、稿酬和特许权使用费四项所得按月或者按次分项计算个人所得税;对取得的经营、利息股息红利、财产租赁、财产转让、偶然五项所得分别适用不同的费用扣除标准、不同的税率和不同的计税方法。

一、居民个人综合所得应纳税额的计算

(一)应纳税所得额的确定

以居民个人每一纳税年度的收入额减除费用 60 000 元以及专项扣除、专项附加扣除和依法确定的其他扣除后的余额,为综合所得应纳税所得额。其计算公式为

应纳税所得额＝每一纳税年度的收入总额－费用 60 000 元－专项扣除－专项附加扣除
　　　　　　－依法确定的其他扣除

综合所得,包括工资、薪金所得,劳务报酬所得,稿酬所得,特许权使用费所得四项。劳务报酬所得、稿酬所得、特许权使用费所得以收入减除 20% 的费用后的余额为收入额。稿酬所得的收入额减按 70% 计算。

专项扣除、专项附加扣除和依法确定的其他扣除,以居民个人一个纳税年度的应纳税所得额为限额;一个纳税年度扣除不完的,不结转以后年度扣除。

1. 专项扣除

专项扣除包括居民个人按照国家规定的范围和标准缴纳的基本养老保险、基本医疗保险、失业保险等社会保险费和住房公积金等。

2. 专项附加扣除

专项附加扣除包括子女教育、继续教育、大病医疗、住房贷款利息和住房租金、赡养老人 6 项。

(1)子女教育专项附加扣除

①扣除标准。纳税人的子女接受全日制学历教育的相关支出,按照每个子女每月 1 000 元的标准定额扣除。包括年满 3 岁至小学入学前教育、义务教育(小学、初中教育)、高中阶段教育(普通高中、中等职业、技工教育)、高等教育(大学专科、大学本科、硕士研究生、博士研究生教育)。

②扣除办法。父母可以选择由其中一方按扣除标准的 100% 扣除,也可以选择由双

方分别按扣除标准的 50% 扣除,具体扣除方式在一个纳税年度内不能变更。子女,是指婚生子女、非婚生子女(私生子女)、继子女(是指丈夫与前妻或妻子与前夫所生的子女)、养子女。

③需要提供涉税资料或专项附加扣除项目的支出凭证。

注意:纳税人子女在境外接受教育的,应当留存境外学校录取通知书、留学签证等境外教育佐证资料。

(2)继续教育专项附加扣除

①扣除标准。纳税人在中国境内接受学历(学位)继续教育的支出,在学历(学位)教育期间按照每月 400 元定额扣除。同一学历(学位)继续教育的扣除期限不能超过 48 个月。纳税人接受技能人员职业资格继续教育、专业技术人员职业资格继续教育的支出,在取得相关证书的当年,按照 3 600 元定额扣除。

②扣除办法。个人接受本科及以下学历(学位)继续教育,符合规定扣除条件的,可选择由其父母扣除,也可选择由本人扣除。

③首次享受继续教育专项附加扣除的起止时间。学历(学位)继续教育,为在中国境内接受学历(学位)继续教育入学的当月至学历(学位)继续教育结束的当月,同一学历(学位)继续教育的扣除期限最长不得超过 48 个月。技能人员职业资格继续教育、专业技术人员职业资格继续教育,为取得相关证书的当年。

④需要提供涉税资料或专项附加扣除项目的支出凭证。

(3)大病医疗专项附加扣除

①大病医疗的界定。一个纳税年度内,在社会医疗保险管理信息系统记录的(包括医保目录范围内的自付部分和医保目录范围外的自费部分)由个人负担超过 1.5 万元的医药费用支出部分,为大病医疗支出。

②扣除标准。在一个纳税年度内,纳税人发生的与基本医保相关的医药费用支出,扣除医保报销后个人负担(指医保目录范围内的自付部分)累计超过 1.5 万元的部分,由纳税人在办理年度汇算清缴时,在 8 万元限额内据实扣除。

③扣除办法。纳税人发生的医药费用支出可以选择由本人或者其配偶扣除;未成年子女发生的医药费用支出可以选择由其父母一方扣除。纳税人及其配偶、未成年子女发生的医药费用支出,分别计算扣除额。

(4)住房贷款利息专项附加扣除

①扣除标准。纳税人本人或者配偶单独或者共同使用商业银行或者住房公积金个人住房贷款为本人或者其配偶购买中国境内住房,发生的首套住房贷款利息支出,在实际发生贷款利息的年度,按照每月 1 000 元的标准定额扣除,扣除期限最长不超过 240 个月。纳税人只能享受一次首套住房贷款的利息扣除。首套住房贷款是指购买住房享受首套住房贷款利率的住房贷款。

②扣除办法。经夫妻双方约定,可以选择由其中一方扣除,具体扣除方式在一个纳税年度内不能变更。夫妻双方婚前分别购买住房发生的首套住房贷款,其贷款利息支出,婚后可以选择其中一套购买的住房,由购买方按扣除标准的 100% 扣除,也可以由夫妻双方对各自购买的住房分别按扣除标准的 50% 扣除,具体扣除方式在一个纳税年度内不能

变更。

（5）住房租金专项附加扣除

①扣除条件。纳税人本人及配偶在纳税人的主要工作城市（主要工作城市是指纳税人任职受雇的直辖市、计划单列市、副省级城市、地级市（地区、州、盟）全部行政区域范围；纳税人无任职受雇单位的，为受理其综合所得汇算清缴的税务机关所在城市）没有住房，而在主要工作城市租赁住房发生的租金支出，可以按照住房租金专项附加扣除标准定额扣除（不要发票）。

②扣除标准。纳税人在主要工作城市没有自有住房而发生的住房租金支出，可以按照以下标准定额扣除：a. 直辖市、省会（首府）城市、计划单列市以及国务院确定的其他城市，扣除标准为每月 1 500 元；b. 除第一项所列城市以外，市辖区户籍人口超过 100 万的城市，扣除标准为每月 1 100 元；c. 市辖区户籍人口不超过 100 万的城市，扣除标准为每月 800 元。

纳税人的配偶在纳税人的主要工作城市有自有住房的，视同纳税人在主要工作城市有自有住房。

（6）赡养老人专项附加扣除

①赡养老人的年龄标准。赡养老人的年龄标准是指纳税人赡养 60 岁（含）以上父母以及其他法定被赡养人（被赡养人是指年满 60 岁的父母，以及子女均已去世的年满 60 岁的祖父母、外祖父母）。

②扣除标准。纳税人赡养一位及以上（不论是一个还是两个以上）被赡养人的赡养支出，统一按照以下标准定额扣除：

纳税人为独生子女的，按照每月 2 000 元的标准定额扣除。纳税人为非独生子女的，由其与兄弟姐妹分摊每月 2 000 元的扣除额度，每人分摊的额度不能超过每月 1 000 元。可以由赡养人均摊或者约定分摊，也可以由被赡养人指定分摊。约定或者指定分摊的须签订书面分摊协议，指定分摊优先于约定分摊。具体分摊方式和额度在一个纳税年度内不能变更。

③扣除办法。采取指定分摊或约定分摊方式的，每一纳税人分摊的扣除额最高不得超过每年 12 000 元（每月 1 000 元），并签订书面分摊协议。指定分摊与约定分摊不一致的，以指定分摊为准。

3. 其他扣除

其他扣除包括个人缴付符合国家规定的企业年金、职业年金，个人购买符合国家规定的商业健康保险、税收递延型商业养老保险的支出，以及国务院规定可以扣除的其他项目。

（二）应纳税额的计算

居民个人的综合所得适用 7 级超额累进税率，其计算公式为：

$$应纳税额＝应纳税所得额×适用税率－速算扣除数$$

由于扣缴义务人向居民个人支付工资、薪金所得，劳务报酬所得，稿酬所得，特许权使用费所得时，预扣预缴个人所得税，因此在实际工作中，扣缴义务人需要按月或者按次预扣预缴税款，次年办理汇算清缴。

（1）扣缴义务人向居民个人支付工资、薪金所得时，应当按照累计预扣法计算预扣税款，并按月办理全员全额扣缴申报。具体计算公式为：

本期应预扣预缴税额＝（累计预扣预缴应纳税所得额×预扣率－速算扣除数）

－累计减免税额－累计已预扣预缴税额

累计预扣预缴应纳税所得额＝累计收入－累计免税收入－累计减除费用

－累计专项扣除－累计专项附加扣除

－累计依法确定的其他扣除

其中：累计减除费用，按照 5 000 元/月乘以纳税人当年截至本月在本单位的任职受雇月份数计算。

上述公式中，计算居民个人工资、薪金所得预扣预缴税额的预扣率、速算扣除数，按表 6-1 执行。

（2）扣缴义务人向居民个人支付劳务报酬所得、稿酬所得、特许权使用费所得，按次或者按月预扣预缴个人所得税。具体预扣预缴方法如下。

劳务报酬所得、稿酬所得、特许权使用费所得以收入减除费用后的余额为收入额。其中，稿酬所得的收入额减按 70% 计算。

减除费用：劳务报酬所得、稿酬所得、特许权使用费所得每次收入不超过 4 000 元的，减除费用按 800 元计算；每次收入 4 000 元以上的，减除费用按 20% 计算。

应纳税所得额：劳务报酬所得、稿酬所得、特许权使用费所得，以每次收入额为预扣预缴应纳税所得额。劳务报酬所得适用 20%～40% 的超额累进预扣率，如表 6-2 所示，稿酬所得、特许权使用费所得适用 20% 的比例预扣率。

【学习案例 6-1】

中国公民李某 2019 年全年取得工资、薪金收入 190 000 元。当地规定的社会保险和住房公积金个人缴付比例为：基本养老保险 8%，基本医疗保险 2%，失业保险 0.5%，住房公积金 12%。李某每月缴纳社会保险费核定的缴费工资基数为 10 000 元。李某正在偿还首套住房贷款及贷款利息；李某为独生子女，其独生子正就读大学三年级；李某父母均已年过 60 岁。李某夫妇约定由李某扣除贷款和子女教育费。计算李某 2019 年度应缴纳的个人所得税税额。

【解析】

（1）全年减除费用 60 000 元。

（2）专项扣除＝10 000×（8%＋2%＋0.5%＋12%）×12＝27 000（元）

（3）专项附加扣除如下：

李某子女教育支出实行定额扣除，每年扣除 12 000 元；

李某首套住房贷款利息支出实行定额扣除，每年扣除 12 000 元；

李某赡养老人支出实行定额扣除，每年扣除 24 000 元。

专项附加扣除合计＝12 000＋12 000＋24 000＝48 000（元）

（4）扣除项合计＝60 000＋27 000＋48 000＝135 000（元）

（5）应纳税所得额＝190 000－135 000＝55 000（元）

（6）应纳个人所得税税额＝55 000×10%－2 520＝2 980（元）

【学习案例 6-2】

2019 年 4 月,王某的一本教材在某出版社出版,取得稿酬 6 000 元,当年因添加印数又取得追加稿酬 3 000 元,计算王某所获稿酬应预扣预缴的个人所得税税额。

【解析】

预扣预缴应纳税所得额＝(6 000＋3 000)×(1－20%)×70%＝5 040(元)

预扣预缴应纳税额＝5 040×20%＝1 008(元)

二、非居民个人的工资、薪金所得,劳务报酬所得,稿酬所得,特许权使用费所得税的计算

(一)应纳税所得额的确定

非居民个人的工资、薪金所得,以每月收入额减除费用 5 000 元后的余额为应纳税所得额;劳务报酬所得、稿酬所得、特许权使用费所得,以每次收入额为应纳税所得额。其中,劳务报酬所得、稿酬所得、特许权使用费所得以收入减除 20% 的费用后的余额为收入额。稿酬所得的收入额减按 70% 计算。

非居民个人的劳务报酬所得、稿酬所得、特许权使用费所得,属于一次性收入的,以取得该项收入为一次;属于同一项目连续性收入的,以一个月内取得的收入为一次。

(二)应纳税额的计算

非居民个人工资、薪金所得,劳务报酬所得,稿酬所得,特许权使用费所得适用表 6-4 所列税率计算应纳税额,其计算公式为:

应纳税额＝应纳税所得额×税率－速算扣除数

【学习案例 6-3】

2019 年 5 月,某非居民个人取得劳务报酬所得 20 000 元,计算该笔所得应缴纳的个人所得税税额。

【解析】

应纳税所得额＝20 000－20 000×20%＝16 000(元)

应纳税额＝16 000×20%－1 410＝1 790(元)

【学习案例 6-4】

2019 年 6 月,某非居民个人取得稿酬所得 10 000 元,计算该笔所得应缴纳的个人所得税税额。

【解析】

应纳税所得额＝(10 000－10 000×20%)×70%＝5 600(元)

应纳税额＝5 600×10%－210＝350(元)

三、经营所得应纳税额的计算

(一)应纳税所得额的确定

经营所得的应纳税所得额为每一纳税年度的收入总额减除成本、费用以及损失后的余额。其计算公式为:

应纳税所得额＝收入总额－(成本＋费用＋损失)

成本、费用,是指生产、经营活动中发生的各项直接支出和分配计入成本的间接费用以及销售费用、管理费用、财务费用;损失,是指生产、经营活动中发生的固定资产和存货的盘亏、毁损、报废损失,转让财产损失,坏账损失,自然灾害等不可抗力因素造成的损失以及其他损失。

从事生产、经营活动,未提供完整、准确的纳税资料,不能正确计算应纳税所得额的,由主管税务机关核定应纳税所得额或者应纳税额。

(1)取得经营所得的个人,没有综合所得的,计算其每一纳税年度的应纳税所得额时,应当减除费用 60 000 元、专项扣除、专项附加扣除以及依法确定的其他扣除。专项附加扣除在办理汇算清缴时减除。

(2)个体工商户的生产经营所得准予扣除的项目。准予扣除的有个体工商户生产经营过程中发生的成本、费用、税金、损失、其他支出以及允许弥补的以前年度的亏损。其中税金是指个体工商户在生产经营过程中发生的除个人所得税和允许抵扣的增值税以外的各项税金及附加。

(3)个体工商户的生产经营所得准予在税前列支的标准。

①个体工商户向其从业人员实际支付的合理的工资、薪金支出,以及为其从业人员和业主本人按规定和标准缴纳的"五险一金",允许在税前据实扣除。

②个体工商户在生产经营过程中发生的合理的不需要资本化的借款费用,准予扣除。

③个体工商户在生产经营过程中向金融企业的借款利息支出,准予扣除;向非机构企业和个人的借款利息支出,未超过金融企业同类、同期贷款利率计算的数额部分,准予扣除。

④个体工商户拨缴的工会经费、发生的职工福利费、职工教育经费支出分别在工资、薪金总额 2%、14%、8%的标准内据实扣除。

⑤个体工商户发生的与其生产经营业务活动有关的业务招待费支出,按照发生额的 60%扣除,但最高不得超过当年销售(营业)收入的 5‰。

⑥个体工商户每一纳税年度发生的广告费和业务宣传费用不超过当年销售(营业)收入 15%的部分,可据实扣除;超过部分,准予在以后纳税年度结转扣除。

⑦个体工商户通过公益性社会团体或者县级以上的人民政府及其部门进行的公益性捐赠支出,捐赠额不超过其应纳税所得额 30%的部分,可以据实扣除。财政部、国家税务总局规定可以全额在税前扣除的捐赠支出项目,按有关规定执行。

⑧个体工商户研究开发新产品、新技术、新工艺所发生的开发费用,以及研究开发新产品、新技术而购置单台价值在 10 万元以下的测试仪器和试验性装置的购置费准予直接扣除;单台价值在 10 万元以上(含 10 万元)的测试仪器和试验性装置,按固定资产管理,不得在当期直接扣除。

(4)个体工商户不得在税前列支的项目。包括个人所得税税款;税收滞纳金;罚金、罚款和被没收的财物的损失;不符合规定的捐赠支出;赞助支出;计提的各种准备金;用于个人和家庭的支出;与取得生产经营收入无关的支出;国家税务总局规定的不准扣除的支出。

查账征收的个人独资企业和合伙企业的扣除项目比照个体工商户个人所得税计税办

法的规定确定。

个人独资企业的投资者以全部生产经营所得为应纳税所得额;合伙企业的投资者按照合伙企业的全部生产经营所得和合伙协议约定的分配比例确定应纳税所得额,合伙协议没有约定分配比例的,以全部生产经营所得和合伙人数量平均计算每个投资者的应纳税所得额。生产经营所得,包括企业分配给投资者个人的所得和企业当年留存的所得(利润)。

(二)应纳税额的计算

经营所得适用五级超额累进税率,其应纳税额的计算公式为:

$$应纳税额 = 应纳税所得额 \times 税率 - 速算扣除数$$

由于个体工商户生产、经营所得的应纳税额实行按年计算、分月或分季预缴、年终汇算清缴、多退少补的方法,因此在实际工作中,需要分别计算按月(季)预缴税款和年终汇算清缴税款。其计算公式为:

$$本月应预缴税额 = 本月累计应纳税所得额 \times 适用税率 - 速算扣除数 - 上月累计已预缴税额$$

公式中的适用税率,是指与计算应纳税额的月份累计应纳税所得额对应的税率。

$$全年应纳税额 = 应纳税所得额 \times 适用税率 - 速算扣除数$$

$$应补(退)税额 = 全年应纳税额 - 全年累计已预缴税额$$

【学习案例6-5】

2019年1月1日起,王某承包一餐厅,规定每月取得工资4 000元,年终从企业所得税后利润中上交承包费50 000元,其余经营成果归王某所有。假设2019年该餐厅税后利润95 000元,计算王某2019年应缴纳的个人所得税税额。

【解析】

纳税年度收入总额 = 4 000 × 12 + (95 000 - 50 000) = 48 000 + 45 000 = 93 000(元)

年应纳税所得额 = 93 000 - 5 000 × 12 = 33 000(元)

应纳个人所得税 = 33 000 × 10% - 1 500 = 1 800(元)

四、财产租赁所得应纳税额的计算

(一)应纳税所得额的确定

财产租赁所得以一个月内取得的收入为一次、定额或定率减除规定的费用后的余额为应纳税所得额。每次收入不超过4 000元的,定额减除费用800元;每次收入超过4 000元的,定率减除费用为20%。

在确定财产租赁的应纳税所得额时,租金收入不含增值税,纳税人在出租财产的过程中缴纳的税金(增值税除外)和教育费附加,可持完税凭证,从其财产租赁收入中扣除。个人转租住房时,其向出租房支付的租金及增值税,在计算转租所得时准予扣除。准予扣除的项目除了规定费用和有关税、费外,还准予扣除能够提供有效凭证,证明由纳税人负担的该出租财产实际开支的修缮费用。

每次收入不超过4 000元的,其计算公式为:

应纳税所得额 = 每次(月)收入额 - 合理的税费 - 修缮费用(以800元为限) - 800

每次收入超过 4 000 元的,其计算公式为:

应纳税所得额＝[每次收入额－合理的税费－修缮费用(以 800 元为限)]×(1－20％)

(二)应纳税额的计算

财产租赁所得适用 20％的比例税率。但对个人出租居民住房取得的所得,自 2001 年 1 月 1 日起暂减按 10％的税率征税。其计算公式为:

$$应纳税额＝应纳税所得额×适用税率$$

【学习案例 6-6】

2019 年 1 月,王某将其房屋出租给李某居住,租期 2 个月。王某每月取得租金收入 3 000 元。1 月因下水道堵塞发生修理费用 900 元,有维修发票。计算王某出租住房应缴纳的个人所得税税额。

【解析】

1 月应纳税额＝(3 000－800－800)×10％＝140(元)

2 月应纳税额＝(3 000－100－800)×10％＝210(元)

五、财产转让所得应纳税额的计算

(一)应纳税所得额的确定

财产转让所得以个人每次转让财产取得的收入额减除财产原值和合理费用后的余额为应纳税所得额。其中,"每次"是指以财产的所有权一次转让取得的收入为一次。"财产原值"是指有价证券为买入价以及买入时按照规定缴纳的有关费用;建筑物为建造费或者购进价格以及其他有关费用;土地使用权为取得土地使用权所支付的金额、开发土地的费用以及其他有关费用;机器设备、车船,为购进价格、运输费、安装费以及其他有关费用;其他财产参照以上方法确定。"合理费用"是指卖出财产时按规定支付的有关费用。转让财产应纳税所得额的计算公式为:

$$应纳税所得额＝每次收入额－财产原值－合理费用$$

(二)应纳税额的计算

财产转让所得适用 20％的比例税率。其应纳税额的计算公式为:

$$应纳税额＝应纳税所得额×适用税率$$

【学习案例 6-7】

王某 2019 年 3 月 1 日将一套居住了 3 年的普通住房出售,原值为 12 万元,售价为 30 万元,售房中发生费用 1 万元。计算王某出售房屋应缴纳的个人所得税税额。

【解析】

应纳个人所得税税额＝(30－12－1)×20％＝3.4(万元)

六、利息、股息、红利所得和偶然所得应纳税额的计算

利息、股息、红利所得和偶然所得,以个人每次取得的收入额为应纳税所得额,不得从收入中扣除任何费用。利息、股息、红利所得,偶然所得适用 20％的比例税率。其应纳税额的计算公式为:

$$应纳税额＝应纳税所得额(每次收入)×适用税率$$

【学习案例 6-8】

2018 年 1 月 1 日,王某获得股息收入 20 000 元,计算王某应缴纳的个人所得税税额。

【解析】

应纳个人所得税＝20 000×20％＝4 000(元)

任务三　个人所得税纳税申报

一、预扣预缴(代扣代缴)

(一)扣缴义务人

扣缴申报是指按照税法规定负有扣缴税款义务的单位或者个人,在向个人支付应税款项时,应当依照《个人所得税法》规定预扣或代扣税款,按时向税务机关报送扣缴个人所得税报告表,并专项记载备查。这种做法的目的是控制税源,防止偷漏税和逃税。

纳税人有中国公民身份号码的,以中国公民身份号码为纳税人识别号;纳税人没有中国公民身份号码的,由税务机关赋予其纳税人识别号。扣缴义务人扣缴税款时,纳税人应当向扣缴义务人提供纳税人识别号。

税法规定,凡是支付个人应纳税所得的企业(公司)、事业单位、机关单位、社团组织、军队、驻华机构、个体户等单位或者个人,都是个人所得税的扣缴义务人。扣缴义务人必须依法履行个人所得税全员全额扣缴申报义务,即扣缴义务人向个人支付应税所得时,不论其是否属于本单位人员、支付的应税所得是否达到纳税标准,扣缴义务人应当在预扣或代扣税款的次月内,向主管税务机关报送其支付应税所得个人的基本信息、支付所得项目和数额、扣缴税款数额以及其他相关涉税信息。同时向纳税人提供其个人所得和已扣缴税款等信息。

(二)代(预)扣代(预)缴范围

扣缴义务人向个人支付下列所得时,应代(预)扣代(预)缴个人所得税:工资、薪金所得;对企事业单位的承包经营、承租经营所得;劳务报酬所得;稿酬所得;特许权使用费所得;利息、股息、红利所得;财产租赁所得;财产转让所得;偶然所得;经国务院财政部门确定征税的其他所得。

除大病医疗以外,子女教育、赡养老人、住房贷款利息、住房租金、继续教育,纳税人可以选择在单位发放工资薪金时,按月享受专项附加扣除政策。首次享受时,纳税人填报"个人所得税专项附加扣除信息表"(纸质表格,见表 6-6)给任职受雇单位,单位在每个月发放工资时,像"三险一金"一样,为大家办理专项附加扣除,不得拒绝。

一个纳税年度内,如果没有及时将扣除信息报送任职受雇单位,以致在单位预扣预缴工资、薪金所得税未享受扣除或未足额享受扣除的,纳税人可以在当年剩余月份内向单位申请补充扣除,也可以在次年 3 月 1 日至 6 月 30 日内,向汇缴地主管税务机关进行汇算清缴申报时办理扣除。

表6-6　个人所得税专项附加扣除信息表

填报日期：　年　月　日

纳税人姓名：

扣除年度：

纳税人识别号：□□□□□□□□□□□□□□□□□□

纳税人信息	手机号码		电子邮箱	
	联系地址		配偶情况	□有配偶　□无配偶
纳税人配偶信息	姓　名	身份证件类型	身份证件号码	□□□□□□□□□□□□□□□□□□

一、子女教育

较上次报表信息是否发生变化：□首次报送（请填写全部信息）□无变化（不需重新填写）□有变化（请填写发生变化项目的信息）

子女一	姓　名		身份证件类型	身份证件号码	□□□□□□□□□□□□□□□□□□
	出生日期	年　月	当前受教育阶段	□学前教育阶段　□义务教育　□高中阶段教育　□高等教育	
	当前受教育阶段起始时间	年　月	当前受教育阶段结束时间　年　月	子女教育终止时间　年　月 *不再受教育时填写	
	就读国家（或地区）		就读学校	本人扣除比例	□100%（全额扣除）　□50%（平均扣除）
子女二	姓　名		身份证件类型	身份证件号码	□□□□□□□□□□□□□□□□□□
	出生日期	年　月	当前受教育阶段	□学前教育阶段　□义务教育　□高中阶段教育　□高等教育	
	当前受教育阶段起始时间	年　月	当前受教育阶段结束时间　年　月	子女教育终止时间　年　月 *不再受教育时填写	
	就读国家（或地区）		就读学校	本人扣除比例	□100%（全额扣除）　□50%（平均扣除）

二、继续教育

较上次报表信息是否发生变化：□首次报送（请填写全部信息）□无变化（不需重新填写）□有变化（请填写发生变化项目的信息）

学历（学位）继续教育	当前继续教育起始时间	年　月	当前继续教育结束时间　年　月	学历（学位）继续教育阶段	□专科　□本科　□硕士研究生　□博士研究生　□其他
职业资格继续教育	职业资格继续教育类型	□技能人员　□专业技术人员	证书名称		
	证书编号		发证（批准）机关	发证（批准）日期	

续表6-6

三、住房贷款利息

较上次报表信息是否发生变化：□首次报送（请填写全部信息）　□无变化（不需重新填写）　□有变化（请填写发生变化项目的信息）

房屋信息	住房坐落地址	省（区、市）　　市　　县（区）　　街道（乡、镇）	
	产权证号/不动产登记号/商品房买卖合同/预售合同号		
	本人是否借款人	□是　　□否	
		是否婚前各自首套贷款，且婚后分别扣除50%	□是　　□否
房贷信息	公积金贷款/贷款合同编号		
	商业贷款/贷款合同编号		
	贷款期限（月）	首次还款日期	
		贷款银行	
		首次还款日期	

四、住房租金

较上次报表信息是否发生变化：□首次报送（请填写全部信息）　□无变化（不需重新填写）　□有变化（请填写发生变化项目的信息）

房屋信息	住房坐落地址	省（区、市）　　市　　县（区）　　街道（乡、镇）	
租赁情况	出租方（个人）姓名	身份证件类型	身份证件号码
	出租方（单位）名称		纳税人识别号（统一社会信用代码）
	主要工作城市（＊填写市一级）		住房租赁合同编号（非必填）
	租赁期起		租赁期止

五、赡养老人

较上次报表信息是否发生变化：□首次报送（请填写全部信息）　□无变化（不需重新填写）　□有变化（请填写发生变化项目的信息）

纳税人身份	□独生子女　　□非独生子女		
被赡养人一	姓名	身份证件类型	身份证件号码
	出生日期	与纳税人关系	□父亲　□母亲　□其他

续表 6-6

被赡养人二	姓名	身份证件类型	身份证件号码 □□□□□□□□□□□□□□□□□□
	出生日期	与纳税人关系	

共同赡养人信息	姓名	身份证件类型	□父亲 □母亲 □其他 身份证件号码 □□□□□□□□□□□□□□□□□□
	姓名	身份证件类型	身份证件号码 □□□□□□□□□□□□□□□□□□
	姓名	身份证件类型	身份证件号码 □□□□□□□□□□□□□□□□□□
	姓名	身份证件类型	身份证件号码 □□□□□□□□□□□□□□□□□□

分摊方式：＊独生子女不需填写 □平均分摊 □被赡养人指定分摊 □赡养人约定分摊　　本年度月扣除金额（本年度综合所得年度汇算清缴申报时填写）

六、大病医疗（仅限填写全部信息）

较上次报表信息是否发生变化：□首次报送（请填写全部信息）□无变化（不需填写）□有变化（请填写发生变化项目的信息）

患者一	姓名	身份证件类型	身份证件号码 □□□□□□□□□□□□□□□□□□
	医药费用总金额	个人负担金额	与纳税人关系 □配偶 □本人 □未成年子女
患者二	姓名	身份证件类型	身份证件号码 □□□□□□□□□□□□□□□□□□
	医药费用总金额	个人负担金额	与纳税人关系 □配偶 □本人 □未成年子女

需要在职任职受雇单位预缴工资、薪金所得个人所得税时享受专项附加扣除的，填写本栏。

重要提示：当您填写本栏，表示您已同意该任职受雇单位使用本表信息为您办理专项附加扣除。

扣缴义务人名称		扣缴义务人纳税人识别号（统一社会信用代码）□□□□□□□□□□□□□□□□□□

本人承诺：我已仔细阅读了填表说明，并根据《中华人民共和国个人所得税法》及其实施条例、《个人所得税专项附加扣除暂行办法》、《个人所得税专项附加扣除操作办法(试行)》等相关法律法规规定填写本表。本人已就所填的扣除信息进行了核对，并对所填内容的真实性、准确性、完整性负责。

纳税人签字：　　　　　　　年　月　日

代理机构签章：	受理人：
代理机构统一社会信用代码：	受理税务机关（章）：
经办人签字：	
经办人身份证件号码：	受理日期：　　年　月　日

扣缴义务人签章：

经办人签字：

接收日期：　　年　月　日

税务机关应根据扣缴义务人所扣(预)缴的税款,付给 2‰ 的手续费,由扣缴义务人用于代(预)扣代(预)缴费用开支和奖励代(预)扣代(预)缴工作做得较好的办税人员。

(三)扣缴个人所得税报告表的编制

扣缴义务人向居民个人支付工资、薪金所得,劳务报酬所得,稿酬所得和特许权使用费所得时,实行全员全额预扣预缴申报;向非居民个人支付工资、薪金所得,劳务报酬所得,稿酬所得和特许权使用费所得时,实行全员全额扣缴申报;以及向纳税人(居民个人和非居民个人)支付利息、股息、红利所得,财产租赁所得,财产转让所得和偶然所得时,实行全员全额扣缴申报。

全员全额扣缴申报,是指扣缴义务人应当在代扣税款的次月 15 日内,向主管税务机关报送其支付所得的所有个人的有关信息、支付所得数额、扣除事项和数额、扣缴税款的具体数额和总额以及其他相关涉税信息资料。

扣缴义务人应当在每月或者每次预扣、代扣税款的次月 15 日内,将已扣税款缴入国库,并向税务机关报送"个人所得税扣缴申报表"(见表 6-7)。

二、自行申报

(一)自行申报的范围

自行申报纳税是指由纳税人自行在税法规定的纳税期限内,向税务机关申报取得的应税所得项目和数额,如实填写个人所得税纳税申报表,并按照税法规定计算应纳税额,据此缴纳个人所得税的一种方法。

1. 自行办理纳税申报的范围

凡依据《个人所得税法》负有纳税义务的纳税人,有下列情形之一的,应当按规定办理自行纳税申报:

(1)取得综合所得需要办理汇算清缴;

(2)取得应税所得没有扣缴义务人;

(3)取得应税所得,扣缴义务人未扣缴税款;

(4)取得境外所得;

(5)因移居境外注销中国户籍;

(6)非居民个人在中国境内从两处以上取得工资、薪金所得;

(7)国务院规定的其他情形。

2. 需要办理汇算清缴的范围

个人所得税居民个人取得下列情形的综合所得时需要办理汇算清缴:

(1)在两处或者两处以上取得综合所得,且综合所得年收入额减去专项扣除的余额超过 60 000 元;

(2)取得劳务报酬所得、稿酬所得、特许权使用费所得中一项或者多项所得,且综合所得年收入额减去专项扣除的余额超过 60 000 元;

(3)纳税年度内预缴税额低于应纳税额;

(4)纳税人申请退税。

表 6-7 个人所得税扣缴申报表

税款所属期: 年 月 日至 年 月 日

扣缴义务人名称:

扣缴义务人纳税人识别号(统一社会信用代码):□□□□□□□□□□□□□□□□□□

金额单位:人民币元(列至角分)

序号	姓名	身份证件类型	身份证件号码	是否为非居民个人	所得项目	本月(次)情况														累计情况(工资、薪金)										准予扣除的捐赠额	减按计税比例	税款计算							备注
						收入额计算				专项扣除				其他扣除						累计收入额	累计减除费用	累计专项扣除	累计专项附加扣除					累计其他扣除			应纳税所得额	税率/预扣率	速算扣除数	应纳税额	减免税额	已扣缴税额	应补(退)税额	
						收入	费用	免税收入	减除费用	基本养老保险费	基本医疗保险费	失业保险费	住房公积金	年金	商业健康保险	税延养老保险	财产原值	允许扣除的税费	其他				子女教育	赡养老人	住房贷款利息	住房租金	继续教育											
1	2	3	4	5	6	7	8	9	10	11	12	13	14	15	16	17	18	19	20	21	22	23	24	25	26	27	28	29	30	31	32	33	34	35	36	37	38	39
1																																						40
合计																																						

谨声明:本扣缴申报表是根据国家税收法律法规及相关税收规定填报的,是真实的、可靠的、完整的。

扣缴义务人(签章): 年 月 日

代理机构签章:

代理机构统一社会信用代码:

经办人签字:

经办人身份证件号码:

受理人:

受理税务机关(章):

受理日期: 年 月 日

纳税人申请退税,应当提供其在中国境内开设的银行账户,并在汇算清缴地就地办理税款退库。

纳税人可以委托扣缴义务人或者其他单位和个人办理汇算清缴。

非居民个人取得工资、薪金所得,劳务报酬所得,稿酬所得和特许权使用费所得,有扣缴义务人的,由扣缴义务人按月或者按次代扣代缴税款,不办理汇算清缴。

(二)自行申报的地点

(1)自行申报的纳税人,纳税申报地点分别为:

①在中国境内有任职、受雇单位的,向任职、受雇单位所在地主管税务机关申报。

②在中国境内有两处或者两处以上任职、受雇单位的,选择并固定向其中一处单位所在地主管税务机关申报。

③在中国境内无任职、受雇单位,年所得项目中有经营所得的,向其中一处实际经营所在地主管税务机关申报。

④在中国境内无任职、受雇单位,年所得项目中无经营所得的,向户籍所在地主管税务机关申报。在中国境内有户籍,但户籍所在地与中国境内经常居住地不一致的,选择并固定向其中一地主管税务机关申报。在中国境内没有户籍的,向中国境内经常居住地主管税务机关申报。

(2)从中国境外取得所得的,向中国境内户籍所在地主管税务机关申报。在中国境内有户籍,但户籍所在地与中国境内经常居住地不一致的,选择并固定向其中一地主管税务机关申报。在中国境内没有户籍的,向中国境内经常居住地主管税务机关申报。

(3)个体工商户向实际经营所在地主管税务机关申报。

(4)个人独资、合伙企业投资者兴办两个或两个以上企业的,区分不同情形确定纳税申报地点:

①兴办的企业全部是个人独资性质的,分别向各企业的实际经营管理所在地主管税务机关申报。

②兴办的企业中含有合伙性质的,向经常居住地主管税务机关申报。

③兴办的企业中含有合伙性质,个人投资者经常居住地与其兴办企业的经营管理所在地不一致的,选择并固定向其参与兴办的某一合伙企业的经营管理所在地主管税务机关申报。

(5)除以上情形外,纳税人应当向取得所得所在地主管税务机关申报。

纳税人不得随意变更纳税申报地点,因特殊情况变更纳税申报地点的,须报原主管税务机关备案。

(三)自行申报的期限

(1)居民个人取得综合所得,按年计算个人所得税;有扣缴义务人的,由扣缴义务人按月或者按次预扣预缴税款;需要办理汇算清缴的,应当在取得所得的次年3月1日至6月30日内办理汇算清缴。

(2)纳税人取得经营所得,按年计算个人所得税,由纳税人在月度或者季度终了后15日内向税务机关报送纳税申报表,并预缴税款;在取得所得的次年3月31日前办理汇算清缴。

（3）纳税人取得应税所得没有扣缴义务人的，应当在取得所得的次月 15 日内向税务机关报送纳税申报表，并缴纳税款。

（4）纳税人取得应税所得，扣缴义务人未扣缴税款的，纳税人应当在取得所得的次年 6 月 30 日前，缴纳税款；税务机关通知限期缴纳的，纳税人应当按照期限缴纳税款。非居民个人在次年 6 月 30 日前离境（临时离境除外）的，应当在离境前办理纳税申报。

（5）居民个人从中国境外取得所得的，应当在取得所得的次年 3 月 1 日至 6 月 30 日内申报纳税。

（6）非居民个人在中国境内从两处以上取得工资、薪金所得的，应当在取得所得的次月 15 日内，向其中一处任职、受雇单位所在地主管税务机关办理纳税申报，并报送"个人所得税自行纳税申报表（A 表）"。

（7）纳税人因移居境外注销中国户籍的，应当在注销中国户籍前办理税款清算。

（8）纳税人取得利息、股息、红利所得，财产租赁所得，财产转让所得和偶然所得，按月或者按次计算个人所得税，有扣缴义务人的，由扣缴义务人按月或者按次代扣代缴税款。扣缴义务人每月或者每次预扣、代扣的税款，应当在次月 15 日内缴入国库，并向税务机关报送扣缴个人所得税申报表。

纳税人办理汇算清缴退税或者扣缴义务人为纳税人办理汇算清缴退税的，税务机关审核后，按照国库管理的有关规定办理退税。

（四）自行申报的方式

纳税人可以采用远程办税端、邮寄等方式申报，也可以直接到主管税务机关申报。纳税人办理自行纳税申报时，应当一并报送税务机关要求报送的其他有关资料。首次申报或者个人基础信息发生变化的，还应报送"个人所得税基础信息表（B 表）"。纳税人采取远程办税端方式申报的，应当按照税务机关规定的期限和要求保存有关纸质资料；采取邮寄方式申报的，以邮政部门挂号信函收据作为申报凭据，以寄出的邮戳日期为实际申报日期。纳税人也可以委托有税务代理资质的中介机构或者他人代为办理纳税申报。

需要办理汇算清缴的纳税人，应当在取得所得的次年 3 月 1 日至 6 月 30 日内，向任职、受雇单位所在地主管税务机关办理纳税申报，并报送"个人所得税年度自行纳税申报表"。纳税人有两处以上任职、受雇单位的，选择向其中一处任职、受雇单位所在地主管税务机关办理纳税申报；纳税人没有任职、受雇单位的，向户籍所在地或经常居住地主管税务机关办理纳税申报。纳税人办理综合所得汇算清缴，应当准备与收入、专项扣除、专项附加扣除、依法确定的其他扣除、捐赠、享受税收优惠等相关的资料，并按规定留存备查或报送。

纳税人取得经营所得，按年计算个人所得税，由纳税人在月度或季度终了后 15 日内，向经营管理所在地主管税务机关办理预缴纳税申报，并报送"个人所得税经营所得纳税申报表（A 表）"。在取得所得的次年 3 月 31 日前，向经营管理所在地主管税务机关办理汇算清缴，并报送"个人所得税经营所得纳税申报表（B 表）"；从两处以上取得经营所得的，选择向其中一处经营管理所在地主管税务机关办理年度汇总申报，并报送"个人所得税经营所得纳税申报表（C 表）"。

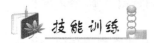

一、单项选择题

1. 下列个人所得中,应计入"工资、薪金所得"项目计征个人所得税的是( )。

A. 误餐补助　　　B. 加班费　　　　C. 托儿费　　　　　D. 独生子女费

2. 非居民个人的下列所得在确认收入额时,适用于减按70%计算的是( )。

A. 特许权使用费所得　　　　　　B. 劳务报酬所得

C. 稿酬所得　　　　　　　　　　D. 工资、薪金所得

3. 根据《个人所得税法》律制度的规定,下列个人中,属于居民个人的是( )。

A. 在中国境内有住所的个人

B. 在中国境内无住所而一个纳税年度内在中国境内居住满180天的个人

C. 在中国境内无住所又不居住的个人

D. 在中国境内无住所而一个纳税年度内在中国境内居住不满180天的个人

4. 根据《个人所得税法》律制度的规定,下列个人所得中,应缴纳个人所得税的是( )。

A. 退休工资　　B. 财产租赁所得　　　C. 保险赔款　　D. 国债利息

5. 根据个人所得税法律制度的规定,个体工商户的下列支出,在计算个人所得税应纳税所得额时,不得扣除的是( )。

A. 生产经营成本　　　　　　　　B. 税收滞纳金

C. 不需要资本化的借款费用　　　D. 在生产经营中因自然灾害造成的损失

6. 下列个人所得中,适用于加成征税规定的是( )。

A. 个体工商户的生产经营所得　　B. 劳务报酬所得

C. 稿酬所得　　　　　　　　　　D. 偶然所得

7. 个体工商户张某在2019年取得营业收入300万元,当年发生的业务宣传费是35万元,上年结转未扣除的业务宣传费为15万元。则张某在计算2019年度个人所得税时,允许扣除的业务宣传费是( )万元。

A. 15　　　　B. 35　　　　　C. 45　　　　　　D. 50

8. 2019年2月,王某出租住房取得不含税的租金收入为3 000元,房屋租赁过程中产生的可以在税前扣除的税费为120元,支付出租房的修缮费为1 000元,则王某2月应缴纳的个人所得税税额是( )元。

A. 108　　　　B. 128　　　　C. 188　　　　　D. 208

9. 个人进行公益救济性的捐赠,可以从应纳税所得额中扣除的比例最高为( )。

A. 30%　　　　B. 3%　　　　C. 100%　　　　D. 50%

10. 根据个人所得税法律制度的规定,股息、利息、红利所得的应纳税所得额是( )。

A. 每年收入额　　B. 每季收入额　　C. 每次收入额　　　D. 每月收入额

二、多项选择题

1.下列利息中,应征个人所得税的有(　　)。

A.国家发行的金融债券利息　　　　　B.公司债券利息

C.企业集资款利息　　　　　　　　　D.储蓄存款利息

2.下列各项中,属于个人所得税纳税义务人的有(　　)。

A.合伙企业中的自然合伙人　　　　　B.一人有限责任公司

C.个体工商户　　　　　　　　　　　D.个人独资企业的投资者个人

3.下列所得中,在计算个人所得税时,以每次收入额为应纳税所得额的有(　　)。

A.股息、利息、红利所得　　　　　　B.财产转让所得

C.财产租赁所得　　　　　　　　　　D.偶然所得

4.下列条件中,符合个人所得税居民纳税人条件的有(　　)。

A.在我国境内有住所的个人

B.在我国境内无住所又不居住的个人

C.在我国境内无住所而一个纳税年度内在中国境内居住不满183天的个人

D.在我国境内无住所而一个纳税年度内在中国境内居住满183天的个人

5.个人的下列收入中,应按"劳务报酬所得"项目缴纳个人所得税的有(　　)。

A.从事设计取得的收入

B.从事讲学取得的收入

C.个人担任董事职务取得的董事费收入

D.从事咨询业务取得的收入

6.根据个人所得税法律制度的规定,下列情形中,纳税人应当依法办理纳税申报的有(　　)。

A.居民个人取得综合所得需要办理汇算清缴

B.取得应税所得,扣缴义务人未扣缴税款

C.取得境外所得

D.取得应税所得没有扣缴义务人

7.在计算个体工商户生产经营所得时,下列税金中,允许扣除的有(　　)。

A.房产税　　　　B.城市维护建设税　　　　C.增值税　　　　D.个人所得税

8.下列所得中,适用超额累进税率的有(　　)。

A.综合所得　　　　B.经营所得　　　　C.偶然所得　　　　D.财产转让所得

9.我国个人所得税采用了(　　)。

A.比例税率　　　　B.定额税率　　　　C.超额累进税率　　　　D.超率累进税率

10.根据个人所得税法律制度的规定,个人通过境内非营利社会团体进行的下列捐赠中,在计算缴纳个人所得税时,准予税前全额扣除的有(　　)。

A.向贫困地区的捐赠　　　　　　　　B.向农村义务教育的捐赠

C.向红十字会的捐赠　　　　　　　　D.向公益性青少年活动场所的捐赠

三、案例分析题

王某为我国公民,是独生子女,父亲年满60周岁,2019年1月取得收入情况如下:

(1)取得工资收入9 000元,个人承担"三险一金"的扣除标准是1 100元。

(2)为某企业员工进行培训取得收入3 000元。

(3)出版著作一本,取得稿酬收入6 000元。

(4)将自己的专利提供给某企业使用,取得收入10 000元。

(5)购买福利彩票,取得中奖收入4 000元。

要求:计算王某2019年1月应该缴纳的个人所得税税额。

项目七　其他税实务

知识目标

1. 理解并掌握各税种的概念及意义；
2. 掌握征税范围的一般规定、特殊规定；
3. 掌握各税种的纳税人和税率、计税依据；
4. 掌握各税种的优惠政策、征收管理办法；
5. 掌握各税种的纳税筹划方法。

能力目标

1. 能正确确定各税种的纳税人及适用税率；
2. 能熟练掌握各税种的纳税申报；
3. 能正确计算各税种税额并进行案例分析；
4. 能向其他财会人员宣传各税种的法规政策，共同进行纳税筹划。

项目引言

在我国，除了大税种还有许多小税种，它们分布广泛、大多是地方税，一般在发生时一次性缴纳。本项目介绍了我国现行的城市维护建设税、教育费附加、印花税、城镇土地使用税、房产税、车船税、契税、土地增值税和资源税等税种的纳税人、征税对象、税率，以及应纳税额的计算和纳税申报的相关业务。

任务一　城市维护建设税、教育费附加实务

一、城市维护建设税认知

城市维护建设税简称城建税，是我国为了加强城市的维护建设，扩大和稳定城市维护建设资金的来源，对有经营收入的单位和个人征收的一个税种。

城市维护建设税是对从事工商经营，缴纳消费税和增值税（以下简称"两税"）的单位和个人征收的一种税。

（一）城市维护建设税的纳税义务人

城市维护建设税的纳税人，是指负有缴纳"两税"义务的单位和个人，包括国有企业、

集体企业、私营企业、股份制企业、行政事业单位、军事单位、社会团体以及个体工商户及其他个人。

(二)城市维护建设税的征税对象

城市维护建设税属于特定目的税,是国家为加强城市的维护建设,扩大和稳定城市维护建设资金的来源而采取的一项税收措施。城市维护建设税同时具有附加税性质,以纳税人实际缴纳的"两税"税额为计税依据,附加于"两税"税额。城市维护建设税本身并没有特定的、独立的征税对象。

(三)城市维护建设税的税率

城市维护建设税的税率实行地区差别比例税率,按照纳税人所在地的不同,税率分别为7%、5%、1%三个档次。具体规定如下。

(1)纳税人所在地为城市市区的,税率为7%。

(2)纳税人所在地为县城、镇的,税率为5%。

(3)纳税人所在地不在城市市区、县城或者镇的,税率为1%。

纳税单位或个人缴纳城市维护建设税的适用税率,一律按其所在地的规定税率执行,所在地的确定以当地政府的行政区划为准。但是,对下列两种特殊情况,可按缴纳"两税"所在地的规定税率,就地缴纳城市维护建设税。

(1)由受托方代征、代扣"两税"的单位和个人。

(2)流动经营等无固定纳税地点的单位和个人。

二、城市维护建设税的计算

(一)计税依据

城市维护建设税的计税依据是纳税人实际缴纳的"两税"税额之和。

(1)城市维护建设税以"两税"税额为计税依据,指的是"两税"实缴税额,不包括加收的滞纳金和罚款。

(2)城市维护建设税是对"两税"税额为计税依据并与"两税"同时征收的,如果要免征或者减征"两税",也就要同时免征或者减征城市维护建设税。但对出口产品退还"两税"的,不退还已缴纳的城市维护建设税。海关对进口产品代征"两税"的,不再征收城市维护建设税。

(二)应纳税额的计算

城市维护建设税应纳税额的大小是由纳税人实际缴纳的"两税"税额决定的,其计算公式是:

$$应纳税额 = 纳税人实际缴纳的"两税"税额 \times 适用税率$$

【学习案例7-1】

王府大酒店所在地为市区,2018年10月因提供餐饮、住宿和娱乐服务实际缴纳的增值税为600 000元,又因在中秋节对外销售月饼缴纳的增值税为20 000元,该企业不涉及缴纳消费税。计算该企业应纳城市维护建设税税额。

【解析】

因为该酒店地处市区,所以对应的城市维护建设税税率为7%。

应纳税额＝（600 000＋20 000）×7％＝43 400(元)

三、教育费附加认知

(一)教育费附加概述

教育费附加是对缴纳"两税"的单位和个人,就其实缴税额为计算依据征收的一种附加费。

(1)教育费附加的计税依据。教育费附加以其实际缴纳的"两税"的税额为计征依据,分别与"两税"同时缴纳。其目的是加快发展地方教育事业,扩大地方教育经费的资金来源。

教育费附加的特殊规定为:①对海关进口的产品征收的"两税",不征收教育费附加。②对由于减免"两税"而发生退税的,可同时退还已征收的教育费附加。③对出口产品退还"两税"的,不退还已征收的教育费附加。

(2)教育费附加的征收比率。教育费附加的征收比率为3％,生产卷烟和烟叶的单位减半征收。

(二)教育费附加的计算

(1)一般单位和个人的教育费附加的计算

应纳教育费附加＝(实际缴纳的增值税＋消费税)×征收比率

(2)卷烟和烟叶生产单位的教育费附加的计算

应纳教育费附加＝(实际缴纳的增值税＋消费税)×征收比率×50％

【学习案例7-2】

某企业地处市区,某年5月被税务机关查补增值税45 000元、消费税25 000元、所得税30 000元;还被加收滞纳金20 000元、被处罚款50 000元。该企业应补缴城市维护建设税和教育费附加多少元?

【解析】

应补城市维护建设税和教育费附加＝(45 000＋25 000)×(7％＋3％)＝7 000(元)

四、城市维护建设税、教育费附加纳税申报

纳税人在进行城市维护建设税申报时首先要根据自己所处的地理位置确定税率,其次正确计算"两税"的税额总数,最后填写"城市维护建设税、教育费附加纳税申报表"(表7-1)并携带税务机关要求的其他资料进行纳税申报。

任务二 印花税实务

一、印花税认知

印花税是对经济活动和经济交往中书立、使用、领受具有法律效力的凭证的单位和个人征收的一种税。它是一种具有行为性质的凭证税,纳税人可以通过自行计算、购买并

表 7-1 城市维护建设税、教育费附加纳税申报表

税款所属期期：____ 年 ____ 月 ____ 日 至 ____ 年 ____ 月 ____ 日

纳税人识别号：☐☐☐☐☐☐☐☐☐☐☐

填表日期：____ 年 ____ 月 ____ 日

金额单位：元至角分

纳税人信息	名称				所属行业		☐单位 ☐个人		
	登记注册类型				联系方式				
	身份证件号码								

税（费）种	计税（费）依据				税率（征收率）	本期应纳税（费）额	本期减免税（费）额		本期已缴税（费）额	本期应补（退）税（费）额
	增值税		消费税	合计			减免性质代码	减免额		
	一般增值税	免抵税额								
	1	2	3	4＝1＋2＋3	5	6＝4×5	7	8	9	10＝6－8－9
城市维护建设税										
教育费附加										
地方教育附加										
合计	—				—					

以下由纳税人填写：

纳税人声明	此纳税申报表是根据《中华人民共和国城市维护建设税暂行条例》《国务院关于征收教育费附加的暂行规定》《财政部关于统一地方教育附加政策有关问题的通知》和国家有关税收规定填报的，是真实的、可靠的、完整的。	
纳税人签章	代理人签章	代理人身份证号
	受理日期 ____ 年 ____ 月 ____ 日	受理税务机关签章

以下由税务机关填写：

受理人		

本表一式两份，一份纳税人留存，一份税务机关留存。

粘贴印花税票的方法完成纳税义务。

（一）印花税的纳税义务人

在中华人民共和国境内书立、领受、使用税法所列举凭证的单位和个人，都是印花税的纳税义务人。单位和个人，是指国内各类企业、事业、机关、团体、部队以及中外合资企业、合作企业、外资企业、外国企业和其他经济组织及其在华机构等。印花税纳税义务人具体包括立合同人、立账簿人、立据人、领受人、使用人、各类电子应税凭证的签订人。

（二）印花税的征税范围

现行印花税只对印花税暂行条例列举的凭证征税，没有列举的凭证不征税。列举征税的凭证分为五类，即经济合同，产权转移书据，营业账簿，权利、许可证照和经财政部门确定征税的其他凭证。具体征税范围如下。

1.经济合同

合同是指当事人之间为实现一定目的，经协商一致，明确当事人各方权利、义务关系，以经济业务活动作为内容的合同，通常称为经济合同，主要包括十个类别。

（1）购销合同，包括供应、预购、采购、购销结合及协作、调剂、补偿、易货等合同；还包括各出版单位与发行单位（不包括订阅单位和个人）之间订立的图书、报刊、音像征订凭证。

（2）加工承揽合同，包括加工、定做、修缮、修理、广告、测绘、测试等合同。

（3）建设工程勘察设计合同，包括勘察、设计合同的总包、分包合同和转包合同。

（4）建筑安装工程承包合同，包括建筑、安装工程承包合同的总包合同、分包合同。

（5）财产租赁合同，包括租赁房屋、船舶、飞机、机动车辆、机械、器具、设备等合同；还包括企业、个人出租店面、柜台等所签订的合同，但不包括企业与主管部门签订的租赁承包合同。

（6）货物运输合同，包括民用航空、铁路运输、海上运输、内河运输、公路运输和联运合同。

（7）仓储保管合同，包括仓储保管合同或作为合同使用的仓单、栈单（或称入库单）。对某些使用不规范的凭证不便计税的，可就其结算单据作为计税贴花的凭证。

（8）借款合同，包括银行及其他金融组织和借款人（不包括银行同业拆借）所签订的借款合同。

（9）财产保险合同，包括财产、责任、保证、信用等保险合同。

（10）技术合同，包括技术开发、转让、咨询、服务等合同。其中：技术转让合同包括专利申请转让、非专利技术转让所书立的合同，但不包括专利权转让、专利实施许可所书立的合同。后者适用于"财产转移书据"合同。

在确定应税经济合同的范围时，需要注意以下三个问题。

（1）具有合同性质的凭证应视同合同征税。

具有合同性质的凭证是指具有合同效力的协议、契约、合约、单据、确认书及其他各种凭证。

（2）未按期兑现合同也应贴花。

（3）同时书立合同和开立单据的贴花方法。

办理一项业务（如货物运输、仓储保管、财产保险、银行借款等），如果既书立合同，又开立单据,只就合同贴花;凡不书立合同,只开立单据,以单据作为合同使用的,该单据应按规定贴花。

2.产权转移书据

产权转移书据是在产权的买卖、交换、继承、赠与和分割等产权主体变更过程中,由产权出让人和受让人之间所订立的民事法律文书。土地使用权出让合同、土地使用权转让合同和商品房销售合同都属于产权转移书据。

3.营业账簿

印花税税目中的营业账簿归属于财务会计账簿,是按照财务会计制度的要求设置的,反映生产经营活动的账册。按照营业账簿反映的内容不同,在税目中分为记载资金的账簿(简称资金账簿)和其他营业账簿两类,以便于会计准则规定了要求和按件计税两种计税方法。

4.权利、许可证照

权利、许可证照是政府授予单位、个人某种法定权利和准予从事特定经济活动的各种证照的统称,包括政府部门发给的房屋产权证、营业执照、商标注册证、专利证、土地使用证等。

5.经财政部门确定征税的其他凭证

经财政部门确定征税的其他凭证,也应贴花。

(三)印花税税率

现行印花税税率设计为比例税率和定额税率两种形式。

1.比例税率

印花税的比例税率目前分为四档,即 1‰、0.5‰、0.3‰和 0.05‰。各类合同及具有合同性质的凭证、营业账簿中记载资金的账簿、产权转移书据,适用比例税率。

其具体规定如下。

(1)借款合同适用 0.05‰的税率。

(2)购销合同、建筑安装工程承包合同、技术合同适用 0.3‰的税率。

(3)加工承揽合同、建设工程勘察设计合同、货物运输合同、产权转移书据、营业账簿中记载资金的账簿适用 0.5‰的税率。

(4)财产租赁合同、仓储保管合同、财产保险合同适用 1‰的税率。

在上海证券交易所、深圳证券交易所、全国中小企业股份转让系统买卖、继承、赠与优先股所书立的股权转让书据,均依书立时的实际成交金额,由出让方按 1‰的税率计算缴纳证券(股票)交易印花税。

2.定额税率

适用定额税率的是权利许可证照和营业账簿中的其他账簿,单位税额均为每件 5 元。

在确定适用税率时,如果发生载有一个经济事项的应税凭证,但可以同时运用两个或两个以上税率,且属于同一笔金额的,应按其中一个较高税率计算纳税,而不是分别按多种税率贴花。

二、印花税的计算

(一)计税依据

1.从价计税情况下计税依据的确定

实行从价计税的凭证,以凭证所载金额为计税依据。具体规定如下。

(1)各类经济合同,以合同上所记载的金额、收入或费用为计税依据。

①购销合同的计税依据为合同记载的购销金额,在确定购销金额时不准作任何扣除。

②加工承揽合同的计税依据是加工或承揽收入的金额。

③建设工程勘察设计合同的计税依据为收取的费用。

④建筑安装工程承包合同的计税依据为承包金额。

⑤财产租赁合同的计税依据为租赁金额。

⑥货物运输合同的计税依据为取得的运输费金额(即运费收入),不包括所运货物的金额、装卸费和保险费等。

⑦仓储保管合同的计税依据为收取的仓储保管费用。

⑧借款合同的计税依据为借款金额。

⑨财产保险合同的计税依据为支付(收取)的保险费,不包括所保财产的金额。

⑩技术合同的计税依据为合同所载的价款、报酬或使用费。为了鼓励技术研究开发,对技术开发合同,只就合同所载的报酬金额计税,研究开发经费不作为计税依据。但对合同约定按研究开发经费一定比例作为报酬的,应按一定比例的报酬金额贴花。

(2)产权转移书据的计税依据为所载金额。

(3)营业账簿税目中记载资金的账簿的计税依据为"实收资本"与"资本公积"两项的合计金额。

2.从量计税情况下计税依据的确定

实行从量计税的有其他"营业账簿"(除了记载资金的账簿以外的其他账簿)和权利、许可证照,其以应税凭证"件数"为计税依据。

(二)应纳税额的计算

1.按比例税率计算应纳税额的公式

$$应纳税额 = 计税金额 \times 适用税率$$

2.按件定额计算应纳税额的公式

$$应纳税额 = 凭证数量 \times 单位税额$$

【学习案例 7-3】

维和生物制药公司 2018 年 6 月开业,领受房产证、营业执照、土地使用证各一件,与其他企业订立转移专有技术使用权书据一件,所载金额 40 万元;订立产品购销合同两件,所载金额为 100 万元;订立借款合同一份,所载金额为 60 万元。此外,企业的营业账簿中,"实收资本"科目载有资金 800 万元,其他营业账簿 10 本。2018 年 10 月该企业"实收资本"所载金额增加为 1 000 万元。计算该企业 6 月份应纳印花税税额和 10 月份应补缴的印花税税额。

【解析】

(1)权利许可证照应纳税额 $= 3 \times 5 = 15$(元)

(2)产权转移书据应纳税额 $= 400\ 000 \times 0.5‰ = 200$(元)

(3)销售合同应纳税额 $= 1\ 000\ 000 \times 0.3‰ = 300$(元)

(4)借款合同应纳税额 $= 600\ 000 \times 0.05‰ = 30$(元)

（5）营业账簿中"实收资本"应纳税额＝8 000 000×0.5‰＝4 000（元）

（6）其他营业账簿应纳税额＝10×5＝50（元）

6月应纳印花税税额＝15＋200＋300＋30＋4 000＋50＝4 595（元）

10月应补缴印花税税额＝（10 000 000－8 000 000）×0.5‰＝1 000（元）

一般情况下，企业需要预先购买印花税票，待发生应税行为时，再根据凭证的性质和规定的比例税率或者按件计算应纳税额，将已购买的印花税票粘在应税凭证上，并在每枚税票的骑缝处盖戳注销或者划销，办理完税手续。如果一份凭证的应纳税额数量较大，超过500元，贴用印花税票不方便的，可向当地税务机关申请填写缴款书或完税凭证，代替贴花。

印花税最低纳税额为一角。按规定计算出的应纳税额不足一角的凭证免贴印花，应纳税额在一角以上的，按四舍五入的规则，其尾数不满五分的不计，满五分的按一角计算贴花。"财产租赁合同"经计算应纳税额不足一元的合同，按规定要按一元贴花。

三、印花税纳税申报

印花税的纳税人，应按照税法的有关规定及时办理纳税申报，并如实填写"印花税纳税申报表"，该申报表的格式和内容如表7-2所示。

任务三　车船税实务

一、车船税认知

车船税是指对在中国境内车船管理部门登记的车辆、船舶（以下简称车船）依法征收的一种税。

（一）车船税的纳税义务人

车船税的纳税义务人是指在中华人民共和国境内属于税法规定的车辆、船舶的所有人或者管理人。车船，指依法应当在车船管理部门登记的车船。管理人，指对车船具有管理使用权，不具有所有权的单位。

车船的所有人或者管理人未缴纳车船税的，使用人应当代为缴纳车船税。从事机动车交通事故责任强制保险业务的保险机构为机动车车船税的扣缴义务人时，应当依法代收代缴车船税，机动车车船税的扣缴义务人依法代收代缴车船税时，纳税人不得拒绝。

（二）车船税的征税范围

车船税的征税范围为在中华人民共和国境内属于车船税法所规定的应税车辆和船舶。车辆是指依靠燃油、电力等能源作为动力运行的机动车辆，包括载客汽车（含电车）、载货汽车（含半挂牵引车、挂车）、三轮汽车、低速载货汽车、摩托车、专用作业车和轮式专用机动车等。船舶包括机动船舶和非机动驳船。这里所说的机动船舶，是指依靠燃料等能源作为动力运行的船舶，如客轮、货船等；非机动驳船，是指没有动力装置，由拖轮拉着或推着运行的船舶。车船税的征税范围具体如下。

表7-2　印花税纳税申报表

填表日期：　年　月　日

税款所属期：　年　月　日至　年　月　日

纳税人识别号：☐☐☐☐☐☐☐☐☐☐☐☐☐☐☐

金额单位：元至角分

纳税人信息	名称								□单位　□个人		
	登记注册类型				所属行业						
	身份证件号码				联系方式						
应税凭证	计税金额或件数	核定征收		适用税率	本期应纳税额	本期已缴税额	本期减免税额		本期应补（退）税额		
		核定依据	核定比例				减免性质代码	减免额			
	1	2	4	5	6=1×5+2×4×5	7	8	9	10=6−7−9		
购销合同				0.03‰							
加工承揽合同				0.5‰							
建设工程勘察设计合同				0.5‰							
建筑安装工程承包合同				0.3‰							
财产租赁合同				1‰							
货物运输合同				0.5‰							
仓储保管合同				1‰							
借款合同				0.05‰							
财产保险合同				1‰							
技术合同				0.3‰							
产权转移书据				0.5‰							
营业账簿（记载资金的账簿）				0.5‰							
营业账簿（其他账簿）		—	—	5元/件							
权利、许可证照		—	—	5元/件							
合计		—	—	—							

以下由纳税人填写：

纳税人声明	此纳税申报表是根据《中华人民共和国印花税暂行条例》和国家有关税收规定填报的，是真实的、可靠的、完整的。	
纳税人签章	代理人签章	代理人身份证号

以下由税务机关填写：

受理人	受理日期　年　月　日	受理税务机关签章

(1)依法应当在车船管理部门登记的机动车辆和船舶;

(2)依法不需要在车船管理部门登记、在单位内部场所行驶或者作业的机动车辆和船舶。

(三)车船税的税率

车船税的税目有 5 大类,包括乘用车、商用车、其他车辆、摩托车和船舶。车船税采用幅度定额税率,具体如表 7-3 所示。

表 7-3 车船税税目税额表

税 目		计税单位	年基准税额(元)	备 注
乘用车[按发动机气缸容量(排气量)分档]	≤1.0 升	每辆	60～360	核定载客人数 9 人(含)以下
	1.0～1.6 升(含)		300～540	
	1.6～2.0 升(含)		360～660	
	2.0～2.5 升(含)		660～1 200	
	2.5～3.0 升(含)		1 200～2 400	
	3.0～4.0 升(含)		2 400～3 600	
	>4.0 升		3 600～5 400	
商用车	客车	每辆	480～1 440	核定载客人数 9 人以上(包括电车)
	货车	整备质量每吨	16～120	1. 包括半挂牵引车、挂车、客货两用汽车、三轮汽车和低速载货汽车等。 2. 挂车按照货车税额的 50%计算
其他车辆	专用作业车	整备质量每吨	16～120	不包括拖拉机
	轮式专用机械车		16～120	
摩托车		每辆	36～180	
船舶	机动船舶	净吨位每吨	3～6	拖船、非机动驳船分别按照机动船舶税额的 50%计算
	游艇	艇身长度每米	600～2 000	

二、车船税的计算

(一)计税依据

车船税实行从量计税的办法,以应税车船的计量标准为计税依据。根据车船的种类、性能、构造和使用情况不同,分别规定了四种单位的计税标准,即辆、整备质量、净吨位和艇身长度。

(1)车船涉及的整备质量、净吨位、艇身长度等计税单位,有尾数的一律按照含尾数的计税单位据实计算车船税应纳税额,涉及小数点的,四舍五入保留两位小数。

(2)依法不需要办理登记的车船和依法应当登记而未办理登记或不能提供车船登记证书、行驶证的车船,以车船出厂合格证明或进口凭证标注的技术参数、数据为准;不能提供车船出厂合格证明或者进口凭证的,由主管税务机关参照国家相关标准核定,没有国家相关标准的参照同类车船核定。

(3)已经缴纳车船税的车船,因质量原因,车船被退回生产企业或经销商的,纳税人可以向纳税所在地的主管税务机关申请退还自退货月份起至该纳税年度终了期间的税款。

退货月份以退货发票所载日期的当月为准。

(二)应纳税额

车船税根据不同类型的车船及其适用的计税标准分别计算应纳税额,其计算公式如下。

1.乘用车、商用客车、摩托车

乘用车、商用客车、摩托车应纳税额计算公式为:

$$应纳税额=应税车辆数量×适用单位税额$$

2.商用货车、挂车、专业作业车

商用货车、挂车、专业作业车应纳税额计算公式为:

$$应纳税额=整备质量×适用单位税额$$

注意:

(1)挂车的适用税额按货车单位税额的50%计算;

(2)客货两用车依照货车的计税单位和年基准税额计征车船税。

3.船舶

船舶应纳税额计算公式为:

$$应纳税额=净吨位数量或艇身长度×适用单位税额$$

注意:

(1)非机动驳船、拖船的适用税额分别按机动船舶单位税额的50%计算;

(2)拖船按照发动机功率每1千瓦折合净吨位0.67吨确认计税依据。

4.新购置的车船

购置当年的应纳税额自纳税义务发生的当月起按月计算。

$$应纳税额=年应纳税额×适用单位税额÷12$$

【学习案例7-4】

2018年年初,船舶公司拥有非机动驳船10艘,每艘净吨位3 000吨;拖船6艘,每艘发动机功率4 000千瓦。当地机动船舶的车船净吨位为2 001~10 000吨的,年基准税额为5元/吨。请计算该船舶公司2018年应缴纳的车船税。

【解析】

(1)非机动驳船应按照机动船舶税额的50%计算车船税:

应纳税额=10×3 000×5×50%=75 000(元)

(2)拖船应按照发动机功率每1千瓦折合净吨位0.67吨计算吨位并按机动船舶税额的50%计算车船税:

应纳税额=6×4 000×0.67×5×50%=40 200(元)

三、车船税纳税申报

车船税纳税义务人应该按照主管税务机关核定的纳税期限,如实填写并报送"车船税纳税申报表",该申报表的内容及格式如表 7-4 所示。

任务四 房产税实务

一、房产税认知

房产税是以房产为征税对象,依据房产评估价值或房产租金收入向房产所有人或经营人征收的一种财产税。房产税法是指国家制定的用以调整房产税征收与缴纳之间权利及义务关系的法律规范。

(一)房产税的纳税义务人

凡在我国境内拥有房屋产权的单位和个人都是房产税的纳税义务人。产权属于全民所有的,其经营管理的单位是纳税义务人;产权出典的,承典人是纳税义务人;产权所有人、承典人不在房产所在地的,或者产权未确定以及租典纠纷未解决的,房产代管人或者使用人为纳税义务人。

房产税的纳税义务人包括:

(1)产权属国家所有的,由经营管理单位纳税;产权属集体和个人所有的,由集体单位和个人纳税。

房产税的纳税义务人是征税范围内的房屋的产权所有人,包括国家所有和集体、个人所有房屋的产权所有人、承典人、代管人或使用人三类。

(2)产权出典的,由承典人纳税。

(3)产权所有人、承典人不在房屋所在地的,由房产代管人或者使用人纳税。

(4)产权未确定及租典纠纷未解决的,亦由房产代管人或者使用人纳税。

(5)无租使用其他房产的问题。

(二)房产税的征税范围

房产税的征税范围为:城市、县城、建制镇和工矿区。房产税的征税范围不包括农村。

城市是指经国务院批准设立的市。

县城是指未设立建制镇的县人民政府所在地。

建制镇是指经省、自治区、直辖市人民政府批准设立的建制镇。

工矿区是指工商业比较发达,人口比较集中,符合国务院规定的建制镇标准,但尚未设立镇建制的大中型工矿企业所在地。开征房产税的工矿区须经省、自治区、直辖市人民政府批准。

(三)房产税的税率

房产税采用比例税率,其计税依据分为两种:依据房产计税余值计税的,税率为1.2%;依据房产租金收入计税的,税率为12%。从 2001 年 1 月 1 日起,对个人居住用房出租仍用于居住的,其应缴纳的房产税暂减按 4% 的税率征收;从 2008 年 3 月 1 日起,对个人出租住房,不区分实际用途,均按 4% 的税率征收房产税。对企事业单位、社会团体以及其他组织按市场价格向个人出租用于居住的住房,减按 4% 的税率征收房产税。

表 7-4　车船税纳税申报表

税款所属期：年　月　日至　年　月　日

纳税人识别号：□□□□□□□□□□

填表日期：年　月　日

金额单位：元至角分

纳税人名称							纳税人身份证照类型						
纳税人身份证照号码							居住（单位）地址						
联系人							联系方式						

序号	（车辆）号牌号码/（船舶）登记号码	车船识别代码（车架号/船舶识别号）	征收品目	计税单位	计税单位的数量	单位税额	年应缴税额	本年减免税额	减免性质代码	减免税证明号	本年应缴税额	本年已缴税额	本年应补（退）税额
	1	2	3	4	5	6	7＝5×6	8	9	10	11＝7－8	12	13＝11－12
合计	—	—	—	—					—	—			

申报车辆总数（辆）　　申报船舶总数（艘）

以下由申报人填写：

纳税人声明：此纳税申报表是根据《中华人民共和国车船税法》和国家有关税收规定填报的，是真实的、可靠的、完整的。

纳税人签章	代理人签章	代理人身份证号

以下由税务机关填写：

受理人	受理日期	受理税务机关（鉴章）

本表一式两份，一份纳税人留存，一份税务机关留存。

二、房产税的计算

（一）计税依据

房产税的计税依据是房产的计税余值或房产的租金收入。

（1）以房产的计税余值作为计税依据。

①经营自用的房屋以房产的计税余值作为计税依据。

②纳税人对原有房屋进行改建、扩建的，要相应增加房屋的原值。

③自 2006 年 1 月 1 日起，凡在房产税征收范围内具备房屋功能的地下建筑，包括与地上房屋相连的地下建筑以及完全建在地面以下的建筑、地下人防设施等，均应当依照有关规定征收房产税。对于与地上房屋相连的地下建筑，如房屋的地下室、地下停车场、商场的地下部分等，将地下部分与地上房屋视为一个整体按照地上房屋建筑的有关规定计算征收房产税。

（2）以房产的租金收入作为计税依据。房产出租的，以房产租金收入作为房产税的计税依据。

（3）居民住宅区内业主共有的经营性房产的计税依据。对居民住宅区内业主共有的经营性房产，由实际经营（包括自营和出租）的代管人或使用人缴纳房产税。

（二）应纳税额的计算

（1）地上建筑物房产税应纳税额的计算。

$$应纳税额＝房产计税余值（或租金收入）×适用税率$$
$$房产计税余值＝房产原值×（1－原值减除比例）$$

【学习案例 7-5】

某企业年度自有生产用房原值为 5 000 万元，账面已提折旧 1 000 万元。已知房产税税率为 1.2%，当地政府规定计算房产余值的扣除比例为 30%。计算该企业年应纳房产税税额。

【解析】

从价计征的房产税，以房产余值为计税依据。

该企业年应纳房产税＝5 000×（1－30%）×1.2%＝42（万元）

（2）地下建筑物房产税应纳税额的计算。

①工业用途房产，以房屋原价的 50%～60% 作为应税房产原值。

$$应纳税额＝应税房产原值×（1－原值减除比例）×1.2%$$

②商业和其他用途房产，以房屋原价的 70%～80% 作为应税房产原值。

$$应纳税额＝应税房产原值×（1－原值减除比例）×1.2%$$

房屋原价折算为应税房产原值的具体比例，由各省（自治区、直辖市）和计划单列市财政和税务部门在上述幅度内自行确定。

③出租的地下建筑，按照出租地上房屋建筑的有关规定计算征收房产税。

【学习案例 7-6】

4 月 30 日，甲公司将原值为 200 万元的闲置用房向乙企业投资，协议规定，甲公司每月向乙企业收取不含增值税收入 2 万元，甲公司不承担经营风险。甲公司当年实际取得收益 16 万元。房产所在地规定计算房产余值的扣除比例为 30%。请计算甲公司该年应纳房产税。

【解析】

该公司以房产投资，收取不含增值税收入，不承担联营风险，视同出租。

应纳房产税＝200×(1－30%)×1.2%×(4÷12)＋16×12%＝2.48(万元)

三、房产税纳税申报

纳税人对从价计征房产税进行纳税申报时，应当填报"房产税纳税申报表"(见表7-5)及其税源明细表。

任务五　契税实务

一、契税认知

契税是以所有权发生转移变动的不动产为征税对象，向产权承受人征收的一种财产税。应缴税范围包括：土地使用权出售、赠与和交换，房屋买卖，房屋赠与，房屋交换等。契税本质上属于一种财产转移税。

(一)契税的纳税义务人

契税的纳税人是指在我国境内承受土地、房屋权属转移的单位和个人。境内是指在中华人民共和国实际税收行政管辖范围内。土地、房屋权属是指土地使用权和房屋所有权。单位是指企业单位、事业单位、国家机关、军事单位和社会团体以及其他组织。个人是指个体经营者及其他个人，包括中国公民和外籍人员。

(二)契税的征税范围

契税的征税范围如下：

(1)国有土地使用权出让。

(2)土地使用权转让(包括出售、赠与、交换)。

(3)房屋买卖、赠与、交换。

(三)契税税率

契税的税率表如表7-6所示。

表 7-6　契税的税率表

征税对象	纳税人	税率
国有土地使用权出让	承受方	
土地使用权转让	买方	3%～5%
房屋买卖	买方	由省(自治区、直辖市)人民政府根据本地区实际情况确定
房屋赠与	受赠方	
房屋交换	付出差价方	

表7-5 房产税纳税申报表

填表日期： 年 月 日

金额单位：元至角分
面积单位：平方米

税款所属期限： 年 月 日 至 年 月 日

纳税人识别号：☐☐☐☐☐☐☐☐☐☐☐☐☐☐☐☐☐☐

纳税人信息	名称			纳税人分类	单位☐ 个人☐
	登记注册类型			所属行业	
	身份证件类型	身份证☐ 护照☐ 其他☐		身份证件号码	
	联系人			联系方式	

一、从价计征房产税

房产编号	房产原值	其中：出租房产原值	计税比例	税率	所属期起	所属期止	本期应纳税额	本期减免税额	本期已缴税额	本期应补（退）税额
1										
2										
3										
4										
5										
6										
7										
8										
9										
10										
合计										

二、从租计征房产税

本期申报租金收入	税率	本期应纳税额	本期减免税额	本期已缴税额	本期应补（退）税额
1					
2					
3					
合计					

以下由纳税人填写：
纳税人声明 此纳税申报表是根据《中华人民共和国房产税暂行条例》和国家有关税收规定填报的，是真实的、可靠的、完整的。
纳税人签章 代理人身份证号
以下由税务机关填写：
受理人 受理日期 年 月 日 受理税务机关签章

本表一式两份，一份纳税人留存，一份税务机关留存。

二、契税的计算

（一）计税依据

按照土地、房屋权属转移的形式，定价方法的不同，契税的计税依据确定如下。

（1）国有土地使用权出让、土地使用权出售、房屋买卖，以不含增值税的成交价格作为计税依据。成交价格是指土地、房屋权属转移合同确定的价格，包括承受者应交付的货币、实物、无形资产或其他经济利益。

（2）土地使用权赠与、房屋赠与，由征收机关参照土地使用权出售、房屋买卖的市场价格核定。

（3）土地使用权、房屋交换，以所交换的土地使用权、房屋的价格差额为计税依据。计税依据只考虑其价格的差额，交换价格不相等的，由多交付货币、实物、无形资产或其他经济利益的一方缴纳契税；交换价格相等的，免征契税。土地使用权与房屋所有权之间相互交换，也应按照上述办法确定计税依据。

（4）以划拨方式取得土地使用权，经批准转让房地产时应补缴的契税，以补交的土地使用权出让费用或土地收益作为计税依据。

（二）应纳税额的计算

契税应纳税额依照省、自治区、直辖市人民政府确定的适用税率和税法规定的计税依据计算征收。其计算公式为：

$$应纳税额＝计税依据×适用税率$$

应纳税额以人民币计算。转移土地、房屋权属以外汇结算的，按照纳税义务发生之日中国人民银行公布的人民币市场汇率中间价，折合成人民币计算。

【学习案例 7-7】

居民甲有两套住房，将其中一套出售给居民乙，成交价格为 100 000 元；将另一套两室住房与居民丙交换成两处一室住房，并支付换房差价款 40 000 元。计算甲、乙、丙相关行为应缴纳的契税（假定税率为 3%，所有金额均不含增值税）。

【解析】

（1）甲应缴纳契税＝40 000×3%＝1 200（元）

（2）乙应缴纳契税＝100 000×3%＝3 000（元）

（3）丙不缴纳契税。

三、契税纳税申报

契税纳税义务人应该按照主管税务机关核定的纳税期限，如实填写并报送"契税纳税申报表"，该申报表的内容及格式如表 7-7 所示。

任务六　城镇土地使用税实务

一、城镇土地使用税认知

城镇土地使用税是对城市、县城、建制镇和工矿区范围内使用土地的单位和个人,按其实际占用的土地面积分等级定额征收的一种税。我国现行城镇土地使用税法规是于2013年12月7日进行了第三次修订的《中华人民共和国城镇土地使用税暂行条例》(以下简称《城镇土地使用税暂行条例》)。

(一)城镇土地使用税的纳税人

在城市、县城、建制镇、工矿区范围内使用土地的单位和个人,为城镇土地使用税的纳税人,应当依照规定缴纳城镇土地使用税。城镇土地使用税的纳税人通常包括以下几类。

(1)拥有土地使用权的单位和个人。

(2)拥有土地使用权的单位和个人不在土地所在地的,其土地的实际使用人或代管人为纳税人。

(3)土地使用权未确定或权属纠纷未解决的,其实际使用人为纳税人。

(4)土地使用权共有的,共有各方都是纳税人,由共有各方分别纳税。

土地使用权共有的,以共有各方实际占用土地的面积占总面积的比例,分别计算缴纳城镇土地使用税。

(二)城镇土地使用税的征税范围

城镇土地使用税的征税范围,包括在城市、县城、建制镇和工矿区内的国家所有和集体所有的土地。城市是指经国务院批准设立的市;县城是指县人民政府所在地;建制镇是指经省、自治区、直辖市人民政府批准设立的建制镇;工矿区是指工商业比较发达,人口比较集中,符合国务院规定的建制镇标准,但尚未设立建制镇的大、中型工矿企业所在地,工矿区须经省、自治区、直辖市人民政府批准才能设立。

建立在城市、县城、建制镇和工矿区以外的工矿企业则不需要缴纳城镇土地使用税。

自2009年1月1日起,公园和名胜古迹内的索道公司经营用地,应按规定缴纳城镇土地使用税。

(三)城镇土地使用税的适用税额

城镇土地使用税实行分级幅度税额。每平方米土地年税额规定如下:

表 7-7　契税纳税申报表

填表日期：　年　月　日

税款所属期：　年　月　日　至　年　月　日

纳税人识别号：□□□□□□□□□

金额单位：元至角分
面积单位：平方米

承受方信息	名称	□单位　□个人	所属行业	
	登记注册类型			
	身份证照类型	联系人　□单位　□个人	联系方式	
转让方信息	名称		所属行业	
	纳税人识别号			
	身份证照类型			
	合同鉴订日期			
土地房屋权属转移信息	土地房屋坐落地址		权属转移对象	
	用途		家庭唯一普通住房	□90平方米以上 □90平方米及以下
	权属转移方式			
	权属转移面积		成交单价	
	成交价格			
税款征收信息	评估价格		税率	
	计征税额		应纳税额	
	减免性质代码		减免税额	

以下由纳税人填写：

纳税人声明	此纳税申报表是根据《中华人民共和国契税暂行条例》和国家有关税收规定填报的，是真实的、可靠的、完整的。	
纳税人签章	代理人签章	代理人身份证号
	受理日期　年　月　日	

以下由税务机关填写：

| 受理人 | 受理税务机关签章 |

本表一式两份，一份纳税人留存，一份税务机关留存。

(1)大城市 1.5 元至 30 元；

(2)中等城市 1.2 元至 24 元；

(3)小城市 0.9 元至 18 元；

(4)县城、建制镇、工矿区 0.6 元至 12 元。

上述大、中、小城市是以登记在册的非农业正式户口人数为依据,其中,市区及郊区非农业人口在 50 万以上的,称为大城市;市区及郊区非农业人口在 20 万至 50 万的,称为中等城市;市区及郊区非农业人口在 20 万以下的称为小城市。

根据《城镇土地使用税暂行条例》的规定,各省、自治区、直辖市人民政府应当在法定税额幅度内,根据市政建设状况、经济繁荣程度等条件,确定所辖地区的适用税额幅度。市、县人民政府应当根据实际情况,将本地区土地划分为若干等级,在省、自治区、直辖市人民政府确定的税额幅度内,制定适用税额标准,报省、自治区、直辖市人民政府批准执行。

经省、自治区、直辖市人民政府批准,经济落后地区的城镇土地使用税适用税额标准可以适当降低,但降低额不得超过规定的最低税额的 30%。经济发达地区城镇土地使用税的适用税额标准可以适当提高,但须报经财政部批准。

二、城镇土地使用税的计算

(一)计税依据的确定

城镇土地使用税以纳税人实际占用的土地面积为计税依据,土地面积计量单位为平方米。纳税人实际占用的土地面积按下列办法确定:

(1)由省(自治区、直辖市)人民政府确定的单位组织测定土地面积的,以测定的面积为准。

(2)尚未组织测量,但纳税人持有政府部门核发的土地使用证书的,以证书确认的土地面积为准。

(3)尚未核发土地使用证书的,应由纳税人申报土地面积据以纳税,待核发土地使用证以后再做调整。

纳税人因房产、土地的实物或权利状态发生变化而依法终止城镇土地使用税纳税义务的,其应纳税款的计算应截止到土地的实物或权利状态发生变化的当月末。

(二)应纳税额的计算

城镇土地使用税应纳税额的计算公式为:

$$应纳税额 = 计税土地面积 \times 适用税额$$

城镇土地使用税以纳税人实际占用的土地面积为计税依据。土地面积以平方米为计量单位。

【学习案例 7-8】

万德有限责任公司是一家中型生产型企业,地处德州市大学路 26 号,主要生产销售甲、乙产品,公司 2018 年 12 月账面实际拥有土地面积 20 000 平方米,经税务机关核定其中公司自办医院用地 500 平方米,幼儿园占地 500 平方米,公司无偿提供给当地公安派出所一间平房使用,占地面积 200 平方米,且这些用地能与公司其他用地明确区分,当地政府规定的城镇土地使用税税率为每平方米 2 元,并采取按年计征,分半年缴纳的方式征收。公司又于 2018 年开发写字楼一幢,7 月份取得销售收入 52 500 万元(含增值税),采用简易计税办法缴纳了增值税 2 500 万元,城市维护建设税、教育费附加等 250 万元。该公司为取得土地使用权而支付的金额为 5 000 万元;投入房地产开发成本 15 000 万元;开发费用 4 000 万元,其中计算分摊给这幢写字楼的利息支出为 1 200 万元(有金融机构证明),比按商业银行同类同期贷款利率计算的利息多 100 万元。公司所在地政府定的其他开发费用的计算扣除比例为 5%。计算该公司 2018 年应纳城镇土地使用税。

【解析】

(1)万德有限责任公司 2018 年应纳城镇土地使用税的土地实际占用面积为:

土地实际占用面积=20 000－500－500－200＝18 800(平方米)

(2)2018 年全年应纳城镇土地使用税为:

应纳城镇土地使用税＝18 800×2＝37 600(元)

三、城镇土地使用税纳税申报

城镇土地使用税的纳税义务人应该按照有关规定及时办理纳税申报,并如实填写"城镇土地使用税纳税申报表",该申报表格式和内容如表 7-8 所示。

任务七　资源税实务

一、资源税认知

资源税是对在中华人民共和国领域及管辖海域开采应税资源的矿产品或者生产盐的单位和个人,就其原料产品的资源的绝对收益和相对收益征收的一种税。

1993 年 12 月国务院发布了《中华人民共和国资源税暂行条例》(以下简称《资源税暂行条例》),自 1994 年 1 月 1 日起执行。2011 年 10 月 10 日国务院又对《资源税暂行条例》进行了修订,自 2011 年 11 月 1 日起执行。2014 年 10 月 9 日,财政部、国家税务总局发布关于煤炭资源税改革的财税〔2014〕72 号文件,自 2014 年 12 月 1 日起执行。2016 年 5 月 9 日,财政部、国家税务总局发布《关于全面推进资源税改革的通知》(财税〔2016〕53 号文件),自 2016 年 7 月 1 日起全面推进资源税改革。

(一)资源税的纳税人

资源税的纳税人,是指在中华人民共和国领域及管辖海域开采《资源税暂行条例》规定的矿产品或者生产盐(以下称开采或者生产应税产品)的单位和个人。

对资源税纳税义务人的理解,应注意以下几点:

(1)资源税规定仅对在中国领域及管辖海域从事应税产品开采或生产的单位和个人征收,进口的相关产品不征收资源税。

(2)资源税纳税义务人不仅包括符合规定的中国企业和个人,还包括外商投资企业和外国企业。

表7-8 城镇土地使用税纳税申报表

税款所属期限：自 年 月 日 至 年 月 日　　　　　填表日期： 年 月 日

纳税人识别号：☐☐☐☐☐☐☐☐☐☐☐☐☐☐☐☐☐☐　　　　　金额单位：元至角分　　面积单位：平方米

纳税人信息	名称				纳税人分类	单位☐	个人☐
	登记注册类型				所属行业		
	身份证件类型	身份证☐ 护照☐ 其他☐			身份证件号码		
	联系人				联系方式		

申报纳税信息	土地编号	宗地的地号	土地等级	税额标准	土地总面积	所属期起	所属期止	本期应纳税额	本期减免税额	本期已缴税额	本期应补（退）税额
	合计										

以下由纳税人填写：

纳税人声明	此纳税申报表是根据《中华人民共和国城镇土地使用税暂行条例》和国家有关税收规定填报的，是真实的、可靠的、完整的。		
纳税人签章		代理人签章	代理人身份证号

以下由税务机关填写：

受理人		受理日期	年 月 日	受理税务机关签章

（3）收购未税矿产品的单位为资源税的扣缴义务人。收购未税矿产品的单位，是指独立矿山、联合企业和其他单位。

（二）资源税的征税范围

我国目前资源税的征税范围仅涉及矿产品和盐两大类，具体包括：

（1）原油。开采的天然原油征税；人造石油不征税。

（2）天然气。开采的天然气和与原油同时开采的天然气征税。

（3）煤炭。包括原煤和以未税原煤加工的洗选煤。

（4）其他非金属矿。包括石墨、硅藻土、高岭土、萤石、石灰石、硫铁矿、磷矿、氯化钾、硫酸钾、井矿盐、湖盐、提取地下卤水晒制的盐、煤层（成）气。

（5）金属矿。包括铁矿、金矿、铜矿、铝土矿、铅锌矿、镍矿、锡矿及其他金属矿产品等。

（6）海盐。指海水晒制的盐，不包括提取地下卤水晒制的盐。

自 2016 年 7 月 1 日起，河北省开征水资源税试点，水资源费改税方式，将地表水和地下水纳入征税范围，实行从量定额计征。自 2017 年 12 月 1 日起在北京、天津、山西、内蒙古、山东、河南、四川、陕西、宁夏等 9 个省（自治区、直辖市）扩大水资源税改革试点。

（三）资源税的税目与税率

从 2016 年 7 月 1 日起，资源税实行以幅度的比例税率为主，定额税率为辅的计征方式，具体使用税率由财政部会同国务院有关部门，根据纳税人所开采或者生产应税产品的资源品位、开采条件等情况确定，如表 7-9 所示。

纳税人开采或者生产不同税目应税产品的，应当分别核算，不能准确提供不同税目应税产品的销售额或者销售数量的，从高适用税率。

二、资源税的计算

资源税按照从价为主、从量计征为辅的办法征收，其计税依据如下：

（一）计税销售额的确定

销售额为纳税人销售应税产品向购买方收取的全部价款和价外费用，但不包括收取的增值税销项税额。价外费用，包括价外购买方收取的手续费、补贴、基金、集资费、返还利润、奖励费、违约金、滞纳金、延期付款利息、赔偿金、代收款项、代垫款项、包装费、包装物租金、储备费、优质费、运输装卸费以及其他各种性质的价外收费。但下列项目不包括在内：

（1）同时符合以下条件的代垫运输费用：①承运部门的运输费用发票开具给购买方的；②纳税人将该项发票转交给购买方的。

（2）同时符合以下条件代为收取的政府性基金或者行政事业性收费：①由国务院或者财政部批准设立的政府性基金，由国务院或省级人民政府及其财政、价格主管部门批准设立的行政事业性收费；②收取时开具省级以上财政部门印制的财政票据；③所收款项全额上缴财政。

（3）运杂费用。指应税产品从坑口或洗选（加工）地到车站、码头或购买方指定地点的运输费用、建设基金以及随运销产生的装卸、仓储、港杂费用。运杂费用应与销售额分别核算，凡未取得相应凭据或不能与销售额分别核算的，应当一并计征资源税。

表 7-9 资源税税率表

税目		征税对象	税率幅度
一、原油		原矿	6%～10%
二、天然气		原矿	6%～10%
三、煤炭		原煤或洗选煤	2%～10%
四、其他非金属矿	石墨	精矿	3%～10%
	硅藻土	精矿	1%～6%
	高岭土	原矿	1%～6%
	萤石	精矿	1%～6%
	石灰石	原矿	1%～6%
	硫铁矿	精矿	1%～6%
	磷矿	原矿	3%～8%
	氯化钾	精矿	3%～8%
	硫酸钾	精矿	6%～12%
	井矿盐	氯化钠初级产品	1%～6%
	湖盐	氯化钠初级产品	1%～6%
	提取地下卤水晒制的盐	氯化钠初级产品	3%～15%
	煤层（成）气	原矿	1%～2%
	黏土、砂石	原矿	每吨或立方米0.1～5元
	未列举名称的其他非金属矿产品	原矿或精矿	从量税率每吨或立方米不超过30元；从价税率不超过20%
五、金属矿	稀土矿	原矿或精矿	轻稀土按地区执行不同的适用税率，其中，内蒙古为11.5%、四川为9.5%、山东为7.5%；中重稀土资源税适用税率为27%
	钨	原矿或精矿	6.5%
	钼	原矿或精矿	11%
	铁矿	精矿	1%～6%
	金矿	金锭	1%～4%
	铜矿	精矿	2%～8%
	铝土矿	原矿	3%～9%
	铅锌矿	精矿	2%～6%
	镍矿	精矿	2%～6%
	锡矿	精矿	2%～6%
	未列举名称的其他金属矿产品	原矿或精矿	税率不超过20%
六、海盐		氯化钠初级产品	1%～5%

纳税人以人民币以外的货币结算销售额的，应当折合成人民币计算。其销售额的人民币折合率可以选择销售额发生的当天或者当月1日的人民币汇率中间价。纳税人应当事先确定采用何种折合率，确定后1年内不能变更。

为公平原矿与精矿之间的税负,对同一种应税产品,纳税对象为精矿的,纳税人销售原矿时,应将原矿销售额换算为精矿销售额缴纳资源税;纳税对象为原矿的,纳税人销售自采原矿加工的精矿,应将精矿销售额折算为原矿销售额缴纳资源税。换算比或折合率原则上应通过原矿售价、精矿售价和选矿比计算,也可通过原矿销售额、加工环节平均成本和利润计算。金矿以标准金锭为计税对象,纳税人销售金原矿、金精矿的,应比照上述规定将其销售额换算为金锭销售额缴纳资源税。换算比或折合率应按简便可行、公平合理的原则,由省级财税部门确定,并报财政部、国家税务总局备案。

纳税人申报的应税产品销售额明显偏低并且无正当理由的,有视同销售应税产品行为而无销售额的,除财政部、国家税务总局另有规定外,按下列顺序确定销售额:

(1)按纳税人最近时期同类产品的平均销售价格确定;

(2)按其他纳税人最近时期同类产品的平均销售价格确定;

(3)按组成计税价格确定。组成计税价格为:

$$组成计税价格=成本×(1+成本利润率)÷(1-税率)$$

公式中的成本是指应税产品的实际生产成本。公式中的成本利润率由省、自治区、直辖市税务机关确定。

(二)课税数量的确定

(1)各种应税产品,凡直接对外销售的,以实际销售数量为课税数量。

(2)各种应税产品,凡自产自用的,以自用数量为课税数量。

(3)纳税人不能准确提供应税产品销售数量的,以应税产品的产量或者主管税务机关确定的折算比换算数量为计征资源税的销售数量。

(三)应纳税额的计算

资源税按照从价定率为主、从量定额为辅的办法征收,分别以应税产品的销售额乘以纳税人具体适用的比例税率或者应税产品的销售数量乘以纳税人具体使用的定额税率计算。

资源税在应税产品的销售或自用环节计算缴纳。以自产原矿加工精矿产品的,在原矿移送使用时不缴纳资源税,在精矿销售或自用时缴纳资源税,纳税人以自采原矿加工金锭的,在金锭销售或自用时缴纳资源税。纳税人销售自产原矿或者自采原矿加工的金精矿、粗金,在原矿或者金精矿、粗金销售时缴纳资源税,在移动使用时不缴纳资源税。应税产品投资、分配、抵债、赠与、以物易物等,视同销售,计算缴纳资源税。

实行从价计征的,其应纳税额计算公式如下:

$$应纳税额=计税销售额×适用税率$$

实行从量计征的,其应纳税额计算公式如下:

$$应纳税额=课税数量×定额税率$$

【学习案例7-9】

某有限责任公司是一家中型生产型企业,地处德州市大学路26号,主要生产销售甲、乙产品,2018年7月公司应纳增值税税额100 000元(其中进口商品应纳增值税15 000元)、消费税税额20 000元,教育费附加率为3%。公司在职职工人数为400人,其中残疾人员2人,当地上年度职工平均工资为2 800元。2018年7月公司取得营业收入400万元,企业所在地政府规定的安排残疾人就业比例为1.5%,水利建设专项基金征收比率为

0.6‰。同时,在职职工每人按 20 元的标准缴纳水利建设基金。另外,该公司附属的矿山,2018 年 7 月开采铅锌精矿 6 000 吨,销售 5 000 吨,每吨销售价格为 8 000 元(含增值税),铅锌精矿适用资源税税率为 5%。计算该公司 2018 年 7 月应纳资源税税额。

【解析】

应纳资源税税额 = 5 000 × 8 000 × 5% = 2 000 000(元)

三、资源税纳税申报

纳税人对资源税进行纳税申报时,应填报"资源税纳税申报表"(见表 7-10)及其附表。

任务八 土地增值税实务

一、土地增值税认知

土地增值税是对转让国有土地使用权、地上建筑物及其附着物(简称转让房地产)并取得收入的单位和个人,就其转让房地产所取得的增值额征收的一种税。

1993 年 12 月 13 日国务院颁布了《中华人民共和国土地增值税暂行条例》(以下简称《土地增值税暂行条例》),并于 1994 年 1 月 1 日起施行。1995 年 1 月财政部印发了《中华人民共和国土地增值税暂行条例实施细则》(以下简称《土地增值税暂行条例实施细则》),自 1995 年 1 月 27 日起施行。之后,财政部、国家税务总局又陆续发布了一些有关土地增值税的规定、办法。这些构成了我国土地增值税的法律制度。

(一)土地增值税的纳税义务人

转让国有土地使用权、地上的建筑物及其附着物(简称房地产)并取得收入的单位和个人,为土地增值税的纳税义务人。单位,指各类企业单位、事业单位、国家机关和社会团体及其他组织;个人,包括个体经营者;此外,还包括外商投资企业、外国企业、外国驻华机构及海外华侨、港澳台同胞和外国公民。

(二)土地增值税的征税范围

凡转让国有土地使用权、地上的建筑物及其附着物并取得收入的行为,都属于土地增值税的征税范围。

1. 征税范围的一般规定

(1)土地增值税只对转让国有土地使用权的行为征税,对出让国有土地使用权的行为不征税。

(2)土地增值税既对转让土地使用权的行为征税,也对转让地上建筑物及其他附着物产权的行为征税。

(3)土地增值税只对有偿转让的房地产征税,对以继承、赠与等方式无偿转让的房地产,不予征税。

2. 征税范围的特殊规定

表 7-10 资源税纳税申报表

根据国家税收法律法规及资源税有关规定制定本表。纳税人不论有无销售额，均应按照税务机关核定的纳税期限填写本表，并向当地税务机关申报。

税款所属时间：自 年 月 日至 年 月 日　　填表日期：年 月 日　　金额单位：元至角分。

纳税人识别号：[　　　　]

纳税人名称	（公章）	法定代表人姓名		注册地址	生产经营地址
开户银行及账号		登记注册类型		电话号码	

税目	子目	折算率或换算比	计量单位	计税销售量	计税销售额	适用税率	本期应纳税额	本期减免税额	本期已缴税额	本期应补（退）税额
1	2	3	4	5	6	7	8①=6×7；8②=5×7	9	10	11=8−9−10
合　计		—	—	—						

授权声明

如果你已委托代理人申报，请填写下列资料：为代理一切税务事宜，现授权（地址）为本纳税人的代理申报人，任何与本申报表有关的往来文件，都可寄予此人。

授权人签字：

申报人声明

本纳税申报表是根据国家税收法律法规及相关规定填写的，我确定它是真实的、可靠的、完整的。

声明人签字：

主管税务机关：　　　　接收人：　　　　接收日期：年 月 日

本表一式两份，一份纳税人留存，一份税务机关留存。

(1)以房地产进行投资、联营。以房地产进行投资、联营的,投资、联营一方以土地(房地产)作价入股进行投资或者作为联营条件,将房地产转让到所投资、联营的企业中,暂免征收土地增值税。对投资、联营企业将上述房地产再转让的,应征收土地增值税。

(2)房地产开发企业将开发的部分房地产转为企业自用或者用于出租等商业用途,如果产权没有发生转移,不征收土地增值税。

(3)房地产的互换。由于发生了房产产权、土地使用权的转移,交换双方又取得了实物形态的收入,因此属于土地增值税的征税范围。但是对于个人之间互换自有居住用房的行为,经过当地税务机关审核,可以免征土地增值税。

(4)合作建房。对于一方出地,另一方出资金,双方合作建房,建成后按比例分房自用的,暂免征收土地增值税;但建成后转让的,应征收土地增值税。

(5)房地产的出租。房地产出租,指房产所有者或土地使用者,将房产或土地使用权租赁给承租人使用,由承租人向出租人支付租金的行为。房地产出租,房地产企业虽然取得了收入,但没有发生房产产权、土地使用权的转让,因此,不属于土地增值税的征税范围。

(6)房地产的抵押。房地产抵押,是指房产所有者或土地使用者作为债务人或第三人向债权人提供不动产作为清偿债务的担保而不转移权属的法律行为。这种情况下房产的产权、土地使用权在抵押期间并没有发生权属的变更,因此对房地产的抵押,在抵押期间不征收土地增值税。待抵押期满后,视该房地产是否发生转移占有而确定是否征收土地增值税。对于以房地产抵押而发生房地产权属转让的,应列入土地增值税的征税范围。

(7)企业兼并转让房地产。在企业兼并中,对被兼并企业将房地产转让到兼并企业中的,暂免征收土地增值税。

(8)房地产的代建行为。代建行为,是指房地产开发公司代客户进行房地产的开发,开发完成后向客户收取代建收入的行为。对于在计算个人所得税时,虽然取得了收入,但没有发生房地产权属的转移,其收入属于劳务收入性质,故不在土地增值税征税范围内。

(9)房地产的重新评估。按照财政部门的规定,国有企业在清产核资时对房地产进行重新评估而产生的评估增值,因其既没有发生房地产权属的转移,房产产权、土地使用权人也未取得收入,所以不属于土地增值税征税范围。

(10)土地使用者处置土地使用权。土地使用者转让、抵押或置换土地,无论其是否取得了该土地的使用权属证书,无论其在转让、抵押或置换土地过程中是否与对方当事人办理了土地使用权属证书变更登记手续,只要土地使用者享有占用、使用、收益或处分该土地的权利,具有合同等证据表明其实质转让、抵押或置换了土地并取得了相应的经济利益,土地使用者及其对方当事人就应当依照税法规定缴纳土地增值税和契税等。

(三)土地增值税税率

土地增值税采用四级超率累进税率。与超额累进税率不同的是,超率累进税率的累进依据为相对数,而超额累进税率的累进依据为绝对数。土地增值税的累进依据为增值额与扣除项目金额之间的比率。土地增值税税率表见表7-11。

二、土地增值税的计算

(一)计税依据的确定

土地增值税的计税依据是纳税人转让房地产所取得的增值额,即纳税人转让房地产所取得的收入额减除规定的扣除项目金额的余额,因此,要准确地界定增值额,必须确定收入额和扣除项目金额。

表 7-11 土地增值税税率表

级 次	增值额占扣除项目金额比例	税率	速算扣除系数
1	50%以下(含 50%)	30%	0
2	超过 50%~100%(含 100%)	40%	5%
3	超过 100%~200%(含 200%)	50%	15%
4	200%以上	60%	35%

(1)应税收入的确定。应税收入主要包括转让房地产的全部价款及有关的经济效益,体现为货币收入、实物收入和其他收入。"营改增"后,转让房地产取得的应税收入为不含增值税收入。免征增值税的,转让房地产取得的收入不扣减增值税税额。

①货币收入。是指纳税人转让房地产而取得的现金、银行存款和国库券、金融证券、企业债券、股票等有价证券。

②实物收入。是指纳税人转让房地产而取得的各种实物形态的收入,如钢材、水泥等建材,房屋、土地等不动产。对于这些实物收入一般要按公允价值确认应税收入。

③其他收入。是指纳税人转让房地产而取得的无形资产收入或具有财产价值的权利。如转让权、商标权、著作权、专有技术使用权、土地使用权、商誉权等。

(2)扣除项目及其金额的确定。根据税法规定,准予从转让收入中扣除的项目包括以下六个方面:

①取得土地使用权所支付的金额,包括纳税人为取得土地使用权所支付的地价款和在取得土地使用权时按国家统一规定缴纳的有关费用。其中:以出让方式取得的,以支付的土地出让金为地价款;以行政划拨方式取得的,以补交的土地出让金为地价款;以转让方式取得的,以向原土地使用人实际支付的金额为地价款。

②房地产开发成本。是指房地产开发项目实际发生的成本,包括土地征用及拆迁补偿费、前期工程费、建筑安装工程费、基础设施费、公共配套设施费、开发间接费用等。

③房地产开发费用。是指与房地产开发项目有关的销售费用、管理费用和财务费用,从转让收入中扣除房地产的开发费用,不按实际发生额扣除,而是按税法规定标准计算扣除。具体计算方法视财务费用中的利息支出的不同分别处理:

a.财务费用中的利息支出,凡能够按转让房地产项目计算分摊并提供金融证明的,允许扣除,但最高不能超过商业银行同类、同期贷款利率计算的金额;其他房地产开发费用,按取得土地使用权所支付的金额和房地产开发成本金额之和的 5%以内计算扣除。计算公式如下:

房地产开发费用=利息+(取得土地使用权所支付的金额+房地产开发成本)×5%

b.财务费用中的利息支出,凡不能按转让房地产项目计算分摊利息或不能提供金融机构证明的,房地产开发费用按取得土地使用权支付金额和房地产开发成本之和的 10%以内计算扣除。计算公式如下:

房地产开发费用=(取得土地使用权所支付的金额+房地产开发成本)×10%

④转让房地产有关的税金。包括在转让房地产时缴纳的城建税、印花税、教育费附

加。房地产开发企业发生转让行为时缴纳的印花税已列入管理费用,不再在此单独扣除。其他纳税人缴纳的印花税允许在此扣除。

⑤其他扣除项目。特指从事房地产开发的纳税人,可按取得土地使用权所支付的金额和房地产开发成本金额之和的20%加计扣除,除此之外的其他纳税人不适用。计算公式如下:

加计扣除费用=(取得土地使用权所支付的金额+房地产开发成本金额)×20%

⑥旧房及建筑物的评估价格。即在转让已使用房屋及建筑物时,由政府批准设立的房地产评估机构评定的重置成本乘以成新度折扣率后的价格。不能取得评估价格的,参见国家税务总局公告2016年第70号。

(二)应纳税额的计算

土地增值税应纳税额的计算步骤如下:

第一步,计算增值额。

$$增值额=转让收入-扣除项目金额$$

第二步,计算增值率。

$$增值率=增值额÷扣除项目金额×100\%$$

第三步,确定适用税率和速算扣除系数。

第四步,计算应纳税额。

$$应纳税额=增值额×适用税率-扣除项目金额×速算扣除系数$$

【学习案例 7-10】

2018年7月,某有限责任公司转让一幢旧楼,取得收入945万元(含增值税),采用简易计税办法缴纳了增值税45万元,城市维护建设税、教育费附加等4.5万元。该房建于20世纪70年代,当时造价70万元,现经房地产评估机构评定的重置成本价为380万元,有六成新。旧房占地原来是行政划拨的,转让时补缴了土地出让金80万元。计算该公司转让旧房应纳的土地增值税税额(印花税忽略不计)。

【解析】

取得土地使用权时支付的金额=80(万元)

与转让房地产有关的税费=4.5(万元)

旧房及建筑物的评估价格=380×60%=228(万元)

扣除项目=80+4.5+228=312.5(万元)

增值额=945÷(1+5%)-312.5=587.5(万元)

增值率=587.5÷312.5×100%=188%

应纳土地增值税税额=587.5×50%-312.5×15%=246.875(万元)

三、土地增值税纳税申报

土地增值税纳税义务人应按照主管税务机关核定的纳税期限,如实填报"土地增值税纳税申报表",该表的内容及格式如表7-12所示。

表7-12 土地增值税纳税申报表

(从事房地产开发的纳税人适用)

税款所属期：自 年 月 日 至 年 月 日

填报日期： 年 月 日

纳税人识别号：☐☐☐☐☐☐☐☐☐

金额单位：人民币元
面积单位：平方米

纳税人名称		项目名称		项目编号			
所属行业		经济性质		纳税人地址		项目地址	
开户银行		银行账号		主管部门		邮政编码	
						电 话	
总可售面积				自用和出租面积			
已售面积		其中：普通住宅 已售面积		自用和产面积		其中：其他类型 房地产已售面积	
						其他类型房地产	

项 目	行次	普通住宅	非普通住宅	其他类型房地产	合 计
一、转让房地产收入总额 1＝2＋3	1				
其中 货币收入	2				
实物收入及其他收入	3				
二、扣除项目金额合计 4＝5＋6＋13＋16＋20＋21	4				
1.取得土地使用权所支付的金额 5＝6＋7＋8＋9＋10＋11	5				
2.房地产开发成本	6				
其中 土地征用及拆迁补偿费	7				
前期工程费	8				
建筑安装工程费	9				
基础设施费	10				
公共配套设施费	11				
开发间接费用	12				
3.房地产开发费用 13＝14＋15	13				
其中 利息支出	14				
其他房地产开发费用	15				
4.与转让房地产有关的税金等 16＝17＋18＋19	16				

续表 7-12

项 目		行次	普通住宅	非普通住宅	其他类型房地产	合 计
其中	营业税	17				
	城市维护建设税	18				
	教育费附加(含地方教育费附加、提围防护费、城建基金)	19				
5.财政部规定的其他扣除项目		20				
6.代收费用		21				
三、增值额 22=1-4		22				
四、增值额与扣除项目金额之比(%) 23=22÷4		23				
五、适用税率(%)		24				
六、速算扣除系数(%)		25				
七、应缴土地增值税税额 26=22×24-4×25		26				
八、减免土地增值税税额 27=29+31+33		27				
其中	减免税(1) 减免性质代码(1)	28				
	减免税额(1)	29				
	减免税(2) 减免性质代码(2)	30				
	减免税额(2)	31				
	减免税(3) 减免性质代码(3)	32				
	减免税额(3)	33				
九、应缴土地增值税税额		34				
十、应补(退)土地增值税税额 35=26-27-34		35				

以下由纳税人填写:

纳税人声明:	此纳税申报是根据《中华人民共和国土地增值税暂行条例》及其实施细则和国家有关税收收规定填报的,是真实的,可靠的,完整的。	
纳税人签章	代理人签章	代理人身份证号

以下由税务机关填写:

受理人	受理日期	受理税务机关签章
	年 月 日	

218

技能训练

一、单项选择题

1. 下列油类产品中,应征收资源税的是(　　)。

A. 人造石油　　　　B. 天然原油　　　　C. 汽油　　　　　　　D. 机油

2. 下列各项中,不属于我国房产税征税范围的是(　　)。

A. 县城　　　　　　B. 农村　　　　　　C. 城市　　　　　　　D. 建制镇

3. 某油田 2018 年 10 月生产销售原油 5 万吨,售价为 1 500 万元,销售人造石油 1 万吨,售价为 300 万元,销售与原油同时开采的天然气 2 000 万立方米,售价为 500 万元,石油和天然气资源税税率为 10%。该油田 2018 年 10 月应缴纳的资源税税额为(　　)万元(以上售价均为不含增值税售价)。

A. 150　　　　　　B. 180　　　　　　C. 200　　　　　　　D. 230

4. 拖船在计征车船税时,按船舶税额的一定比例计征车船税,该比例为(　　)。

A. 100%　　　　　B. 70%　　　　　　C. 50%　　　　　　　D. 30%

5. 下列关于开采过程中用于加热修井的原油应纳资源税的表述中,正确的是(　　)。

A. 按规定征收资源税　　　　　　　　　B. 减半征收资源税

C. 减征 40%　　　　　　　　　　　　　D. 免征资源税

6. 下列各项中,属于城市维护建设税计税依据的是(　　)。

A. 当期实际缴纳的"增值税、消费税"税额

B. 当期应纳的"增值税、消费税"税额

C. 包括"增值税、消费税"的罚款

D. 包括"增值税、消费税"加收的滞纳金

7. 以下企业属于资源税纳税人的是(　　)。

A. 出口盐的外贸企业　　　　　　　　　B. 开采石灰石的合资企业

C. 外购原煤销售的商贸企业　　　　　　D. 进口有色金属矿原矿的进口公司

8. 现行教育费附加的征收率为(　　)。

A. 1%　　　　　　B. 3%　　　　　　C. 5%　　　　　　　D. 7%

9. 不属于城镇土地使用税开征地区的是(　　)。

A. 城市　　　　　　B. 县城　　　　　　C. 建制镇　　　　　　D. 农村

10. 根据印花税法律制度的规定,下列各项中,属于印花税纳税人的是(　　)。

A. 合同的双方当事人　　　　　　　　　B. 合同的担保人

C. 合同的代理人　　　　　　　　　　　D. 合同的签订人

11. 凡不能按转让房地产项目计算分摊利息支出或不能提供金融机构证明的,房地产开发费用可按取得土地使用权所支付的金额和房地产开发成本的金额之和的一定比例以内计算扣除,该比例为(　　)。

A. 5%　　　　　　B. 6%　　　　　　C. 8%　　　　　　　D. 10%

12.下列各项中,属于土地增值税计税依据的是( )。

A.销售收入　　　　B.增值额　　　　C.所得额　　　　　　D.超额利润

二、多项选择题

1.下列各项中,属于房产税计税依据的有( )。

A.房产净值　　　　B.租金收入　　　　C.房产市价　　　　　D.房产余值

2.下列资源中,应征收资源税的有( )。

A.与原油同时开采的天然气　　　　B.煤矿生产的天然气

C.原煤　　　　　　　　　　　　　D.人造石油

3.下列车船中,属于车船税的征税范围的有( )。

A.机动车　　　　B.非机动车　　　　C.机动船　　　　　　D.非机动驳船

4.下列各项中,属于资源税应税产品的有( )。

A.洗煤　　　　B.有色金属伴生矿　　　　C.焦炭　　　　　　D.海盐原盐

5.下列各项中,属于契税征税范围的有( )。

A.土地使用权的转让　　　　B.房屋买卖

C.房屋交换　　　　　　　　D.国有土地使用权的出让

6.下列税金中,某煤矿销售一批煤炭应缴纳的有( )。

A.增值税　　　　B.消费税　　　　C.城市维护建设税　　　D.资源税

7.下列关于城市维护建设税和教育费附加的表述中,正确的有( )。

A.对海关进口的产品征收增值税、消费税,不征收城市维护建设税,也不征收教育费附加

B.对海关进口的产品征收增值税、消费税,征收城市维护建设税,但不征收教育费附加

C.对出口产品退还增值税、消费税的,退还已征城市维护建设税和教育费附加

D.对出口产品退还增值税、消费税的,不退还已征城市维护建设税和教育费附加

8.下列项目中,应缴纳土地使用税的有( )。

A.校办工厂用地　　　　　　　　B.民用机场占地

C.中外合资先进技术企业用地　　　D.残疾人福利工厂用地

9.下列土地中,属于国家规定免缴城镇土地使用税的有( )。

A.直接用于农、林、渔业的生产用地　　B.集体兴办的幼儿园用地

C.市政街道、绿化带等公共用地　　　　D.个人所有的居住房屋及院落用地

10.下列行为中,属于车辆购置税法规定的"购置"行为的有( )。

A.购买自用　　　　　　　B.进口自用

C.自产自用　　　　　　　D.受赠、获奖自用

11.下列行为中,属于土地增值税征收范围的有( )。

A.合作建房后转让　　　　B.房地产出租

C.以赠与方式转让房地产　　　D.房地产的交换

12.下列项目中,属于土地增值税免税项目的有( )。

A.国家机关转让自用房产

B.因国家建设需要而被政府征用、收回的房地产

C.建造普通标准住宅出售,增值额未超过扣除项目金额30%的

D.个人因改善居住条件而转让居住满5年的自用住房

三、案例分析题

1.居民甲有两套住房,将其中一套出售给居民乙,成交价格为100 000元;将另一套两室住房与居民丙交换成两处一室住房,并支付换房差价款40 000元。居民丙取得该现值150 000元的房屋和40 000元差价款后,将该房屋等价交换给居民丁。试计算甲、乙、丙、丁相关行为应缴纳的契税(假定该省契税率为3%)。

2.某房地产公司2018年发生如下经济业务:①转让一块土地使用权,取得收入600万元,取得该土地使用权时支付金额400万元,转让时发生相关费用5万元;②签订一份写字楼销售合同,当年收到全部款项,共计20 000万元,该写字楼经税务机关审核可以扣除的项目如下:开发成本为5 000万元,缴纳的土地使用权转让费为3 000万元,利息支出为150万元(不能够提供金融机构的证明),相关税金为1 100万元,其他费用为800万元,加计扣除额为1 600万元(当地政府规定开发费用的扣除比例为10%)。

要求:

(1)计算转让土地使用权的土地增值税税额。

(2)计算销售写字楼应缴纳的土地增值税税额。

参考文献

1. 梁伟样. 税费计算与申报[M]. 3 版. 北京：高等教育出版社，2016.

2. 中国注册会计师协会. 税法[M]. 北京：中国财政经济出版社，2018.

3. 财政部会计资格评价中心. 经济法基础[M]. 北京：经济科学出版社，2018.

4. 财政部会计资格评价中心. 经济法基础通关题库[M]. 北京：经济科学出版社，2018.

5. 李成. 纳税筹划[M]. 北京：清华大学出版社，2010.

6. 梁伟样. 税务会计[M]. 5 版. 北京：高等教育出版社，2019.

7. 梁伟样. 税法[M]. 6 版. 北京：高等教育出版社，2019.

8. 梁伟样. 企业纳税实务[M]. 3 版. 北京：清华大学出版社，2016.

9. 中国注册会计师协会. 税法[M]. 北京：经济科学出版社，2018.

10. 中国注册会计师协会. 会计[M]. 北京：中国财政经济出版社，2018.

11. 财政部会计资格评价中心. 经济法基础[M]. 北京：经济科学出版社，2018.

12. 财政部会计资格评价中心. 经济法[M]. 北京：中国财政经济出版社，2018.